mandelbaum *verlag*

Cara Tovey/Julian Klinner (Hg.)

KARL-MARX-HOF. SCHLÜSSELBAU DER MODERNE

Eine Publikation des Forschungsnetzwerks
BTWH (Berkeley/Tübingen/Wien/Harvard)

mandelbaum *verlag*

gefördert durch

Stadt Wien Kultur

ZukunftsFonds der Republik Österreich

University of California, Los Angeles (UCLA)
Tübinger Forum für Wissenschaftskulturen (TFW)

mandelbaum.at • mandelbaum.de

ISBN 978399136-047-6

Projektkoordination: ELKE SMODICS
Korrektorat: CLEMENS BERGER
Umschlag: MICHAEL BAICULESCU unter Verwendung des Titelblatts von *Der Karl Marx-Hof. Die Wohnhausanlage der Gemeinde Wien auf der Hagenwiese in Heiligenstadt.* Wien: Thalia, [ca. 1930]. Wienbibliothek im Rathaus.
Druck: PRIMERATE, Budapest

Inhaltsverzeichnis

Danksagung

Erste Ideen zu diesem Buch entstanden innerhalb von BTWH bereits vor einigen Jahren, noch während der Vorbereitung der Netzwerk-Publikation *Das Rote Wien. Schlüsseltexte der Zweiten Wiener Moderne 1919–1934*. BTWH ist ein internationales Forschungsnetzwerk, das Arbeitsgruppen und Einzelpersonen an der University of California/Berkeley, der Eberhard Karls Universität Tübingen, mehreren Institutionen in Wien (u.a. dem Ludwig Boltzmann Institute for Digital History), der Harvard University und einer Vielzahl von Universitäten und wissenschaftlichen Institutionen in den USA und in Europa vereint.

Ausgangspunkt dieser Buchpublikation war die Jahrestagung des BTWH-Netzwerks an der Harvard University 2016 zum Thema „Rotes Wien/Red Vienna". Dort kam der Karl-Marx-Hof nicht nur als Ikone des Roten Wien und seiner Sozialdemokratie, sondern auch häufiger als signifikanter Kristallisationsraum der Moderne zur Sprache. Somit erschien und erscheint er als prädestinierter Gegenstand des andauernden Forschungsinteresses von BTWH an der Emergenz der Moderne.

Ein Projekt wie dieser Sammelband wäre undenkbar ohne die Hilfe des gesamten Netzwerks. Zunächst haben wir den Mentoren dieses Projekts zu danken: Rob McFarland, Klaus Müller-Richter und Werner Michael Schwarz, die den Entstehungsprozess des Buchs von Anfang an mit ihrem Rat begleiteten und wertvolle Hinweise zu mehreren Stufen des Manuskripts gaben. Von ihrer Erfahrung konnten wir nur profitieren. Neben unseren Autor:innen danken wir besonders Bes Bajraktarević, Anna Lynn Dolman, Marcel Kübler und Klaus Müller-Richter für die Übersetzung der englischsprachigen Beiträge. Die University of California, Los Angeles, das Tübinger Forum für Wissenschaftskulturen sowie der Zukunftsfonds der Österreichischen Republik förderten das Projekt finanziell, auch dafür danken wir. Zuletzt gebührt unser Dank dem Mandelbaum Verlag für die Aufnahme des Buchs in sein Programm und speziell unserer Lektorin Elke Smodics für ihre unverzichtbare Unterstützung, Geduld und Hilfsbereitschaft in allen Phasen des Publikationsprozesses.

Cara Tovey / Julian Klinner

Einleitung

Mit der Moderne beginnt das Zeitalter der Metropolen. Die Großstadt wird spätestens um 1900 zum zentralen Schauplatz der historischen Entwicklung. Nicht zufällig war das vielleicht bedeutendste Gesellschaftsprojekt Mitteleuropas im noch jungen zwanzigsten Jahrhundert daher zugleich ein Metropolenprojekt: Das *Rote Wien*. Aus den Wirren des Ersten Weltkriegs kommend, setzte sich die österreichische Sozialdemokratie in der ehemaligen Hauptstadt der Donaumonarchie 1919 das Ziel, den Sozialismus in einer Stadt der Verwirklichung ein großes Stück näher zu bringen.

Dieses Jahr, in dem sich das blutige Ende des „Transformationsversuchs" Rotes Wien zum neunzigsten Mal jährt, ist uns die fünfzehnjährige Periode austromarxistisch geleiteter Stadtverwaltung zugleich ferner und näher, als sie es vor fünfzig oder noch vierzig Jahren gewesen sein mag: ferner nicht bloß, weil wir die philosophische Diagnose des „Endes der Geschichte" bereits hinter uns haben,[1] sondern vielmehr, weil uns die Vorstellung, gesellschaftliche Entwicklung sei in großem Maßstab politisch steuerbar, mittlerweile durch Alltagserfahrung widerlegt erscheint.[2] Näher dagegen, weil die wachsenden ökonomischen Fliehkräfte speziell in den Kapitalen Mittel- und Westeuropas uns seit den 2010er Jahren auf schmerzliche, ja oft existenzielle Weise zu Bewusstsein bringen, dass *soziale* Stadtentwicklung kein Automatismus ist. In

1 Vgl. das gleichnamige Buch: Francis Fukuyama, *Das Ende der Geschichte*, übers. von Helmut Dierlamm, Ute Mihr und Karlheinz Dürr, München 1992, das sich mit der weltpolitischen Situation nach dem Ende des Kalten Kriegs und dem Sieg der westlichen Demokratien im Systemkonflikt mit den Staaten des Ostblocks beschäftigt.

2 Vgl. zum Paradigmenwechsel der politisch-staatlichen Steuerungsansätze ab 1970: Anselm Doering-Manteuffel/Lutz Raphael, *Nach dem Boom. Perspektiven auf die Zeitgeschichte seit 1970*, Göttingen 2008.

Zeiten spürbar größer werdender Ungleichheit im urbanen Raum sind Wien und sein Gemeindebauerbe seit geraumer Zeit wieder ins Blickfeld des internationalen Interesses gerückt.

Sich mit diesem Sammelband dem wohl bekanntesten Architekturdenkmal des Roten Wien zu nähern, bedeutete für die Herausgeber:innen und die Autor:innen indes zunächst eine kontinuierliche wissenschaftliche Beschäftigung mit der „Zweiten Wiener Moderne" der Zwischenkriegszeit. Die Herausgeber:innen und viele hier versammelte Beiträger:innen beschäftigen sich als Teil des Forschungsnetzwerks BTWH (Berkeley/Tübingen/Wien/Harvard) seit längerem mit dem sozial- und kulturgeschichtlichen Kapitel Rotes Wien.[3]

Der Karl-Marx-Hof ist mehr als nur die prominenteste Ikone unter den Gemeindebauten des Roten Wien: Mit einer Länge von mehr als einem Kilometer ist er bis heute der längste Wohnbau der Welt. Er steht bis heute auch für die Hoffnungen einer Zeit, die das Leben durch Architektur neu zu gestalteten suchte. Die Erwartungen, welche der Hof seit seiner Planung geweckt hat, gehen weit über die üblichen Bewertungskriterien für Wohnarchitektur hinaus. Und tatsächlich hält er die Erinnerung an den kommunalen Sozialismus nicht zuletzt dadurch lebendig, dass er immer noch von den Wiener:innen bewohnt wird und damit die andauernde Wirkung der Wohnpolitik des Roten Wien präsent hält.

Den vielfältigen Fäden aus architektonischen Visionen, publizistischen Debatten, medialen Inszenierungen und lebensweltlichen Erfahrungen folgend, die durch den Karl-Marx-Hof laufen, lesen wir den Gemeindebau als Chiffre eines Zeit*raums*, als Schlüsselbau der Moderne. Dass der Hof nicht zuletzt aufgrund seiner architektonisch-konzeptionellen Ambiguitäten durchaus deutungsbedürftig ist, sehen wir im Sinne Siegfried Kracauers als Chance,

3 So erschien vor vier Jahren ein groß angelegter Quellenband des BTWH-Netzwerks auf Deutsch und Englisch: Rob McFarland/Georg Spitaler/Ingo Zechner (Hg.), *Das Rote Wien. Schlüsseltexte der Zweiten Wiener Moderne 1919–1934*, Berlin/Boston 2020; Rob McFarland/Georg Spitaler/Ingo Zechner (Hg.), *The Red Vienna Sourcebook*, Rochester/NY 2020.

der „sozialen Wirklichkeit" während der 1920er und 1930er Jahre näher zu kommen:

> Jeder typische Raum wird durch typische gesellschaftliche Verhältnisse zustande gebracht, die sich ohne die störende Dazwischenkunft des Bewußtseins in ihm ausdrücken. Alles vom Bewußtsein Verleugnete, alles was sonst geflissentlich übersehen wird, ist an seinem Aufbau beteiligt. *Die Raumbilder sind die Träume der Gesellschaft. Wo immer die Hieroglyphe irgendeines Raumbildes entziffert ist, dort bietet sich der Grund der sozialen Wirklichkeit dar.*[4]

Für die folgenden Beiträge spielen daher die zeitgenössischen wie späteren *Bilder* des Karl-Marx-Hof eine zentrale Rolle: Wie Räume aufgeteilt und aufgebaut werden, wird durch diverse soziale, kulturelle, ökonomische und politische Faktoren bestimmt, wobei das Resultat verschiedenste bewusste und unbewusste Einflüsse einer Epoche enthält. Dadurch, dass der Karl-Marx-Hof mehrere kulturwissenschaftliche „Schlüsseleigenschaften" besitzt und zugleich auf die lebenspraktischen Bedürfnisse seiner Bewohner:innen abgestimmt ist, steht er in unseren Augen eben auch für die Widersprüchlichkeit der Moderne als Ganze. Die Sinnbildlichkeit des Gemeindebaus erschöpft sich so gesehen nicht bloß in der materiellen Bausubstanz – auch die gelebten Erfahrungen und Interaktionen der Menschen mit der Architektur gehören selbstverständlich zum Phänomen Karl-Marx-Hof dazu. Diese subjektiven Erfahrungen ermöglichen neue Zugänge zu Geschichte und Politik des Baus, welche immer noch auf Passant:innen und Bewohner:innen wirken. Aus diesem Grund ist eine kulturwissenschaftliche Betrachtung des großen Wiener Gemeindebaus im Sinne Kracauers nicht nur für den historischen Kontext der Moderne, sondern auch für unsere Gegenwart ergiebig.

Angesichts des bedeutsamen Einflusses des Raums auf Kultur und Gesellschaft fand zum Ende des 20. Jahrhunderts eine neuerliche kulturwissenschaftliche Wende hin zum Raum statt, die als

4 Siegfried Kracauer, *Straßen in Berlin und anderswo*, Frankfurt a.M. 1964, S. 69–70, [Hervorhebung CT/JK].

spatial turn bekannt wurde. In gewisser Hinsicht vollzieht auch die Arbeit von BTWH mit dem vorliegenden Sammelband eine solche Wende zum Raum, insofern der Gegenstand dieses Buchs aus verschiedenen disziplinären Perspektiven, wie angedeutet, als *Schlüsselbau der Moderne* befragt werden soll. Dabei wird es weniger darum gehen, beispielsweise über Texträume oder Bildräume zu reflektieren, sondern umgekehrt der sozialen Semantik des Raums nachzuspüren, wie sie sich anhand des Karl-Marx-Hofs in einzigartiger Form studieren lässt.

Die Methode der hier versammelten Beiträge zum Karl-Marx-Hof ist dementsprechend von der Einsicht geleitet, dass auch gebaute Räume in einem eminenten Sinn Diskursräume darstellen. Im Zentrum der hier vorzustellenden Raumbilder steht daher die Wechselwirkung zwischen den Interaktionen *im* Raum, in die der Bau seit der Grundsteinlegung involviert war, und den Imaginationen *des* Raums, die sich im kollektiven Bewusstsein nicht zuletzt mit dem ikonischen Namen dieses Monuments verbinden. Der Karl-Marx-Hof wird in diesem Band damit als ein Ort betrachtet, der die Moderne *im Raum erfasst.*

Der Hof als Raum der Moderne

Der Historiker Karl Schlögel hat in seiner Studie *Im Raume lesen wir die Zeit* den Entwurf einer raumorientierten Geschichtswissenschaft[5] vorgelegt. Er entwickelt diese methodisch in Abgrenzung zu etwas, das er als „Verschwinden des Raums“ bezeichnet.[6] Mit dem Raumschwund assoziiert er nicht nur jüngere, spätmoderne technologische Entwicklungen der 1990er oder 2000er Jahre, welche die Welt vorderhand enger zusammenwachsen ließen.[7] Schlögel

5 Karl Schlögel, *Im Raume lesen wir die Zeit*, München/Wien 2003. Vgl. insbesondere Schlögels Rede von der Kartographie als „Zeit, in Karten gefaßt“. Ebd., S. 12.

6 Ebd., S. 37.

7 Eine ähnliche These vertritt schon Paul Virilio, der über den Distanzverlust durch Technologie mit Bezug auf Francis Fukayamas Abgesang auf die Geschichte urteilt: “We are not seeing an ‘end of history’ but we are seeing an end of geography[.]“ (Wir sehen nicht das ‚Ende der Geschichte‘, aber wir sehen das Ende der Geografie“ – eigene Übersetzung

konstatiert vielmehr eine notorische Dominanz der Zeit über den Raum, die innerhalb der Geschichtswissenschaft mit dem „Siegeszug des Historismus" verbunden gewesen sei.[8] Während der Antike die Koexistenz von „Reise, Landesbeschreibung, Klimabeobachtung, Ereignisgeschichte, Alltag und Haupt- und Staatsaktion, Mythos und Realgeschichte" noch ganz selbstverständlich vertraut gewesen sei,[9] habe der Historismus Veränderung im zeitlichen Nacheinander, nicht im Nebeneinander gedacht: „Die Obsession des 19. Jahrhunderts war [...] die Zeit - *durée*, nicht *éspace*."[10] Die Option, eine methodologische Aufwertung des Raums kritisch gegen das herrschende Paradigma der chronologischen Zeit zu wenden, eignet sich insbesondere für die Periode des Roten Wien: Denn dessen sozialistische Agenda entspringt genauso wie die Programme anderer linker Bewegungen zu Anfang des 20. Jahrhunderts einem marxistisch inspirierten Geschichtsbild, das wiederum seine Wurzeln in der zeitlichen Teleologie des Fortschritts hat, wie Schlögel sie darstellt. Von der Perspektive des Raums auszugehen, kann deshalb nicht nur dazu dienen, metatheoretische Voraussetzungen offenzulegen, sondern speziell im Feld der Architektur helfen, Simultaneitäten wahrzunehmen und zu bewerten, die andernfalls aus dem Raster unseres Geschichtsverständnisses herausfallen, das immer noch vom Primat des Nacheinanders geprägt ist.

Aus der „Räumlichkeit menschlichen Daseins oder menschlicher Geschichte"[11] zieht Schlögel folgerichtig die Konsequenz, dass sich sinnvoll nur von einer *Pluralität von Räumen* sprechen lässt. Sofern sich die Ressource „Raum" nicht indifferent gegenüber der kulturellen und sozialen Praxis der Menschen verhalte, könne es statt des Kollektivsingulars Raum nur eine konkrete Vielzahl von Räumen geben, so Schlögel: „Wenn Räume nicht nur ‚da sind' als tote, passive Bühne und Behältnisse, wenn sie vielmehr geschichtlich konstruiert sind, eine Genese, eine Verfaßtheit, eine Verfalls-

CT/JK). Paul Virilio, *The Information Bomb*, London/New York, 2005, S. 9.

8 Schlögel (2003), S. 39.

9 Ebd., S. 39–40.

10 Ebd., S. 38.

11 Ebd., S. 68.

zeit, auch ein Ende haben können, dann ergibt sich daraus auch, daß es viele Räume gibt.“[12] Obwohl die Pluralisierung der Räume methodische Erschwernisse mit sich bringt, sieht Schlögel in dieser Operation die Möglichkeit, Phänomene präziser und differenzierter zu beschreiben: Pluralisierung „steigert zunächst die Unübersichtlichkeit. Und doch bringt sie unser[em] Bild von der Welt, unsere[r] ohnehin zur Simplifikation verurteilten Repräsentationen von der Welt, eine Ahnung von der Komplexität zurück, die die Welt ist.“[13] Schlagendes Beispiel für die Hinwendung zur räumlichen Komplexität sind für Schlögel dabei speziell die *urban studies*, welche als „Kreuzungspunkt vieler disparater Disziplinen“ nicht nur Produkt einer beschleunigten und gesteigerten Urbanisierung seien. Vielmehr weise das in den *urban studies* betriebene Studium „der komplexesten Formen menschlicher Zivilisation als sozialer, kultureller, ökonomischer Prozeß, als Produktion, Distribution und Zirkulation“ auf zukünftige Herausforderung voraus.[14] Der Karl-Marx-Hof erweist sich in dieser Hinsicht als ein geradezu prädestiniertes Objekt der räumlichen Kulturanalyse, da die Konzeption des Baus auf die von Schlögel benannten Faktoren menschlichen Zusammenlebens bereits reagiert.

So gesehen nimmt der Karl-Marx-Hof multiple Zeit- und Raum-Diskurse der Moderne in sich auf. In seiner berühmten Studie über Raum und den Übergang von geistigen zu sozialen Räumen geht auch der marxistische Theoretiker Henri Lefebvre von der These aus, dass Räume zugleich aktiv und produktiv seien. Im Einklang mit Kracauer schreibt Lefebvre: „[…] every society – and hence every mode of production with its subvariants […] – produces a space, its own space.“ („Jede Gesellschaft und also jeder Produktionsmodus mit seinen Unterformen […] produziert Raum, seinen eigenen Raum“ – eigene Übersetzung, CT/JK).[15] Laut Lefebvre verlangt deshalb eine soziale Revolution eine komplemen-

12 Ebd.

13 Ebd., S. 69.

14 Ebd., S. 67.

15 Henri Lefebvre, *The Production of space*, übers. von Donald Nicholson-Smith, Malden/Oxford/Victoria 1991, S. 31.

täre architektonische Neugestaltung. Die Verwandlung der Politik allein verändere nur den ideologischen Überbau, ohne jedoch das alltägliche Leben der Bevölkerung neu zu gestalten, so Lefebvre. Weil sich die gebaute Umgebung unmittelbar auf die lebendige Erfahrung einer Stadt auswirkt, muss eine völlige Transformation der sozialen Wirklichkeit nach Lefebvre in jedem Fall auch von der Ebene der Architektur ausgehen, um als Revolution erfolgreich zu sein.[16] Der „Phänomenkomplex" Rotes Wien war in diesem Sinne nicht zuletzt eine architektonische Wende für die Wiener Bevölkerung, eine Umgestaltung der urbanen Lebenswelten, welche im Ergebnis die sozialistischen Werte der neuen Regierung spiegeln sollten. Im Sektor des sozialen Wohnungsbaus versucht das Rote Wien demnach – folgt man der Theorie Lefevbres –, die architektonischen Voraussetzungen einer neuen Gesellschaft zu schaffen, deren wesentlichstes Beispiel der Karl-Marx-Hof ist.

Als ein Vehikel des Roten Wien, das den Raum der Stadt radikal neu konstituierte und bis in unsere Gegenwart fortbesteht, repräsentiert der Karl-Marx-Hof nicht nur Diskurse des Roten Wien, sondern manifestiert auch selbst Realgeschichte. Er besteht damit als einzigartiger Ort, der weder in der Landschaft noch in der urbanen Konzeption der Stadt voll aufgeht. In der Literatur über den Karl-Marx-Hof gibt es verschiedene Perspektiven auf die Frage, wie der Karl-Marx-Hof den Sozialismus des Roten Wien reproduziert und inwiefern er darin erfolgreich war. Es ist nicht die Aufgabe der hier vorgelegten Texte, diese Frage letztgültig zu beantworten. Vielmehr sind es für uns gerade die Ambivalenzen, welche mit dem Karl-Marx-Hof – seiner zeitgenössischen und späteren Wahrnehmung, den ihn umkreisenden Diskursen und den in ihm schlummernden lebensweltlichen Praktiken – zusammenhängen, die seine Faszination ausmachen. Der Sammelband ist in kurze Beiträge gegliedert, die Schlaglichter auf das Bauwerk werfen, ohne für ihre jeweilige Sichtweise den Anspruch der Totalperspektive zu erheben. Stattdessen möchten die Beiträge Kippmomente erzeugen, gewohnte Sichtweisen positiv irritieren und so Zugänge schaffen, die uns dieses Stück Wiener Stadtgeschichte

16 Ebd., S. 54.

neu sehen lassen. Dieser Überlegung folgt auch der Grundsatz, alle Beiträge mit Ein-Wort-Titeln zu versehen.

Zum Inhalt

Der Sammelband ist in vier Teile geteilt, die der Bündelung von Themen dienen und gleichzeitig das Spektrum an Facetten umreißen, mit denen der Karl-Marx-Hof in Verbindung steht. Naturgemäß handelt es sich hierbei nicht um trennscharfe Abgrenzungen, sondern um Ordnungsversuche, die von Querverbindungen und Überschneidungen zwischen den Teilen des Buchs durchkreuzt werden. Solche Bezüge innerhalb des Buchs sind mit Verweisen in der Form [→ Tovey/Klinner: *Einleitung*] gekennzeichnet.

Der initiale Beitrag *Stadtarchitektur* von Eve Blau nimmt in den Blick, wie das „Neue Bauen" des Karl-Marx-Hofs und aller anderen Gemeindebauten im Roten Wien radikal die Struktur der Stadt und des Lebens änderte, um eine Stadt für die Arbeiter:innen zu gestalten. Blau rekonstruiert dabei, warum der Karl-Marx-Hof und die Politik des Roten Wien immer noch aktuell für die heutige Lage unserer Gesellschaft sind.

Teil I: Konstellationen und Interaktionen

Paradoxien von Mrunmayee Sathye stellt die latente Spannung zwischen dem egalitären, sozialistischen Anspruch des Roten Wien einerseits und der habsburgischen Tradition der Hofarchitektur andererseits in den Mittelpunkt der Analyse. Der Bau wird dadurch als ein Komplex verschiedener Ambivalenzen lesbar gemacht, die sich aus seinem „Ort" in der Geschichte der Zwischenkriegszeit ergeben.

Julian Klinner erörtert in *Enklave* Analogien zwischen der Lage des Karl-Marx-Hofs innerhalb der Stadtstruktur und der politischen Rolle des Roten Wien als Bundesland innerhalb der Ersten Republik. Im Rückgriff auf eine metaphorische Figur geht der Beitrag dem Außenverhältnis von Hof und Stadtverwaltung zu den Sphären nach, in die beide jeweils eingebettet sind.

Die Skandalisierung des Baus des Karl-Marx-Hofs wird von Cara Tovey in *Natur* aus der Perspektive von Grünflächen und

Siedlergärten untersucht. Obwohl der Karl-Marx-Hof mit seinen zahlreichen Innenhöfen, die seinen Bewohner:innen täglichen Zugang zu Grünflächen ermöglichten, durchaus progressiv war, forderte ein früherer Vorschlag für die städtische Nutzung des Grundstücks, anstelle eines Gemeindebaus eine Gartensiedlung zu errichten. Das Absinken der Hauptfassade kurz nach Baubeginn begünstigte die von den Christlich-Sozialen betriebene Kampagne gegen das Vorhaben und ihren Kampf gegen die Gemeindebauten als solche.

In *Massen* richtet Paul Hoehn den Fokus auf die Bevölkerung jenseits des Hofs und deren Bedürfnisse. Hoehn argumentiert dafür, dass die großen Bogengänge und Innenhöfe des Karl-Marx-Hofs als Anpassungen konzipiert wurden, um Massen der Arbeiter:innen zu leiten, die die Hagenwiese jahrelang auf dem Weg zur Hohen Warte durchkreuzten. Damit erscheint der Bau als Architektur, die auf die strukturellen Modernisierungsprozesse mit exemplarischen Lösungen reagiert.

Teil II: Formen und Medien

Im Beitrag *Horizont* verbindet Julian Klinner Theoriegeschichte und ikonographische Analyse, um ausgehend vom Denken Edmund Husserls, Otto Wagners und Otto Neuraths Verschränkungen zwischen der ästhetischen Struktur der Hauptfassade des Karl-Marx-Hofs und der politischen Pädagogik des Austromarxismus aufzuzeigen. Der Beitrag geht so der Frage nach, inwieweit die Visionen des Roten Wien bei der Betrachtung des Baus wahrnehmbar werden können.

Rob McFarland und Sara Phenix befassen sich in *Ornament* mit der vielfältigen Dekoration des Karl-Marx-Hofs und ihrer Behandlung in der Presse. Das Ornament stellt eine Verbindung zwischen den älteren aristokratischen Gebäuden und dem neuartigen Gemeindebau dar, wobei sich gleichzeitig aber die Funktion dieser Dekorationsform angesichts des neuen sozialdemokratischen Umfelds wandelt, sodass eine Architektur für die Arbeiter:innenschaft etabliert wird.

Der Funktionalisierung des Karl-Marx-Hofs in Bezug auf die multimediale sozialistische *Propaganda* im Roten Wien wendet sich

Alicia Roy zu. Ähnlich wie in anderen Zusammenhängen spielen auch hier Widersprüche zwischen der neuen sozialdemokratischen Idee des Wohnens und älteren bürgerlichen Vorlieben eine Rolle. Roy zeigt, dass der Karl-Marx-Hof nicht nur als Objekt der herkömmlichen, schriftlichen Bildungspropaganda dient – worunter die Sozialdemokrat:innen primär „Ausbildung" verstanden –, sondern vielmehr auch grafische Strategien im Spiel sind, um die sozialdemokratische Botschaft effektvoll zu kommunizieren.

Einem anderen Medium widmet sich Joachim Schätz in *Nachbilder*. Der Beitrag handelt vom Karl-Marx-Hof als Kulisse zweier Filme, die etwa ein halbes Jahrhundert nach dem Bau des Hofs entstanden, *Il portiere di notte* (1974) und *Obszön – Der Fall Peter Herzl* (1981). Dabei steht die Frage im Zentrum, was der jeweilige „Auftritt" des Hofs für den Umgang der Filme mit der Geschichte des 20. Jahrhunderts bedeutet.

Schließlich verbindet Schätz das in den Filmen unsicher gewordene sozialistische Erbe mit dem historischen Bewusstsein der Gegenwart.

Teil III: Lebenswelten

Den Blick in den Gemeindebau hinein, auf die Inneneinrichtung der Wohnungen, richten Rob McFarland und Sara Phenix in ihrem Beitrag *Heimgestaltung*. Diskutiert wird eine Initiative, die versuchte, die Bewohner:innen des Hofes für moderne Einrichtung zu gewinnen, welche mit dem sozialdemokratisch gewünschten modernen Lebensstil übereinstimmte und deren prominenter Multiplikator die „Beratungsstelle für Inneneinrichtung und Wohnungshygiene" im Karl-Marx-Hof war.

Marie-Noëlle Yazdanpanahs Beitrag *Frauen* setzt den Fokus auf die Bewohnerinnen des Hofs fort. Ausgehend von vier Abbildungen von Wohnungen sowie kommunalen Räumen, ihren Grundrissen und den Gemeinschaftseinrichtungen des Karl-Marx-Hofs beleuchtet Yazdanpanah die ambivalente Lebenssituation von Frauen im Roten Wien sowie die Debatten und Konflikte um das „richtige" Leben und Wohnen besonders der arbeitenden Frauen. Das neue Wohnen, das der Karl-Marx-Hof ermöglichen sollte, verfestigte zugleich etablierte Geschlechterrollen, anstatt das Leben, die Hausarbeit und die Gewohnheiten radikal neu zu konstituieren.

Georg Spitaler und Cara Tovey untersuchen in *Sport* die Spannung zwischen zwei Tendenzen der körperlichen Betätigung, die der Karl-Marx-Hof vertritt: Körperkultur und Sport. Erstere bezieht sich auf die Statue *Körperkultur* von Josef Riedl an der Fassade, deren Ästhetik auch in Otto Hofners *Der Sämann* zu erkennen ist. Letztere fußt auf der Nähe des Gebäudes zum Stadion *Hohe Warte* und darauf, dass der Kapitän des „Fußball-Wunderteams" der österreichischen Nationalmannschaft, Hugo Meisl, ein Bewohner des Hofs war. Beiden Tendenzen ist eine Spannung zwischen pädagogischem Modell und gelebter Praxis eigen, welche die Position des Karl-Marx-Hofs zwischen Alt und Neu widerspiegelt.

Welche Beziehungen zwischen Wohndebatten und zeitgenössischen Kontroversen um *Mode* bestehen, erörtern Sara Phenix und Rob McFarland. Sie verbinden so die hier wie dort ausgetragenen Wortgefechte um Modernisierung und Tradition. McFarland und Phenix blicken auf die Parteinahme von einflussreichen Stimmen wie Gisela Urban und Marianne Pollak für eine emanzipatorische Mode, die Frauen ein gesünderes, freies Leben führen lassen sollte, und behandeln zeitgenössische Innovationen und deren Nachwirkungen in der Modeindustrie.

Teil IV: Vergangenheit und Gegenwart

Den Abschluss der Beiträge bilden zwei Texte von Lilli Bauer und Werner T. Bauer. *Erzählung* lässt in diachroner Perspektive die Deutungskämpfe um den Karl-Marx-Hof Revue passieren und gibt einen Überblick über die changierenden Narrative, denen der Bau im Lauf der Wiener Stadtgeschichte unterworfen wurde. Vor Augen geführt wird damit die polarisierende Kraft der gegenläufigen Erwartungen und Forderung an den Gemeindebau, die für dessen politische und architekturtheoretische Rezeption leitend waren.

In *Nacherzählung* schildern Lilli und Werner Bauer aus Kurator:innenperspektive die wechselnde Konjunktur der „Sehenswürdigkeit" Karl-Marx-Hof von der Einweihung bis zur Gegenwart, erläutern die Entstehung der Dauerausstellung *Das Rote Wien im*

Waschsalon, die seit 2010 zugänglich ist, und geben Einblicke in die Geschichtsvermittlung vor Ort.

Den Texten der Autor:innen schließt sich ein Anhang mit Transkriptionen von ausgewählten Quellentexten der 1920er und 1930er Jahre mit Bezug zum Karl-Marx-Hof an. Diese Quellen bieten eine erste Übersicht über die vielen Ausgangspunkte der hier veröffentlichten Auseinandersetzungen. Sie sollen eine weitere Beschäftigung unserer Leser:innen mit der Zeit des Roten Wien „auf eigene Faust" erleichtern und neugierig auf diese Epoche machen.

Bibliografie

Anselm Doering-Manteuffel/Lutz Raphael, Nach dem Boom. Perspektiven auf die Zeitgeschichte seit 1970, Göttingen 2008.

Francis Fukuyama, Das Ende der Geschichte, übers. von Helmut Dierlamm, Ute Mihr und Karlheinz Dürr, München 1992.

Siegfried Kracauer, Straßen in Berlin und anderswo, Frankfurt a.M 1964.

Henri Lefebvre, The Production of space, übers. von Donald Nicholson-Smith, Malden/Oxford/Victoria 1991.

Rob McFarland/Georg Spitaler/Ingo Zechner (Hg.), Das Rote Wien. Schlüsseltexte der Zweiten Wiener Moderne 1919–1934, Berlin/Boston 2020.

Rob McFarland/Georg Spitaler/Ingo Zechner (Hg.), The Red Vienna Sourcebook, Rochester/NY 2020.

Karl Schlögel, Im Raume lesen wir die Zeit, München/Wien 2003.

Paul Virilio, The Information Bomb, London/New York, 2005.

Eve Blau

Stadtarchitektur[1]

(Übersetzung: Anna Lynn Dolman)

In der österreichischen Hauptstadt wurde das 100-jährige Jubiläum des Roten Wien mit diversen Veranstaltungen über das Jahr 2019 hinweg begangen. Im Mittelpunkt stand die Auseinandersetzung mit den Ideen, Politiken und Initiativen, welche das radikale Programm der kommunalen Reformen vorantrieben, das zwischen 1919 und 1934 die soziale und wirtschaftliche Infrastruktur der Stadt entlang sozialdemokratischer Linien umgestaltete. Eine lebhafte Debatte über die Erfolge und Misserfolge des Programms wurde auf den Seiten der Wiener Wochenzeitung *Falter* und in zwei Ausstellungen ausgetragen: *Das Rote Wien, 1919–1934. Ideen, Debatten, Praxis*, organisiert vom Wien Museum (und begleitet von einem knapp fünfhundertseitigen Katalog[2]), und *Das Rote Wien im Waschsalon Karl-Marx-Hof*, platziert im zentralen Denkmal des Roten Wien, dem Karl-Marx-Hof.

Im Laufe dieses Jahres wurde ich in diese öffentlichen Debatten und die von ihnen hervorgerufene kollektive Reflexion hineingezogen. Dies gab mir die Gelegenheit, in einen neuen Dialog mit der Stadt Wien und dem urbanen Architekturprojekt des Roten Wien einzutreten. Heute, da die umfassende Bereitstellung öffentlicher Dienstleistungen einschließlich Wohnen, Bildung und Krankenversicherung zunehmend dem Markt oder privaten Unternehmen überlassen wird, die im Auftrag des Staates oder anderer öffentlicher Körperschaften tätig sind, können wir viel aus einer

1 Der vorliegende Text ist eine überarbeitete Fassung von Eve Blau, „Revisiting Red Vienna as an Urban Project“, in: Anton Falkeis (Hg.), *Urban Change. Social Design – Art as Urban Innovation*, Basel 2017, S. 39–49.

2 Werner Michael Schwarz/Georg Spitaler/Elke Wikidal (Hg.), *Das Rote Wien 1919–1934. Ideen, Debatten, Praxis*, Basel 2019.

sehr sorgfältigen *Relektüre* des Roten Wien und seines architektonischen Erbes lernen. Nicht nur in Bezug auf das bemerkenswerte Wohnungsbauprogramm, das es geprägt hat, sondern auch wegen des viel wichtigeren umfangreichen Wissens, das in das bebaute Wien darüber eingewoben ist, wie Städte im Namen ihrer Bürger:innen agieren können, und wie sie daran arbeiten können, das städtische Leben um Ziele der sozialen Gerechtigkeit und öffentlichen Verantwortung herum aufzubauen. Für uns in den Gestaltungs- und Designdisziplinen ist schließlich besonders instruktiv, auf welche Weise architektonischer Intellekt dabei eine entscheidende Rolle spielen kann. Das sind die Fragestellungen, die ich auf den folgenden Seiten durch ein *close reading* der Architektur des Karl-Marx-Hofs beleuchten möchte.

Zunächst ist es jedoch notwendig, zu betonen, dass das Rote Wien zwar eine beträchtliche Menge an Wohnraum produziert hat, aber kein Wohnungsbauprogramm war.[3] Stattdessen war es ein umfassendes urbanes Projekt, das es sich zur Aufgabe gemacht hatte, die Stadt zu einem gerechteren Umfeld für das moderne urbane Leben werden zu lassen. Das wichtigste Instrument dieses Projekts – das die zentrale Verbindung zwischen sozialem Programm und städtebaulicher Form im Roten Wien in die Wege leitete – war das ambitionierte Bauprogramm, das die Errichtung von über vierhundert Gemeindebauten umfasste.[4] Bis 1934, als das

3 Das Rote Wien war jedoch das Modell für das österreichische Sozialfürsorgesystem nach dem Ersten Weltkrieg und das berühmte Wiener Sozialwohnungsbauprogramm. Siehe dazu: Eve Blau, „From Red Superblock to Green Megastructure. Municipal Socialism as Model and Challenge", in: Mark Swenarton/Tom Avermaete/Dirk van den Heuvel (Hg.), *Architecture and the Welfare State*, London/New York 2015, S. 27–49.

4 Das Bauprogramm (der Grundstückserwerb und der Bauprozess) wurde aus Steuereinnahmen finanziert, insbesondere durch die neue Wohnbausteuer, die stark progressiv gestaffelt war, um die Lasten auf die Schultern der Reichen zu legen, und die von der Gemeinde als nicht erstattungsfähiger Posten abgeschrieben wurde; die Kapitalkosten mussten nicht durch die Mieten gedeckt werden. Diese waren minimal (3,5 % des Einkommens eines halbgelernten Arbeiters), um die Löhne niedrig zu halten und österreichische Produkte wettbewerbsfähig zu machen, und sie waren nur für Wartungs- und Reparaturkosten vorgesehen. Die Ge-

Bauprogramm zu seinem Ende kam, und das Rote Wien selbst denjenigen reaktionären Kräften zum Opfer fiel, die bald weite Teile des demokratischen Europas überwältigen sollten, waren über zweihunderttausend Menschen (oder ein Zehntel der Wiener Bevölkerung) umgesiedelt und die Stadt mit einer umfangreichen neuen Sozialleistungsinfrastruktur ausgestattet worden.

Es ist daneben wichtig hervorzuheben, dass im Jahr 1919 – als der erste sozialistische Bürgermeister Wiens, Jakob Reumann, gewählt wurde – die Sozialdemokrat:innen beschlossen, aus dem Roten Wien ein Modell für den kommunalen Sozialismus zu machen, um eine „neue Gesellschaft innerhalb der Grenzen der alten" aufzubauen, eine sozialisierte urbane Gesellschaft, die ein Vorläufer des sozialistischen Staats sein würde. Es war also ein Projekt *zur Veränderung der Gesellschaft durch Veränderung der Stadt*. Diese Umgestaltung sollte im Laufe der nächsten fünfzehn Jahre durch ein breites Spektrum an sozialen, kulturellen und pädagogischen Einrichtungen – gesundheitliche Beratungsstellen und Kliniken, Kinderbetreuungseinrichtungen und Kindergärten, Schulen, Sporteinrichtungen, Bibliotheken, Theater, Kinos, Vereine – erreicht werden.

Zudem nützt es, sich zu klarzumachen, dass die von den Sozialdemokrat:innen ins Auge gefasste neue „Wohnkultur" im Sinne der traditionellen Stadt und des städtischen Lebens konzipiert wurde. Dies lag zum Teil daran, dass die Stadt der volle Umfang des Roten Wien selbst war; aber es lag auch daran, dass die austromarxistische Theorie, die größtenteils vor dem Ersten Weltkrieg formuliert worden war (und auf der das Programm der Sozialdemokrat:innen für Wien basierte), auf dem Standpunkt stand, dass die Stadt dem Proletariat diverse kulturelle und soziale Vorzüge biete. Sie sei ein Stimulans für Körper und Intellekt sowie Ort der kreativen Energie und des technologischen wie sozialen

bäude wurden von mehr als 190 Architekt:innen entworfen und innerhalb von etwas mehr als zehn Jahren gebaut. Siehe weiterhin Eve Blau, *Rotes Wien. Architektur 1919–1934. Stadt – Raum – Politik*, Wien 2014.

Fortschritts, der die moderne Welt präge.[5] Dies war natürlich sowohl eine Abweichung gegenüber den Schriften von Friedrich Engels und Karl Marx mit Bezug auf die Stadt als auch gegenüber den meisten sozialistischen und frühen sowjetischen Stadttheorien der 1920er Jahre, die – wie Engels und Marx – ebenfalls die Auflösung der Großstadt und dezentralisierte Siedlungsformen befürworteten.[6]

Der Karl-Marx-Hof und andere Gemeindebauten wurden als „soziale Verdichter" des Roten Wien konzipiert, als Mittel zur Transformation der Stadt. Sie enthielten Wohnraum, aber auch die umfassende neue Infrastruktur der Sozialdemokrat:innen an sozialen und kulturellen Einrichtungen, die in sie eingebettet wurde. Auf diese Weise entstand ein neues Netzwerk aus soziokulturellen Knotenpunkten in ganz Wien. Die Sozialdemokrat:innen hätten sich nicht auf Wohnraum und soziale Infrastruktur konzentrieren können, wenn die vorherige christlich-soziale Verwaltung des

5 Die dem Roten Wien zugrundeliegende Theorie (von einer Gruppe marxistischer Denker und Führer der österreichischen sozialistischen Bewegung, darunter Max Adler, Otto Bauer und Karl Renner vor dem Krieg formuliert), bekannt als „Austro-Marxismus", war bestrebt, einen „dritten Weg" zwischen Bolschewismus (Sowjetunion) und Reformismus (Weimarer Republik) zu finden, um einen genuin demokratischen Sozialismus durch radikale kulturelle und soziale Veränderungen zu verwirklichen, anstatt durch revolutionäre Gewalt. Der Prozess sollte einer des „Hineinwachsens" sein, ein langsames Wachstum von innen, indem Institutionen geschaffen wurden, die die Arbeiterklasse kulturell und intellektuell auf ihre historische Rolle vorbereiten sollten. Siehe auch: Anson Rabinbach, *The Crisis of Austrian Socialism. From Red Vienna to Civil War, 1927-1934*, Chicago 1983, S. 30; Felix Czeike, *Wirtschafts- und Sozialpolitik der Gemeinde Wien in der Ersten Republik (1919–1934)*, Wien 1959; Renate Schweitzer, *Der staatlich geförderte, der kommunale und gemeinnützige Wohnungs- und Siedlungsbau in Österreich bis 1945*, [Dissertation, Technische Hochschule Wien], 1972.

6 Vgl. Friedrich Engels, „Herrn Eugen Dührings Umwälzung der Wissenschaft – (‚Anti-Dühring')", in: Karl Marx, Friedrich Engels, *Werke (MEW)*, Bd. 20, Berlin 1975, S. 1–303, hier: S. 275–277; Siehe auch: R. Antony French, „The City of Socialist Man", in: Ders., *Plans Pragmatism & People. The Legacy of Soviet Planning for Today's Cities*, Pittsburgh 1995, S. 29–54; Giorgio Grassi, *Das Neue Frankfurt (1926-1931)*, Bari 1975.

Bürgermeisters Karl Lueger (1844–1910) nicht bereits eine Generation zuvor eine umfangreiche technische Infrastruktur (Elektrizität, Gas, Trinkwasser, Abwasser, Straßenbahnen und eine neue U-Bahn) in Wien installiert hätte. Die Sozialdemokrat:innen profitierten hiervon nicht nur, sondern lernten auch viel aus diesem früheren Programm.

Das taten auch ihre Architekt:innen. Wie wir wissen, hatten Karl Ehn, der Architekt des Karl-Marx-Hofs, und eine gewisse Zahl anderer Architekten, die die größten und wichtigsten Gemeindebauten entwarfen, im Büro von Otto Wagner gelernt und Erfahrung gesammelt. Einige von ihnen arbeiteten im Büro, als Wagner die Wiener Stadtbahn (1894–1901) entwarf und sein Projekt für die *Unbegrenzte Großstadt* (1911)[7] entwickelte.

Ich habe an anderer Stelle darauf hingewiesen, dass die dynamisch-urbane Beschaffenheit der Gemeindebauten eine beträchtliche Affinität zu den urbanen Operationen der städtischen Eisenbahn von Wagner aufweist. Es lohnt, hierauf nochmals zurückzukommen. Die Wiener Stadtbahn war sowohl ein großes Werk der Ingenieurskunst als auch ein architektonisches Werk, das die alte Stadt und die neue Infrastruktur in allen drei Dimensionen physisch miteinander verband. Da sie die zugrundeliegende Struktur der historischen Räume Wiens intakt lässt und diese Struktur mit der neuen Ordnung und dem Maßstab der modernen Metropole überlagert, verwebt die Stadtbahn alten und neuen Stoff, lokale und translokale Skalen auf eine Weise, die Alt und Neu ermöglicht, zu koexistieren und die Räume der sich modernisierenden Stadt dialektisch zu formen. In den Gemeindebauten – insbesondere den Superblöcken wie dem Karl-Marx-Hof – übersetzten Wagners Schüler die räumliche Dialektik der Stadtbahn in eine Architektur sozialer Beziehungen zwischen Kollektiv und Individuum im Roten Wien. Dieses Argument ist heute von beträchtlichem Interesse. Wenn wir uns etwas genauer anschauen, *wie* der Karl-Marx-Hof dies bewerkstelligte, wird die urbane architekto-

7 Vgl. zu Wagners Konzeption: Heinz Geretsegger/Max Peintner, *Otto Wagner 1841–1918. Unbegrenzte Grossstadt. Beginn der modernen Architektur*, München 1980.

nische Bedeutung des Programms als Ganzes deutlich. Ebenso ersichtlich wird die urbane Wirkungsweise der Architektur selbst.

Auf den ersten Blick scheinen der Karl-Marx-Hof und andere große Gemeindebauten traditionelle zentraleuropäische Blockrandbebauungen zu sein, die monumentalisiert und mit großen Gartenhöfen ausgestattet wurden, sodass sie oft einen ganzen Block und manchmal sogar mehrere umfassen. Aufgrund ihrer scheinbaren Konventionalität wurden die Gemeindebauten zur damaligen Zeit von Architekt:innen der modernistischen Avantgarde, die mit dem deutschen Bauhaus verbunden waren, und später von Architekturhistoriker:innen, insbesondere von Manfredo Tafuri, scharf kritisiert, die ihre offensichtliche fehlende typologische Innovativität bemängelten.[8]

Wenn wir uns jedoch den Plan des von Ehn im Jahr 1927 entworfenen Karl-Marx-Hofs genau ansehen, wird sofort deutlich, dass das Gebäude auf signifikante Weise von der konventionellen städtischen Gebäudetypologie Wiens abweicht. Im Gegensatz zu traditionellen Wohngebäuden in Wien choreografiert der Karl-Marx-Hof (wie andere Gemeindebauten in Block- und Superblockgröße) in seinem Plan eine sehr sorgfältig modulierte Eingangssequenz: Vom öffentlichen Raum der Straße, durch ein großes Portal, in den halböffentlichen Raum des offenen Hofes, zum gemeinschaftlich genutzten Raum der kommunalen Anlaufstellen in und um ihn herum, bis hin zu den Treppen, die zu den privaten Räumen der Wohnungen führen.

Worin liegt nun die Bedeutsamkeit dieser Sequenz? Zunächst einmal verwischt der Karl Marx Hof durch die Öffnung des Innenraums des Stadtblocks zur Straße hin nicht nur die Unterscheidung zwischen Front- und Rückseite, sondern auch zwischen sozialistischem Wohnblock und bürgerlicher Stadt. Tatsächlich kehrt er die traditionelle Blockrandbebauung der zentraleuropäischen Stadt um, indem er den öffentlichen Raum der Stadt in den Innenraum des Stadtblocks bringt. Dadurch entsteht eine Reihe übergänglicher, multifunktionaler, hybrider Räume, die – teilweise öffentlich,

8 Vgl. Manfredo Tafuri, *Vienna Rossa. Politica e forma della residenza nella Vienna socialista 1919–1933*, Milano 1980, S. 94, S. 119–139.

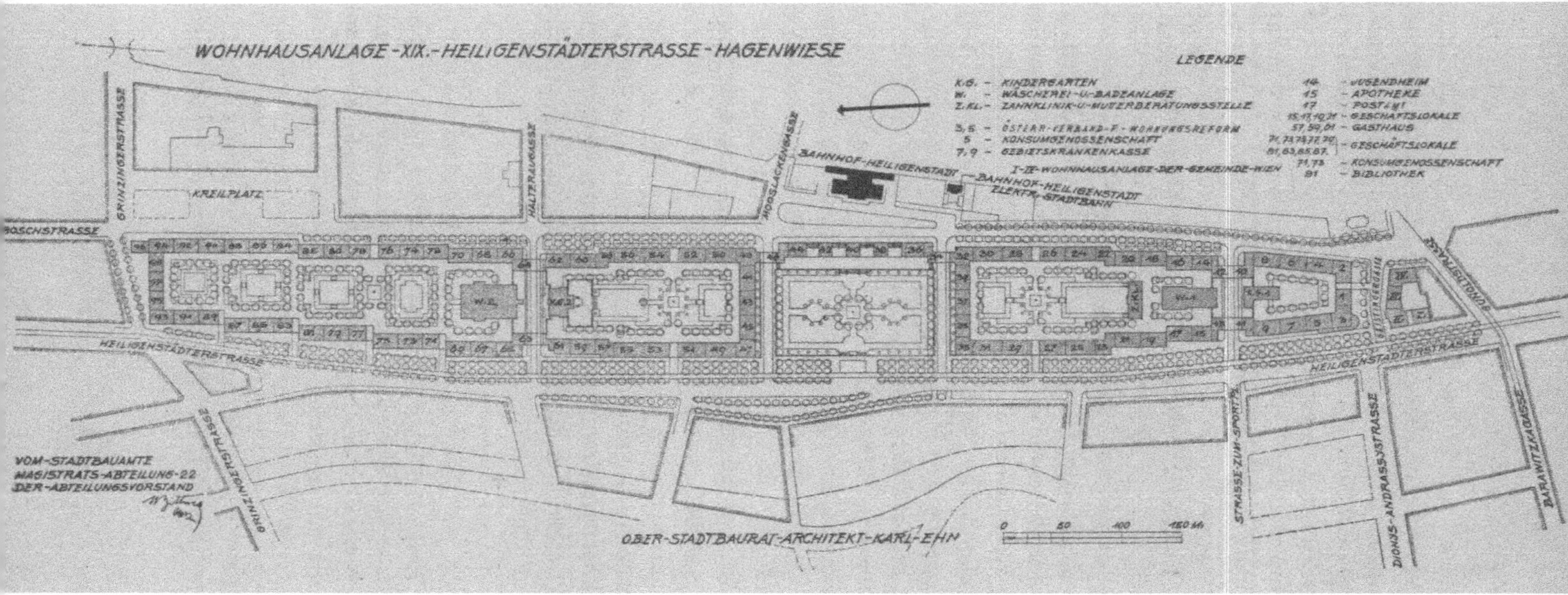

Abb. 1: Der Grundriss des Karl-Marx-Hofs.

teilweise privat – sowohl Teil des öffentlichen Bereichs der Stadt als auch des privaten und halbprivaten Raums des Hofs selbst sind.

Das Gebäude selbst ist mehrfach kodiert und stellt traditionelle Konzepte von Grenze und Typus in Frage. Teils Wohnraum, teils institutioneller, teils kommerzieller Raum, ist der Karl-Marx-Hof eine multifunktionale, vielseitig nutzbare Struktur, die sowohl als Wohnraum als auch als urbaner infrastruktureller Knotenpunkt im Netzwerk der sozialen und kulturellen Einrichtungen fungiert, die von der Gemeinde in das bestehende Gewebe der Stadt eingefügt wurden. Dort, wo Hof und Stadt aufeinandertreffen – wo sich der Superblock und die Querstraßen kreuzen –, konzentriert der Karl-Marx-Hof Sozialfürsorge und Dienstleistungen und schafft so Knotenpunkte, die sowohl der Gemeinschaft *innerhalb* als auch *außerhalb* des Hofs zugutekommen. Demnach reproduziert der Karl-Marx-Hof räumlich die Stadt, während er ihre Räume neu verteilt.

Diese typologische Hybridität führt zu funktionaler Unbestimmtheit im Gebäudeinneren, wo die Wohnräume in Bezug auf ihre Nutzung weitgehend nicht differenziert sind. Im Vergleich zu den Taylorisierten Wohnräumen und Einbaumöbeln der Weimarer Siedlungen, die der CIAM (*Congrès Internationaux d'Architecture Moderne*) – die modernistische Avantgarde – favorisierte, boten die Wohnungen des Karl-Marx-Hofs den Bewohner:innen ein hohes Maß an Gestaltungsfreiheit, um die Räume nach ihren eigenen Wünschen einzurichten und zu bewohnen. Heutzutage ist das Prinzip der funktionalen Unbestimmtheit, das soziale und ethnische Vielfalt sowie unterschiedliche Wohnformen anerkennt, wieder ein wesentlicher Hintergrundgedanke bei der Gestaltung von sozialem Wohnraum.

Der Karl-Marx-Hof verändert tatsächlich die grundlegende Organisation der Stadt. Wie wir aus den Gemeinderatsprotokollen und städtischen Baubeschreibungen wissen, bestand die Logik der Superblöcke darin, so viele Wohneinheiten wie möglich unter Einhaltung der städtischen Richtlinien hinsichtlich Dichte, Organisation und Programmatik zu arrangieren – die Gebäude sollten weniger als 50 % eines bestimmten Grundstücks einnehmen (das Gesetz erlaubte 85 %

Bebauung) und möglichst mit großen zentralen Innenhöfen und umfangreichen sozialen Dienstleistungen ausgestattet sein.[9]

Gleichzeitig mussten die neuen Gebäude jedoch auch mit dem bestehenden Generalregulierungsplan von 1893 in Einklang gebracht werden. Das gestalterische Problem bestand also darin, die programmatischen und räumlichen Anforderungen der neuen sozialdemokratischen Gemeindebauten mit dem bestehenden Stadtplan unter einen Hut zu bringen, der die spekulative Entwicklung der kapitalistischen Stadt im späten 19. Jahrhundert ermöglicht hatte.[10] Obwohl es schwierig ist, diese Operation in den Formen des Karl-Marx-Hofs zu erkennen, ist sie in seinem Plan eindeutig erkennbar. Noch deutlicher etwa in den Plänen von zwei anderen Superblöcken, Am Fuchsenfeld und Rabenhof, die von den Wagnerschülern Heinrich Schmid und Hermann Aichinger stammen. Die neuen Gebäude bewahren die bestehende städtische Struktur und überlagern sie gleichzeitig mit ihrem eigenen Maßstab eines Superblocks und dessen Organisation. Dabei eignen sie das, was normalerweise privater Raum in der Stadt gewesen wäre – die Innenräume der Stadtblöcke –, für die öffentliche Nutzung an.

Der Karl-Marx-Hof und andere Superblöcke sind auch in weiterer Hinsicht wirkungsvoll. Indem sie Gebäude, Straßen, Innenhöfe und öffentliche Plätze miteinander verbinden, ermöglichen sie die Reintegration von Elementen des städtischen Gefüges, die durch die Planung des späten 19. Jahrhunderts auseinandergerissen und „rationalisiert" worden waren. Sie wandeln damit die städtische Struktur effektiv von einem stark ausdifferenzierten Raster öffentlicher Straßen und privater Blöcke (wie vom Generalregulierungsplan festgelegt) in ein miteinander verbundenes Netzwerk hybrider „gemeinschaftlicher" Räume um. Deren Porosität bewirkt eine Verwischung der traditionellen Grenze nicht nur zwischen öffentlichem und privatem Raum, sondern auch zwischen Innen und Außen (und folglich zwischen Bewohner:innen und Außenstehenden) sowie letztendlich zwischen sozialem Wohnblock und

9 Siehe dazu Kapitel 8: „Bauen und Stadt: Die Politik des Plans", in: Eve Blau (2014), S. 322–409.

10 Vgl. ebd.

bürgerlicher Stadt. Hieran wird deutlich, dass die Mieter:innen der neuen Gebäude nicht mehr als „property-less strangers in a society that was not theirs" („besitzlose Fremde in einer Gesellschaft, die nicht ihre eigene war" – eigene Übersetzung, ALD) betrachtet wurden, wie Charles Gulick es 1948 treffend ausdrückte.[11]

Zusammenfassend kann festgehalten werden, dass der Karl-Marx-Hof und andere Superblöcke nicht nur einen enormen Anteil an privatem Raum in der Stadt für die öffentliche Nutzung aneigneten, sondern auch neue *Arten* von urbanen Räumen schufen, die gleichzeitig offen und geschlossen waren; die für den Verkehr und die öffentliche Nutzung zugänglich waren, aber auch innerhalb des bebauten Umfangs des Stadtblocks eingefasst waren; und die sich mit dem bestehenden städtischen Raster überschnitten, aber die Logik von dessen Ordnung untergruben. Dies gelang, indem sie die *analytische Logik* des kapitalistischen Regulierungsplans (der das Stadtgebiet in ein Raster aus Straßen, Blöcken und Plätzen unterteilt, um spekulative Entwicklung zu ermöglichen) durch die *synthetische Logik* von multifunktionalen, hybriden Gemeinschaftsräumen ersetzten. Und sie taten dies, ohne die bestehenden Größenverhältnisse und die Struktur der Stadt zu zerstören – d.h., ohne den offiziellen Regulierungsplan oder die gesetzlich geltenden Baunormen zu ändern. Damit schufen sie eine neue Art des Gemeinguts, eine neue Form von Räumen in der kapitalistischen Metropole des frühen 20. Jahrhunderts. Heutzutage ist diese Art von gemeinschaftlich genutztem Raum mehr oder weniger aus der zeitgenössischen Stadt verschwunden.

Es ist wichtig anzumerken, dass es keine Hinweise darauf gibt, dass die vielfachen Codierungen und die Hybridität, die sich aus der Überschneidung von Stadt- und Gebäudeplan ergaben, im Karl-Marx-Hof programmatisch angelegt waren. Sie wurden weder in den von den städtischen Baubeamten erstellten Spezifikationen angeführt noch in den Aussagen von Politikern angedeutet; noch wurden sie in irgendeiner Form in den überlieferten Unterlagen von Karl Ehn oder anderen Architekt:innen, die Superblöcke

11 Charles A. Gulick, *Austria from Habsburg to Hitler*, Bd. 1, Berkeley 1948, S. 504.

entwarfen (und von denen die meisten auch keine Sozialist:innen waren), erwähnt. Tatsächlich scheinen die vielfachen Codierungen aus der Entscheidung der Sozialdemokrat:innen hervorgegangen zu sein, *gemäß ihren eigenen Standards zu bauen*, „die kein privater oder spekulativer Bauherr erreichen konnte", sowie aus den übrigen Anforderungen der Stadtverwaltung – wobei sie sich dabei immer innerhalb der rechtlichen Vorgaben der Baunormen und des bestehenden Bebauungsplans bewegten.[12] Anders formuliert, ergab sich die urbane Wirkungsweise der Gebäude aus der Entscheidung der Stadtverwaltung, entgegen der Norm zu bauen, ohne gegen sie zu verstoßen.[13] Das führte zu einer von Widersprüchen gezeichneten, politisch aufgeladenen Situation, in der alte und neue Ordnungen koexistierten und dialektisch das Neue Wien innerhalb des und im Dialog mit dem Alten Wien konstruierten. Dieser Prozess schuf einen diskursiven Raum – einen Raum öffentlicher Debatten – innerhalb des physischen Gewebes der Stadt selbst.

Wie oben erwähnt, wird die volle Kraft dieser Operation nur ersichtlich, wenn man den Plan des Karl-Marx-Hofs und seine Beziehung zur räumlichen Organisation Wiens betrachtet. Aufgrund seiner enormen Größe kann diese Ikone des Roten Wien nicht mehr als typische Blockrandbebauung angesehen oder verstanden werden. Vielmehr wird er als Umkehrung der traditionellen Beziehung zwischen bebautem und unbebautem Gebiet in der Stadt wahrgenommen. Diese umgekehrte Figur wird jedoch der ursprünglichen Figur selbst eingeschrieben und koexistiert mit ihr – und genau darin besteht die politische Bedeutung der Struktur. In diesem Sinne verfährt der Karl-Marx-Hof ähnlich wie das epische Theater Bertolt Brechts, das dieser als das *Umfunktionieren* traditioneller Theaterpraktiken verstand, indem es deren Techniken offenlegte und sie dadurch, wie das Theater selbst, in eine radikale politische Praxis überführte. Dies ist ein Verfahren, das

12 Vgl. Eve Blau (2014), S. 203.

13 Laut staatlichem Gesetz war es der Gemeinde nicht gestattet, diese zu ändern; ein solcher Versuch hätte die Umsetzung des Gemeindebauprogramms erheblich verzögert und möglicherweise vereitelt. Siehe ebd., Kapitel 5: „Grossstadt und Proletariat. Entwurf einer sozialistischen Stadt", S. 180–203.

durch den Eintritt in eine Debatte mit bereits Bestehendem seine Wirkungskraft entfaltet. Darin hat das Brechtsche Theaterkonzept viel mit den Überlagerungen des Karl-Marx-Hofs gemein. Eingefügt in die dichte urbane Struktur Wiens destabilisiert und verstärkt der Karl-Marx-Hof *gleichzeitig* die bestehende Ordnung der historischen Stadt. Die intrikat mit den Räumen des Alten Wiens verwobenen Räume des Neuen Wiens, die vom Karl-Marx-Hof geformt werden, hinterfragen nicht nur die traditionellen räumlich-sozialen Verhältnisse der kapitalistischen Stadt – sie schaffen gleichsam einen greifbaren, öffentlichen und dauerhaft undisziplinierten diskursiven Raum in der Stadt.[14]

Was also verrät uns diese detaillierte Betrachtung der urbanen architektonischen Verfahren des Karl-Marx-Hofs über das Bauprogramm des Roten Wien?

Zunächst einmal zeigt es, dass das Erscheinungsbild nicht notwendigerweise mit dem Verfahren zusammenfällt, insbesondere nicht unter Bedingungen hochgradig politisch aufgeladener Konflikte, wie sie für das Wien der Zwischenkriegszeit charakteristisch waren. Die Superblöcke sahen zwar wie stark vergrößerte konventionelle zentraleuropäische Blockstrukturen aus, aber tatsächlich untergruben sie die Logik dieser städtischen Typologie und stellten durch die Umwidmung der Innenräume der Blöcke für die gemeinschaftliche Nutzung das Konzept der traditionellen Stadtblöcke auf den Kopf.

Zweitens war das Rote Wien kein Wohnungsbauprogramm, sondern ein Versuch, die städtische Gesellschaft zu verändern. Die einzelnen Wohnungen im Karl-Marx-Hof wurden von der sozialdemokratischen Stadtverwaltung lediglich als ein kleiner Teil des tatsächlichen Wohnraums angesehen, den die Stadt bereitstellte. Ein großer Teil des häuslichen Lebens sollte außerhalb der Wohnung in den gemeinschaftlichen Räumen der neuen Gebäude und den öffentlichen Räumen der Stadt selbst stattfinden. Mit anderen Worten boten die neuen Wohnungen jeder Familie ihren eigenen hygienischen, privaten Wohnraum. Aber diese Einheit war nicht die grundlegende Wohneinheit oder die urbane „Zelle“ der Wohn-

14 Ebd., S. 396–400, S. 409.

anlagen, die in derselben Zeit in Deutschland nach den Grundsätzen des CIAM gebaut wurden und die lediglich vervielfältigt werden mussten, um das größere soziale Aggregat einer Siedlung oder eines Stadtteils zu bilden. Weder erfüllte die Bereitstellung von privatem Wohnraum das eigene Mandat des Roten Wien, seine Arbeiter:innenbevölkerung zu beherbergen, noch wurde das Einfamilienheim als die vollumfängliche neue Wohnungstypologie betrachtet. Jener private Raum war in die größere räumlich-soziale Matrix der Stadt eingebettet, die im Roten Wien als der volle Umfang des proletarischen Zuhauses galt.[15] In dem kurzen Zeitraum von 1923 bis 1934 schufen das breite institutionelle Netzwerk des Roten Wien und die 400 neu errichteten Gebäude soziale und räumliche Umgebungen, die der Wiener Arbeiterklasse einen neuen politischen und wirtschaftlichen Status verliehen. Das Bauprogramm zeugte von der politischen Kontrolle, die die arme städtische Bevölkerung Wiens über Form und Nutzung des Raums in ihrer Stadt erlangt hatte. Das Rote Wien gab den Wiener Arbeiter:innen das, wofür sie es gewählt hatten. Es zeigte ihnen, dass sie eine Stimme hatten, dass sie zählten. Es zeigte ihnen, wie ihre eigene Macht als voll mitbestimmungsberechtigte Bürger:innen einer demokratischen Gesellschaft eingesetzt werden konnte. Es gewährte ihnen (um einen Begriff von Henri Lefebvre zu borgen) „das Recht auf die Stadt", nicht nur das Recht, in der Stadt zu leben, sondern sie zu entwerfen, sie gemäß ihren eigenen Bedürfnissen und Wünschen aktiv mitzugestalten.[16]

Die dritte Lehre betrifft die Rolle der Architektur. Es war der *städtebaulich aktive* Aspekt der Architektur des Roten Wien, der privaten Raum in der Stadt für die öffentliche Nutzung zurückforderte, der die Räume des täglichen Lebens so umgestaltete, dass den Menschen Handlungsmacht gegeben wurde, und der ihnen

15 Vgl. Otto Neurath, „Städtebau und Proletariat", in: *Der Kampf* 17 (1924), Nr. 6, S. 239.

16 Vgl. Henri Lefebvre, *Das Recht auf Stadt*, übers. von Birgit Althaler, Hamburg 2016.

(um David Harvey zu paraphrasieren) das Recht gewährte, sich selbst zu verändern, indem sie die Stadt veränderten.[17]

Die lange Geschichte der Beziehung zwischen Architektur und sozialdemokratischer Wohlfahrtspolitik in Wien ist fest in der Stadtstruktur verankert. Innerhalb dieser sind die Strategien der 1920er und 1930er Jahre zur Vergesellschaftung der Räume der bürgerlichen Stadt durch das Einklinken von Superblöcken in das alte Stadtbild sowohl lesbar als auch für die Praxis verfügbar. Seit der Ära des Roten Wien hat jede nachfolgende Generation nach Lösungen für die sozialen Probleme ihrer Zeit gesucht und sich mit dem historischen Stadtbild sowie den städtebaulichen Lösungen früherer Epochen auseinandergesetzt, die darin eingebettet sind. Auf diese Weise beeinflussen die hier thematisierten Strategien das weiterhin andauernde soziale Wohnungsbauprogramm Wiens und die Bemühungen von Architekt:innen und Planungsbeamt:innen, sich mit den dringenden gegenwärtigen urbanen Problemen von Immigration, Diversität, Erhaltung und postindustriellem Verfall auseinanderzusetzen.

Bibliografie

Eve Blau, „From Red Superblock to Green Megastructure. Municipal Socialism as Model and Challenge“, in: Mark Swenarton/Tom Avermaete/Dirk van den Heuvel (Hg.), Architecture and the Welfare State, London/New York 2015, S. 27–49.

Eve Blau, „Revisiting Red Vienna as an Urban Project“, in: Anton Falkeis (Hg.), Urban Change. Social Design – Art as Urban Innovation, Basel 2017, S. 39–49.

Eve Blau, Rotes Wien. Architektur 1919–1934. Stadt – Raum – Politik, Wien 2014.

Felix Czeike, Wirtschafts- und Sozialpolitik der Gemeinde Wien in der Ersten Republik (1919–1934), Wien 1959.

Friedrich Engels, „Herrn Eugen Dührings Umwälzung der Wissenschaft – (‚Anti-Dühring‘)“, in: Karl Marx, Friedrich Engels, Werke (MEW), Bd. 20, Berlin 1975, S. 1–303.

R. Antony French, „The City of Socialist Man“, in: R. Antony French, Plans Pragmatism & People. The Legacy of Soviet Planning for Today’s Cities, Pittsburgh 1995, S. 29–54.

17 David Harvey, „The Right to the City,“ in: *New Left Review* 53 (2008), September-Oktober, S. 23–40, hier: S. 23.

Heinz Geretsegger/Max Peintner, Otto Wagner 1841–1918. Unbegrenzte Grossstadt. Beginn der modernen Architektur, München 1980.
Giorgio Grassi, Das Neue Frankfurt (1926–1931), Bari 1975.
Charles A. Gulick, Austria from Habsburg to Hitler, Bd. 1, Berkeley 1948.
David Harvey, „The Right to the City", in: New Left Review 53 (2008), September-Oktober, S. 23–40.
Henri Lefebvre, Das Recht auf Stadt, übers. von Birgit Althaler, Hamburg 2016.
Otto Neurath, „Städtebau und Proletariat", in: Der Kampf 17 (1924), Nr. 6, S. 239.
Anson Rabinbach, The Crisis of Austrian Socialism. From Red Vienna to Civil War, 1927–1934, Chicago 1983.
Werner Michael Schwarz/Georg Spitaler/Elke Wikidal (Hg.), Das Rote Wien 1919–1934. Ideen, Debatten, Praxis, Basel 2019.
Renate Schweitzer, Der staatlich geförderte, der kommunale und gemeinnützige Wohnungs- und Siedlungsbau in Österreich bis 1945, [Dissertation, Technische Hochschule Wien], 1972.
Manfredo Tafuri, Vienna Rossa. Politica e forma della residenza nella Vienna socialista 1919–1933, Milano 1980.

Teil I
KONSTELLATIONEN UND INTERAKTIONEN

Mrunmayee Sathye

Paradoxien

> Was je Menschen erdacht und ersonnen, gedichtet und gesungen haben, wird nun zum Erbe der Massen.[1]

Die architektonische Kunst eines Bauwerks besteht grundlegend in einem stetigen Zusammenspiel zwischen seiner Ästhetik und Funktionalität. Dazu kommt noch eine unausweichliche gesellschaftliche Komponente – in welcher Umgebung und Gegend das Gebäude steht, wie groß oder teuer der Bau ist, all dies sagt etwas über die Menschen aus, die sich in der Konstruktion wiederfinden, sie benutzen und bewohnen. Ein mit Mitteln der öffentlichen Hand errichtetes Gebäude besitzt zusätzlich eine noch explizitere (sozial-)politische Konnotation, die in seinen Mauern verewigt ist. Die Ablehnung des Aphorismus *l'art pour l'art* und der damit verbundenen Einstellung – Kunst rein um der Kunst willen zu schaffen – findet einen kapitalen Ausdruck in dem politischen, sozialen und – durchaus erhabenen – ästhetischen Projekt des Roten Wien.

Architektur und Gesellschaft – das Rote Wien als soziopolitisches Experiment

1918 fand nicht nur der Erste Weltkrieg, sondern auch das mächtige, über 100 Jahre in verschiedenen Formen bestehende Kaiserreich der Habsburger sein Ende. Während die westliche Welt das Ende des vermeintlichen „war to end all wars“[2] im Zu-

1 Otto Bauer, „Die Nationalitätenfrage und die Sozialdemokratie“, in: Ders., *Werke*, Bd. 1, Wien 1975, S. 164.

2 Die Rede vom „Krieg, der alle Kriege beenden“ würde, entstammt einer journalistischen Aufsatzsammlung von H. G. Wells, *The War That Will End War*, London 1914.

stand einer strukturellen Müdigkeit erlebte, fand sich 1919 eine sozialdemokratische Partei mit einer absoluten Mehrheit in die Wiener Stadtverwaltung gewählt. Das Erbe der Nachkriegszeit – im Nachhinein der Zwischenkriegszeit – war ein zerbrochenes politisches System, extreme Arbeits-, Obdach- und Hoffnungslosigkeit und die zwangsläufige Entkräftung einer „sterbenden Stadt". Wie Wolfgang Maderthaner bemerkt, verstand sich die Sozialdemokratie „nicht bloß als Anwältin und Motor anstehender oder überfälliger Modernisierungsprozesse, sie machte vielmehr die ästhetische, wissenschaftliche und politische Moderne zu ihrem Programm und definierte sich so als legitime Nachfolgerin eines gescheiterten bürgerlichen Liberalismus."[3] Das politische Projekt der Sozialdemokratie verkörperte eine „Veralltäglichung der Revolution durch Evolution",[4] die ihre Politik zur Kunst und die politische und gesellschaftliche Modernisierung der Großstadt zu einer Art „*Gesamtkunstwerk*"[5] machte:

> Die politische und ökonomische Modernisierung des Neuen Wien kann in diesem Kontext als Versuch verstanden werden, die Stadt als einen Ort der Emanzipation, der Vorwegnahme einer besseren Zukunft, der Konkretisierung einer kulturellen Utopie zu definieren.[6]

Die sozialdemokratische Stadtverwaltung der Jahre 1919–1934 in Wien legte das Augenmerk ihrer Agenda einer modernen kulturellen Utopie auf den strukturellen Umbau der großstädtischen Infrastruktur. Dieses ambitionierte Modernisierungsprojekt verlief einerseits über die Fürsorgepolitik der Sozialdemokrat:innen und andererseits über die rasche Ankurbelung des ikonischen kommunalen Wohnbaus, welche sich zum Ziel setzte, in großem Stil

3 Wolfgang Maderthaner, „Das kommunale Experiment des Roten Wien – die ‚Veralltäglichung' der Utopie?", in: Alexander Amberger/Thomas Möbius (Hg.), *Auf Utopias Spuren. Utopie und Utopieforschung. Festschrift für Richard Saage zum 75. Geburtstag*, Wiesbaden 2017, S. 207–227, hier: S. 210.

4 Ebd., S. 214.

5 Ebd., S. 209.

6 Ebd., S. 208.

Wohnraum für die Arbeiterklasse zu schaffen. Hier übernahm das Wohnen (und dadurch das Leben) eine zentrale Rolle, aus dem heraus der „neue Mensch" entstehen sollte.[7] Die beeindruckende Zahl von „rund 64.000" gebauten Sozialwohnungen[8] und die extrem kurze Zeitspanne, in der die Bauarbeiten erledigt wurden, sind für sich bereits imposant. Es sind allerdings nicht die Wohnungen selbst, die in der Verwaltungsfunktion der Stadt im Mittelpunkt zu stehen scheinen, sondern vielmehr die Symbolik der Gemeindebauten mit ihren großartigen Namen und außergewöhnlichen Dimensionen, die zum auffallendsten und ausschlaggebendsten Zeichen des Roten Wien geworden sind. Die Bauten der Ära sind exemplarisch von dem architektonischen Ansatz Otto Wagners geprägt, „der von der polyzentrierten, expandierenden Metropole, von einem dynamischen Cluster korrespondierender, aufeinander bezogener urbaner Strukturen, von der transformierenden Rolle des Gebauten ausgegangen war".[9] Interessant ist dabei, wie in vielen Gemeindebauten „das Konzept der *Großförmigkeit* mit kontrapunktisch gesetzter Intimität der Hofform"[10] zusammenläuft.

Hofform und architektonisches Erbe

Der kommunale Wohnbau Wiens wurde – obwohl später mit den Kollektivhäusern in Skandinavien und der Sowjetunion in Verbindung gebracht[11] – während der Zwischenkriegszeit hämisch mit dem Etikett „Volkswohnungspalast"[12] belegt. Der Wandel von

7 Vgl. Erich Bramhas, *Der Wiener Gemeindebau. Vom Karl-Marx-Hof bis zum Hundertwasserhaus*, Basel/Boston/Stuttgart 1987, S. 35.

8 Vgl. ebd., S. 37. Die Zählung gilt inklusive der begonnenen und nach dem Februar 1934 fertiggestellten Bauprojekte. Bramhas verweist jedoch auf die generell je nach Quelle schwankenden Angaben.

9 Maderthaner (2017), S. 221.

10 Ebd., S. 223.

11 Vgl. Gerhardt Kapner, „Rezeption der Architektur: Der kommunale Wohnbau in Wien. Urteile der Zwischen- und Nachkriegszeit", in: *Artibus et Historiae* 11 (1980), Nr. 1, S. 83–98, hier: S. 84.

12 Der Begriff stammt von dem Wiener Architekten Josef Frank, der sich intensiv mit dem sozialen Wohnungsbau und Siedlungsgedanken beschäftigte und sich schon 1926 in seinem berühmt gewordenen Aufsatz „Der Volkswohnungspalast" mit der Symbolkraft monumentaler Groß-

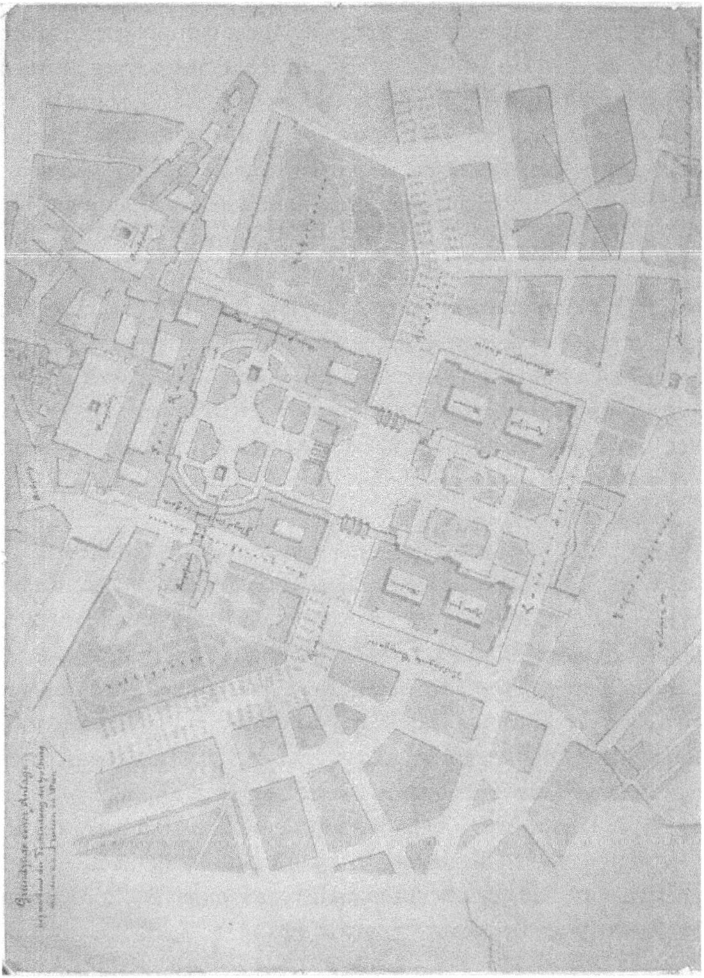

Abb. 2: Hofburg, Gesamtplan mit Kaiserforum von Gottfried Semper und Carl Hasenauer (1869).

den privaten Gang-Küchen-Wohnungen der Vorkriegszeit zu den rasch entstehenden Volkswohnhäusern zeigte unter anderem auch den gesellschaftlichen Wandel zu stärker bürgerlich gedachten Familienstrukturen an.[13] Die ironisch bis verleumderisch gemeinte Schilderung der Gemeindebauten als „Rote Festungen" war dementsprechend eher nichtssagend, da diese „als Fortifikationsanlagen im militärischen Sinne"[14] nicht viel taugten.

Wie Erich Bramhas anmerkt, hat der Hof-Begriff in Wien eine lange Tradition und wird in beiden seiner Bedeutungen, einerseits als Herrscherhof und andererseits als Bauform, mit der historischen Stadt in Verbindung gesetzt.[15] Er zitiert den Wiener Architekten Viktor Hufnagl: „Wie (sich) zeigt, mündet alles menschliche Leben in gebaute Höfe: der Bauernhof, der Gasthof, der Pfarrhof, der Klosterhof, der Burghof, der Schloßhof, der Gartenhof – und … der Friedhof."[16]

Sei es der Karl-Marx-Hof, der Reumannhof, der Sandleitenhof, der Karl-Seitz-Hof oder viele andere Gemeindebauten des Roten Wien – die Positionierung der Ära und dieser sozialdemokratischen „Höfe" deutet sehr klar auf die Bedeutung des habsburgischen architektonischen Erbes, das heute, im 21. Jahrhundert, noch immer zwischen der Hofburg, dem Karl-Marx-Hof und dem Gartenhof fortbesteht. Die Benennung dieser Bauten als Höfe weist in ihrer Scharnierstellung einerseits auf die habsburgische Geschichte und die ihr inhärente Monumentalität (in Verbindung mit der vormaligen Stellung Wiens als imperialer Hauptstadt) *zurück*, andererseits aber genauso auf die revolutionären Aspekte der Hofkonzeption im Roten Wien *voraus*.

bauten des Roten Wien kritisch auseinandersetzte. Vgl. Josef Frank, „Der Volkswohnungspalast (1926)", in: Rob McFarland/Georg Spitaler/Ingo Zechner (Hg.), *Das Rote Wien. Schlüsseltexte der Zweiten Wiener Moderne 1919–1934*, Berlin/Boston 2020, S. 538–542.

13 Reinhard Sieder, „Housing Policy, Social Welfare, and Family Life in ‚Red Vienna', 1919–1934", in: *Oral History* 13 (1985), Nr. 2, S. 35–48, hier: S. 39.

14 Vgl. Kapner (1980), S. 89.

15 Vgl. Bramhas (1987), S. 37.

16 Zitiert nach: Ebd., S. 38.

Neben dem bekannten Einfluss Otto Wagners scheint ein Großarchitekt des 19. Jahrhunderts, nämlich Gottfried Semper, seine Spuren in der Konzeption des Karl-Marx-Hofs hinterlassen zu haben. Ein Blick auf den Grundriss des Entwurfs von Semper und Carl Hasenauer für das sogenannte „Kaiserforum" an der Ringstraße (1869) zeigt erstaunliche Analogien zwischen dem Gemeindebau und der projektieren Umgestaltung der Hofburg.[17] In seiner Planung verband Semper den Neubau der gegenübergestellten Hofmuseen – Naturhistorisches und Kunsthistorisches Museum – über die damals junge Hauptverkehrsachse hinweg mit der zu erweiternden Hofburg. Dabei begriff Semper im Gegensatz zu anderen Architekten das „Kaiserforum" als städtebauliche Aufgabe, die über einen größeren Platz die drei Bauwerke zu einem Ensemble zu vereinen hätte, wie Richard Kurdiovsky zeigt.[18]

Das „Höfische" am Karl-Marx-Hof (im Sinne habsburgischer Monumentalität) zeigt sich so gerade in der räumlichen Integration von Ehrenhof, Seitenflügeln und angrenzenden Straßen, wie sie Karl Ehn ausführte.[19] Während Semper die Sichtachse des geplanten „Kaiserforums" von den untergeordneten Hofmuseen aus auf den Festsaaltrakt der Residenz ausrichtete, rahmen die beiden Flügel des Karl-Marx-Hofs die Ansicht der Hauptfassade, hinter der die Straße längs am Bau vorbeiführt. Die „berühmt gewordene, pathetisch-monumentale Spange",[20] die die zwei Innenhöfe

17 Vgl. Richard Kurdiovsky, „VI. Die Idee ‚Kaiserforum' (1866/1868-1871). IV.1. Wettbewerbs- und Planungsgeschichte", in: Werner Telesko (Hg.), *Die Wiener Hofburg 1835–1918. Der Ausbau der Residenz vom Vormärz bis zum Ende des ‚Kaiserforums'*, Wien 2012, S. 156–183, hier: S. 161–164.

18 Vgl. ebd., S. 162–163.

19 Auch wenn Anleihen Karl Ehns bei Semper nicht nachweisbar sind, widmete sich Ehns Lehrer Otto Wagner ebenfalls zeitweilig den Planungen des Jahrzehnte währenden Mammutprojekts „Kaiserforum". Vgl. Richard Kurdiovsky, „VII. Die ‚Vollendung' der Neuen Burg. Fortführen und Scheitern des Hofburgausbaues (1894-1918). VII.4. Die ideale Vollendung der Hofburg. Projekte von Otto Wagner und seiner Schule", in: Werner Telesko (Hg.), *Die Wiener Hofburg 1835-1918. Der Ausbau der Residenz vom Vormärz bis zum Ende des ‚Kaiserforums'*, Wien 2012, S. 374–381.

20 Maderthaner (2017), S. 224.

über die ca. 1200 Meter lange Frontanlage verbindet, sowie die Torbögen und die auf den Türmen flatternden Flaggen bieten dabei einen starken Kontrast zur gartenstädtischen Umgebung in Heiligenstadt.

Der Karl-Marx-Hof als mächtigstes Symbol dieser Zeit

Zwischen 1927 und 1933 erbaut, aber schon 1930 eröffnet, erstreckt sich der Karl-Marx-Hof über 156.000 Quadratmeter auf der Hagenwiese. Er galt schon zu Zeiten des Roten Wien als Vorzeigeprojekt des kommunalen Wohnbaus. Mit seinen fast 1400 Wohnungen für ca. 5000 Menschen,[21] mit seiner mächtigen Außeneinrichtung und imponierenden Fassade ist das Gebäude zum berühmtesten „Superblock" in Wien geworden. Diese „Stadt in der Stadt"[22] lässt sich, wie oben angedeutet, architektonisch zwischen den Kollektivhäusern des sowjetischen Russlands und den monumentalen Bauten totalitärer Herrschaftsarchitektur positionieren.

Der Anblick des Superblocks von außen erinnert in wenig subtiler Weise an die sarkastische Aussage von Adolf Loos, dem zeitweiligen Chefarchitekten und Leiter des Siedlungsamtes im Roten Wien, dass der einzige Unterschied zwischen ihm „als Kommunisten" und einem Bolschewiken darin bestehe, dass er „alle Menschen zu Aristokraten" machen wolle, ein Bolschewik demgegenüber „alle Menschen zu Proleten."[23] Die angebliche Verwandlung der Arbeiterklasse in eine neue, die Bürgerlichkeit überspringende Aristokratie mag süffisante Untertöne in sich tragen, scheint aber in der Gestaltung des Karl-Marx-Hofs doch durchzudringen. Der von dem Wiener Architekten Josef Frank entworfene Begriff des „Volkswohnungspalasts" deutet auf ein starres, unmögliches Paradoxon, das aber in diesem Kontext absurderweise zutreffend scheint, zumindest von außen. Von innen besteht der mächtige, prächtige Bau aus kleinen Wohnungen, überwiegend für Arbeiter:innenfamilien mit wenigen Kindern. Was von innen auf eine

21 Vgl. [Stadtverwaltung Wien], *Der Karl Marx-Hof. Die Wohnhausanlage der Gemeinde Wien auf der Hagenwiese in Heiligenstadt*, Wien 1930, S. 5.

22 Maderthaner (2017), S. 224.

23 Zitiert nach: Bramhas (1987), S. 24.

derartige kleinförmige und pragmatische Funktionalität verweist, scheint in seiner Monumentalität von außen wie ein Palast – eben wie der „Volkswohnungspalast" des Roten Wien.

Die Gestaltung des Ehrenhofs mit Statuen und Keramiken fügt künstlerische Bauelemente ein, die bislang quasi ausschließlich mit einer (reichen) aristokratischen, musealen Herrschaftsarchitektur in Verbindung gebracht wurden. Sowohl der Kontext als auch die Konnotation sind hier aber anders: Die Bronzefigur *Der Sämann* (1929) von Otto Hofner steht strahlend mitten im Ehrenhof am ehemaligen Karl-Marx-Platz,[24] eine anonymisierte, symbolische Subversion epochaler Galionsfiguren und heldenhafter Herrscherstatuen. Dieser Anblick des Ehrenhofs personifiziert eine Ode an die Arbeiter:innen von Wien und spiegelt die Kraft, Hoffnung und Solidarität des Wiener Arbeiterliedes wider:

> Wir sind das Bauvolk der kommenden Welt,
> Wir sind der Sämann, die Saat und das Feld
> Wir sind die Schnitter der kommenden Mahd,
> Wir sind die Zukunft und wir sind die Tat.[25]

Im Mitteltrakt schmücken vier zierliche Figuren des Künstlers Josef Riedl die Fassade, als symbolische Darstellung der Werte der Sozialdemokratie: die „Freiheit", die „Fürsorge", die „Aufklärung" und die „Körperkultur". Die Werte sollen das „Erbe der Massen"[26] symbolisieren, die Darstellung verläuft allerdings über ein Medium, das konventionell eher bei etwas Gegensätzlichem angewandt worden ist. Diese Umdeutung von klassischen Baumustern aus imperialen und aristokratischen Kontexten und ihre radikale

24 Benennung am 21. Januar 1930; am 30. November 1935 in „Heiligenstädter Platz" und am 10. Januar 1985 in „12.-Februar-Platz" umbenannt.

25 *Die Arbeiter von Wien*, 1. Strophe. Der Liedtext soll 1927 von dem Wiener Lyriker Fritz Bügel verfasst worden sein und wurde in späteren Jahren sowohl in der österreichischen Arbeiterbewegung als auch in der internationalen antifaschistischen Bewegung sehr beliebt. Vgl. Karl Adamek, *Lieder der Arbeiterbewegung. LiederBilderLeseBuch & Gitarrenschule von Kalle Pohl,* Frankfurt a.M. 1981.

26 Maderthaner (2017), S. 212.

Verschiebung auf emanzipatorische, (sozial-)demokratische Symbole ist architektonisch gesehen ein faszinierendes Erbe der Ära des Roten Wien [→ McFarland/Phenix: *Ornament*].

„Nur in Wien ..." – die verschwimmende Grenze zwischen dem Proletarischen, dem Bürgerlichen und dem Imperialen

Das Gesamtbild des Ehrenhofs kennzeichnet aber gleichzeitig den stark symbolischen Charakter (und die Konzeption) des Komplexes, der schlussendlich „[n]icht Klassenkampf, sondern eine bloße ‚Darstellung von Klassenkampf'"[27] verkörpert. Nach einer überspitzten Polemik Gerhardt Kapners ist das Ergebnis eine „zu ‚hohlen monumentalen Gesten' geronnene Architektur, die in ‚Palastbautradition und formalbürgerliche Platzbildung' umsetzte, was eigentlich eine soziale und bauliche Revolution hätte sein sollen."[28] Der zunächst räumliche und zeitgeschichtliche Einschnitt, durch den die vormalige Hauptstadt eines exorbitant großen Kaiserreichs in die Kontrolle einer jungen sozialdemokratischen Partei übergeht,[29] deutet bereits die *mise-en-scène* einer gesamtösterreichischen Revolution an.[30] Vor dem Hintergrund dieses historischen Moments des gesellschaftlich-politischen Wandels mochten sich entsprechend Gesinnte durchaus „vor der Monumentalität einer Architektur" fürchten, „die eine Revolution anzukündigen schien, die dann nicht stattfand."[31] Der kommunale Wohnbau des Ro-

27 Kapner (1980), S. 95.

28 Ebd., S. 97.

29 Blau stellt in ihrem Buch einerseits die Frage nach dem Einfluss der ideologischen und politischen Umstände in Wien auf die derzeitige Architektur und andererseits nach der symbiotischen Art und Weise, in der sich die Architektur durch ihre eigenen Codes, Praktiken und ihre Geschichte wiederum selbst eine politische Reaktion auf diese Umstände angeeignet hat. Vgl. Eve Blau, *Rotes Wien. Architektur 1919–1934. Stadt – Raum – Politik*, Wien 2014, S. 20–21. Siehe auch: Eve Blau, „Isotype and Architecture in Red Vienna. The Modern Projects of Otto Neurath and Josef Frank", in: *Austrian Studies* 14 (2006), S. 227–259.

30 Vgl. Helmut Weihsmann, *Das Rote Wien. Sozialdemokratische Architektur und Kommunalpolitik 1919–1934*, Wien 1985, S. 54–55.

31 Kapner (1980), S. 90.

ten Wien in der Form eines – paradoxerweise – *kleinbürgerlichen* „Volkswohnungspalasts" wurde schlussendlich (in puncto Revolution) nur zu einem „Symbol der architektonischen Diktion, nicht aber ernsthafte Funktion."[32] Nicht der Bau der Wohnungen an sich, sondern die schieren Dimensionen der Gemeindebauten und die dramatisierte Außengestaltung sind ausschlaggebende Paradoxien der Geschichte des Roten Wien. In dieser *Großförmigkeit* erblickt ein Autor wie Kapner den „symbolische[n] Ersatz der wirklichen Machtergreifung", der in seinen Augen zu einer misslungenen „Karikatur der Macht" schrumpfe.[33] Die Anomalie beginnt vielleicht schon beim Namen: Marx sprach in seinen Schriften für das Proletariat, war aber selbst sozial in einem Bürgertum verankert, ohne welches seine Schriften vielleicht nie hätten entstehen können. Die Konzeption und Symbolisierung des nach ihm benannten Karl-Marx-Hofs stellt ein ähnliches *Für-die-Arbeiter-Sprechen* (oder *-Gestalten*) dar, das ausschließlich durch die gebildete, bürgerliche obere Mittelschicht der sozialdemokratischen Regierung des Roten Wien erfolgen konnte.

Es ist dementsprechend nicht überraschend, dass der „Volkswohnungspalast", der aus genau dieser Anregung resultiert, als Teil der zahlreichen Höfe und Paläste der Stadt entstand und trotz seiner umgedeuteten Symbolkraft problemlos in die bauliche und imperiale Geschichte der Hauptstadt Wien integriert werden konnte. Obwohl in späteren sozialistischen Regimen auch prächtige staatliche Gebäude entstanden sind, z.B. *Palatul Parlamentului* (der Parlamentspalast) in Bukarest, gibt es keine vergleichbaren Bauten dieser Art, die über Generationen hinweg in ähnlichem Ausmaß Erfolg als nachhaltige Wohnkomplexe hatten. Die reine Monumentalität des gigantischen Superblocks und die altbewährte (und nach sozialdemokratischen Idealen uminterpretierte) prachtbauähnliche Außengestaltung einerseits und die effiziente, funktionale Inneneinrichtung mit Zentralwäschereien, Arztpraxen, Postamt, Bibliothek, Apotheke und Bädern andererseits verkörpern den Status des Karl-Marx-Hofs als „Volkswohnungspalast" – als mächtigs-

32 Ebd., S. 91.
33 Ebd., S. 95.

tes Symbol des Roten Wien, das heute noch die gewaltige und, am bemerkenswertesten, anhaltend *bewohnte* Ikone der Zeit darstellt.

Genau der Stellenwert als *Ikone* bringt eine ganze Reihe erstaunlicher Paradoxien erst hervor, von denen zunächst diejenige zwischen dem Bürgerlichen und dem Imperialen ins Auge fällt. Sie tritt im räumlich-historischen Gesamtkontext des Karl-Marx-Hofs vielfältig mit weiteren Paradoxien wie imperial/proletarisch, funktional/symbolisch und militärisch/wohnlich in Dialog. Zwischen der raschen Konstruktion der Gemeindebauten im Roten Wien und der äußerst herrschaftlichen Geschichte der Hauptstadt Wien verschwimmt die Grenze zwischen konträr stehenden Begriffen. So entsteht ein Sozialbau, der aussieht wie eine militärische Festung und wie ein Palast – entgegen der Parole „große Architekten für kleine Häuser“[34] –, ein *monumentaler* Gemeindebau passend zu den übrigen Monumenten Wiens. Diese Symbolik entspricht dann nicht nur einer bloßen „Karikatur der Macht“, sondern wird vielmehr kontrapunktisch zu einer historischen und doch zeitlosen Errungenschaft, die unmittelbar in die Infrastruktur und Beschaffenheit der Stadt integriert (worden) ist und durch die beständige Funktionalität des Gebäudes jegliche Überflüssigkeitsvorwürfe anficht. Prinzipiell kann der Karl-Marx-Hof als pathetische architektonische Ankündigung einer Revolution gesehen werden, die bekanntlich nicht in bolschewistischer Form stattfand. Nichtsdestotrotz stellt diese architekturgewordene Ankündigung darin eine tatsächliche Revolution dar, dass sie zusammen mit den anderen Wiener Gemeindebauten nach fast hundert Jahren immer noch Wohnraum für fast ein Drittel der Stadtbevölkerung bietet.

34 Vgl. Bramhas (1987), S. 24.

Bibliografie

Karl Adamek, Lieder der Arbeiterbewegung. LiederBilderLeseBuch & Gitarrenschule von Kalle Pohl, Frankfurt a.M. 1981.

Otto Bauer, „Die Nationalitätenfrage und die Sozialdemokratie", in: Otto Bauer, Werkausgabe, Bd. 1, Wien 1975, S. 49–622.

Eve Blau, „Isotype and Architecture in Red Vienna. The Modern Projects of Otto Neurath and Josef Frank", in: Austrian Studies 14 (2006), S. 227–259.

Eve Blau, Rotes Wien. Architektur 1919–1934. Stadt – Raum – Politik, Wien 2014.

Erich Bramhas, Der Wiener Gemeindebau. Vom Karl-Marx-Hof bis zum Hundertwasserhaus, Basel/Boston/Stuttgart 1987.

Josef Frank, „Der Volkswohnungspalast (1926)", in: Rob McFarland/Georg Spitaler/Ingo Zechner (Hg.), Das Rote Wien. Schlüsseltexte der Zweiten Wiener Moderne 1919–1934, Berlin/Boston 2020, S. 538–542.

Gerhardt Kapner, „Rezeption der Architektur: Der kommunale Wohnbau in Wien. Urteile der Zwischen- und Nachkriegszeit", in: Artibus et Historiae 11 (1980), Nr. 1, S. 83–98.

Richard Kurdiovsky, „VI. Die Idee ‚Kaiserforum' (1866/1868–1871). IV.1. Wettbewerbs- und Planungsgeschichte", in: Werner Telesko (Hg.), Die Wiener Hofburg 1835–1918. Der Ausbau der Residenz vom Vormärz bis zum Ende des ‚Kaiserforums', Wien 2012, S. 156–183.

Richard Kurdiovsky, „VII. Die ‚Vollendung' der Neuen Burg. Fortführen und Scheitern des Hofburgausbaues (1894–1918). VII.4. Die ideale Vollendung der Hofburg. Projekte von Otto Wagner und seiner Schule", in: Werner Telesko (Hg.), Die Wiener Hofburg 1835–1918. Der Ausbau der Residenz vom Vormärz bis zum Ende des ‚Kaiserforums', Wien 2012, S. 374–381.

Wolfgang Maderthaner, „Das kommunale Experiment des Roten Wien – die ‚Veralltäglichung' der Utopie?", in: Alexander Amberger/Thomas Möbius (Hg.), Auf Utopias Spuren. Utopie und Utopieforschung. Festschrift für Richard Saage zum 75. Geburtstag, Wiesbaden 2017, S. 207–227.

Reinhard Sieder, „Housing Policy, Social Welfare, and Family Life in ‚Red Vienna', 1919–1934", in: Oral History 13 (1985), Nr. 2, S. 35–48.

[Stadtverwaltung Wien], Der Karl Marx-Hof. Die Wohnhausanlage der Gemeinde Wien auf der Hagenwiese in Heiligenstadt, Wien 1930.

Helmut Weihsmann, Das Rote Wien. Sozialdemokratische Architektur und Kommunalpolitik 1919–1934, Wien 1985, S. 54–55.

H. G. Wells, The War That Will End War, London 1914.

Julian Klinner

Enklave

Das Rote Wien war – durch die absolute Mehrheit der Sozialdemokratie im Stadtparlament – von Beginn an eine singuläre politische Erscheinung unter den modernen Metropolen Europas. Doch auch innerhalb Österreichs war Wien nach dem Ausscheiden der Sozialdemokrat:innen aus der Bundesregierung im Jahr 1920 *die Bastion* der sozialistischen Bewegung. So sprach etwa Robert Danneberg, einer der Väter der Wiener Stadtverfassung von 1920, auf dem Parteitag von 1925 davon, dass nicht nur die Wiener Arbeiter:innen, sondern die ganze deutschösterreichische Arbeiterklasse „in Wien das wertvollste Stück Macht" besäßen, zumal Wien „ja die *einzige Millionenstadt in der Welt* [sei], die eine *sozialdemokratische Mehrheit* hat."[1] Unterstrichen wurde die Besonderheit Wiens auch in einer anderen wichtigen Hinsicht: Zum 10. November 1920 wurde Wien ein eigenes Bundesland, womit die Stadtverwaltung eine teilweise Steuerhoheit erlangte. Dies war die verfassungsrechtliche Voraussetzung der unter dem Namen „Breitner-Steuer" berühmt gewordenen, stark progressiven Wohnbauabgabe, welche maßgeblich zur Finanzierung des Wohnbauprogramms des Roten Wien beitrug.[2]

Die folgenden Seiten gehen der Frage nach, inwieweit sich anhand der Metapher der *Enklave* die Konfigurationen aufhellen lassen, in die das Rote Wien und speziell der Karl-Marx-Hof von verschiedenen Seiten eingefügt worden sind. Zu solchen Konfigu-

1 Robert Danneberg, „Die nächsten politischen und sozialpolitischen Aufgaben der Partei", in: *Arbeiter-Zeitung*, 15. November 1925, S. 5–6, hier: S. 6.

2 Vgl. für eine umfassende Quellensammlung zur Steuerpolitik des Roten Wien das Kapitel 2 „Steuerpolitik" in: Rob McFarland/Georg Spitaler/Ingo Zechner (Hg.), *Das Rote Wien. Schlüsseltexte der Zweiten Wiener Moderne 1919–1934*, Berlin/Boston 2020, S. 45–63.

rationen zählen in erste Linie zwei analoge Modelle: Zum einen der Gegensatz zwischen „rotem“ Wien und den „schwarzen“, d.h. christlich-sozial, also konservativ regierten übrigen Bundesländern Österreichs. Zum anderen die Stellung der neuen Gemeindebauten im Allgemeinen – und ihres Flaggschiffs im Besonderen – gegenüber der schon bestehenden Stadtarchitektur, die nicht genuines Produkt einer sozialdemokratischen Bautätigkeit nach 1919 war.

Dass die gesamtgesellschaftliche Lage von den sozialdemokratischen Protagonist:innen durchaus mit ihrer Arbeit innerhalb der Wiener Gemeindegrenzen zusammengedacht wurde, zeigt eine weitere Äußerung Robert Dannebergs aus seiner erstmals 1924 veröffentlichten Schrift *Die sozialdemokratische Gemeinde-Verwaltung in Wien*:

> Der Kapitalismus kann nicht von den Rathäusern aus beseitigt werden. Aber große Städte vermögen schon in der kapitalistischen Gesellschaft ein tüchtiges Stück sozialistischer Arbeit zu leisten. *Eine sozialdemokratische Gemeinderatsmehrheit kann auch im kapitalistischen Staat zeigen, welche schöpferische Kraft dem Sozialismus innewohnt.* Ihre fruchtbare Arbeit dient nicht nur dem Wohle der Stadtbewohner, sie ist zugleich Werbearbeit für den Sozialismus in höchstem Maße. […] *So ragt heute das rote Wiener Rathaus als eine Burg der proletarischen Bewegung empor.*[3]

Die hier vertretene Einschätzung der Kommunalpolitik in Wien kann als repräsentativ für das Selbstbild des Austromarxismus angesehen werden. Wie Hans und Rudolf Hautmann erläutern, habe die Führung der sozialdemokratischen Partei die sozialpolitische Umgestaltung Wiens sogar mit dem „sozialistischen Endziel“ identifiziert, nämlich auf Bundesebene an die Regierung zu kommen und dadurch in ganz Österreich eine neue Gesellschaft zu errichten.[4] Dieser Gedankengang ist bündig zusammengefasst

3 Robert Danneberg, „Die sozialdemokratische Gemeinde-Verwaltung in Wien“, in: *Die Gesellschaft* 1 (1924), Nr. 3 [Sonderdruck], S. 43, [Hervorhebung JK].

4 Vgl. Hans Hautmann/Rudolf Hautmann, *Die Gemeindebauten des Roten Wien 1919–1934*, Wien 1980, S. 87–88.

im Wahlslogan der Partei von 1930: „Vom roten Wien zum roten Österreich!"[5]

Zugleich klingt im Zitat die Überzeugung an, dass ungeachtet der ringsum christlich-sozial regierten Länder gerade die Großstadt der Ort sei, an dem sich ein progressives Programm hervorragend umsetzen lasse. Für diese Position ausschlaggebend ist einerseits das Argument, demzufolge Arbeiter:innen in Städten gewöhnlich einen höheren Bevölkerungsanteil ausmachen als auf dem Land. Den planerisch bedeutsameren Umstand großstädtischen Lebens stellt jedoch die weit höhere Bevölkerungsdichte auf urbanem Gebiet dar. Unter dem Aspekt der Konzentration zeigt sich, warum es ergiebig ist, nicht nur das Rote Wien als Enklave, sondern auch den Karl-Marx-Hof als *Enklave innerhalb der Enklave* zu denken.

Die Wiener Gemeindebauten wurden und werden einhellig als *der* Motor gesehen, welcher die Stadtentwicklung in sozialdemokratischem Sinne vorantrieb. Zugleich wird immer wieder darauf hingewiesen, dass das Bauprogramm des Roten Wien auf der Grundlage und im Rahmen des sogenannten Generalregulierungsplans Otto Wagners von 1892 operierte. Dieser Großentwurf, der vor allem auch die Neuordnung des Verkehrsnetzes und den Bau der Wiener Stadtbahn vorsah, kann als zentrale Strukturvorgabe angesehen werden, in die die Gemeindebauten „eingelassen" waren und so die Stadt „sozial und demokratisch von innen her transformiert[en]", wie Aleks Kudryashova und Werner Michael Schwarz formulieren.[6] Hinter der Auswahl von Bauplätzen für Gemeindebauten stand dabei das Leitprinzip der Lückenverbauung, das auch dem Standort des Karl-Marx-Hofs zugrunde liegt, der sich über die vormals unbebaute Hagenwiese erstreckt [→ Hoehn: *Massen*]. Mittels der Lückenverbauung sollte der „organisierten Arbeiterschaft politische Kontrolle über das städtische Gewebe"

5 Ebd., S. 89.

6 Aleks Kudryashova/Werner Michael Schwarz, „Einleitung" zu Kapitel 20: „Stadtplanung", in: Rob McFarland/Georg Spitaler/Ingo Zechner (Hg.), *Das Rote Wien. Schlüsseltexte der Zweiten Wiener Moderne 1919–1934*, Berlin/Boston 2020, S. 495–496, hier: S. 496.

erschlossen werden, wie Wolfgang Maderthaner konstatiert.[7] Eve Blau spricht unumwunden davon, dass im Fall der Gemeindebauten „sozusagen die Politik im Plan steckt."[8]

In den Umkreis solcher Interpretationen gehört der zeitgenössische Gedanke der Reaktionären, die Gemeindebauten seien nicht nur das politische Kapital der sozialdemokratischen Verwaltung, sondern könnten vermeintlich „strategisch" gelegen und gar mit militärischen Absichten konstruiert worden sein. So tauchten von konservativer Seite immer wieder propagandistische Texte auf, welche den vermeintlich fortifikatorischen Charakter der Gemeindebauten betonten. Beispielsweise wollten Josef Schneider und Carl Zell in ihrer Broschüre *Der Fall der Roten Festung* anhand einzelner Elemente eine Funktion desmaskieren, die die Gemeindebauten niemals hatten. So verfügten laut Schneider/Zell alle Gemeindebauten über „eigentümliche festungsartige einspringende Winkel nach Art von Schießscharten"; in den Innenhöfen, welche man „ganz harmlos als ‚Spielplätze für Kinder' bezeichnet", erblickten Schneider/Zell tatsächlich „Rallierungs- und Aufmarschplätze", konzipiert in Voraussicht eines bewaffneten Konflikts.[9] Die Vermutung, die Gemeindebauten stellten bastionsartige Verteidigungsstellungen für etwaig bevorstehende Revolutionskämpfe dar, straften die Februarkämpfe 1934 Lügen. Dem Artilleriebeschuss von der Hohen Warte aus hielt nämlich auch der Karl-Marx-Hof denkbar schlecht stand.[10]

7 Wolfgang Maderthaner, „Das kommunale Experiment des Roten Wien – die ‚Veralltäglichung' der Utopie?", in: Alexander Amberger/Thomas Möbius (Hg.), *Auf Utopias Spuren. Utopie und Utopieforschung. Festschrift für Richard Saage zum 75. Geburtstag*, Wiesbaden 2017, S. 207–227, hier: S. 218.

8 Eve Blau/Gabu Heindl/Monika Platzer, „Architektur und Politik lernen vom Roten Wien", in: Werner Michael Schwarz/Georg Spitaler/Elke Wikidal (Hg.), *Das Rote Wien 1919–1934. Ideen, Debatten, Praxis*, Basel 2019, S. 146–153, hier: S. 151.

9 Josef Schneider/Carl Zell, *Der Fall der Roten Festung*, Wien 1934, S. 18, S. 10.

10 Vgl. hierzu nur das saloppe Urteil Jörg Mauthes, der Karl-Marx-Hof habe ja nicht einmal „altmodischen Feldhaubitzen des Bundesheeres" widerstehen können, womit die „Untauglichkeit" des Baus in dieser

Die Modernität des Karl-Marx-Hofs und anderer Gemeindebauten wird dagegen erst sichtbar, wenn man den Blick auf die Art und Weise lenkt, in der die Anlagen das Leben ihrer Bewohner:innen „umfassen". Eine erste Weichenstellung hierfür war die konsequente Beschränkung der Verbauungsdichte, also der relativen Fläche eines Grundstücks, die tatsächlich von Gebäuden eingenommen wird. So liegt die Verbauungsdichte des Karl-Marx-Hofs bei 18 % der Gesamtfläche,[11] was aufgrund der Länge der Höfe dazu führt, dass beim Begehen das jeweils andere Ende des Baus aufgrund von dessen Länge „optisch verschwimmt".[12]

Die Tatsache, dass die beiden Flügel des Baus nicht bloß Parks sind, sondern zahlreiche Gemeinschaftseinrichtungen beherbergen, zeigt, dass die Höfe als neuartiger Sozialisationsraum konzipiert wurden, der die Stadt gewissermaßen in sein Inneres holt: Neben den kommunalen Anlaufstellen, einem Postamt und einer Apotheke waren zum Zeitpunkt der Eröffnung allein 25 Ladenlokale vorhanden. Damit wurde das private Wohnen im engeren Sinne mit soziokulturellen Aktivitäten so verbunden, dass der Gemeindebau als eigenes Quartier weit unabhängiger von der urbanen Makrostruktur war als in einer funktional differenzierten Großstadt dieser Zeit üblicherweise der Fall [→ Marie-Noëlle Yazdanpanah: *Frauen*]. Daneben ermöglichte die Errichtung von Gemeindebauten in verschiedenen Bezirken Wiens die Integration derjenigen Anlaufstellen ins Stadtbild, die mitverantwortlich waren für den Erfolg der Fürsorgepolitik Julius Tandlers. Tandler war als eine der medizinischen Koryphäen der Universität Wien und in seiner Funktion als amtsführender Stadtrat für Wohlfahrtseinrichtungen, Jugendfürsorge und Gesundheitswesen von 1920–1932 maßgeblich am Aufbau des Sozialsystems der Stadt beteiligt. Für den Karl-Marx-Hof sind in diesem Punkt etwa die zwei Kindergärten,

Hinsicht erwiesen wäre. Jörg Mauthe, „Der phantastische Gemeindebau. Polemische Bemerkungen zu einem Wiener Architektur-Kapitel", in: *Alte und moderne Kunst* 6 (1961), Nr. 44, S. 17–20, hier: S. 17.

11 Helmut Weihsmann, *Das Rote Wien. Sozialdemokratische Architektur und Kommunalpolitik 1919–1934*, Wien 2002, S. 111.

12 Erich Bramhas, *Der Wiener Gemeindebau. Vom Karl-Marx-Hof bis zum Hundertwasserhaus*, Basel/Boston/Stuttgart 1987, S. 62.

Abb. 3: Der Karl-Marx-Hof aus der Luft, Blick von Nordosten (2020).

die Schulzahnklinik sowie die Mütterberatungsstelle zu nennen. Des Weiteren ging auf ihn unter anderem die Verschickung des Säuglingswäschepakets zurück, das jede Familie unabhängig von ihren Verhältnisse für jedes Neugeborene gratis von der Stadtverwaltung erhielt.[13]

Indem die Innenhöfe des Karl-Marx-Hofs durch dieses Angebot an Sozialdiensten zu hybriden, halböffentlichen Begegnungsorten wurden, erhielten seine Bewohner:innen Zugang zu Leistungen, die der Arbeiterklasse zuvor verwehrt geblieben waren. Das Wohnbauprogramm des Roten Wien vollzieht hierin die Übertragung von Politik auf Architektur. Begünstigt wurde die Veränderung von Stadt wie Gesellschaft jedoch durch die architektonische Form des Hofs selbst. Die Grundrissvariante des *Hofs* hat in Wien eine lange und eindrucksvolle Tradition, mit prominenten Exponenten wie der Hofburg oder Schloss Schönbrunn [→ Mrunmayee Sathye: *Paradoxien*].[14] Im Gegensatz zu diesen vermitteln die (Binnen-)Höfe des Karl-Marx-Hofs wie die vieler anderer Gemeindebauten ihren Passant:innen jedoch einen Neuentwurf des städtischen Gefüges. Sie verbinden funktionale Orte mit Aufenthaltsmöglichkeit für Menschen, die nicht im Gebäude selbst wohnen. Als Enklave folgt der Karl-Marx-Hof damit der Logik der Suspension, die elementare Gliederungsoppositionen der Stadtstruktur „einklammert": Der Bau ermöglicht es, die Teilung in privat und öffentlich zugänglichen Raum, in funktionale Determinierung einerseits und unbestimmte Nutzung andererseits, neu wahrzunehmen. Auf der Folie von Innen und Außen wird die Hybridität der Hofanlage als Kontrast zur umgreifenden Typik der Großstadt sichtbar.

Es ist ein und dasselbe Modell, auf das sich einerseits die rhetorischen Einsätze zur nationalen Ebene der politischen Machtverhältnisse und andererseits das konzeptionelle Arrangement des Karl-Marx-Hofs beziehen. Den zugehörigen Positionsbe-

13 Vgl. zum Wirken Julius Tandlers ausführlicher Maderthaner (2017), S. 214–216.

14 Vgl. zum Verhältnis zwischen der Bauform Hof und den Gemeindebauten Bramhas (1987), S. 37–39.

stimmungen folgen, wie gesehen, Entwürfe zur Übernahme des Noch-nicht-Angeeigneten: So wie in großem Maßstab die gesamte Erste Republik wird in kleinem Maßstab die Stadt Wien zum Territorium, auf das die Impulse sozialdemokratischer Aufbauarbeit überspringen sollen. Als strategischer Topos macht die Enklave den transformatorischen Prospekt greifbar, unter dem das Rote Wien seine Arbeit verstand. Dies ist die Anschlussstelle für dessen eigentümliches Narrativ, demzufolge sich Staat und Gesellschaft bereits in der Evolution zum Sozialismus befänden.[15] Ohne die Enklaven der Gemeindebauten würde die Emphase dieses Narrativs wohl nicht bis unsere Zeit reichen.

Bibliografie

Eve Blau/Gabu Heindl/Monika Platzer, „Architektur und Politik lernen vom Roten Wien", in: Werner Michael Schwarz/Georg Spitaler/Elke Wikidal (Hg.), Das Rote Wien 1919–1934. Ideen, Debatten, Praxis, Basel 2019, S. 146–153.

Erich Bramhas, Der Wiener Gemeindebau. Vom Karl-Marx-Hof bis zum Hundertwasserhaus, Basel/Boston/Stuttgart 1987.

Robert Danneberg, „Die nächsten politischen und sozialpolitischen Aufgaben der Partei", in: Arbeiter-Zeitung, 15. November 1925, S. 5–6.

Robert Danneberg, „Die sozialdemokratische Gemeinde-Verwaltung in Wien", in: Die Gesellschaft 1 (1924), Nr. 3 [Sonderdruck].

Hans Hautmann/Rudolf Hautmann, Die Gemeindebauten des Roten Wien 1919–1934, Wien 1980.

Aleks Kudryashova/Werner Michael Schwarz, „Einleitung" zu Kapitel 20: „Stadtplanung", in: Rob McFarland/Georg Spitaler/Ingo Zechner, Das Rote Wien. Schlüsseltexte der Zweiten Wiener Moderne 1919–1934, Berlin/Boston 2020, S. 495–496.

Wolfgang Maderthaner, „Das kommunale Experiment des Roten Wien – die ‚Veralltäglichung' der Utopie?", in: Alexander Amberger/Thomas Möbius (Hg.), Auf Utopias Spuren. Utopie und Utopieforschung. Festschrift für Richard Saage zum 75. Geburtstag, Wiesbaden 2017, S. 207–227.

Jörg Mauthe, „Der phantastische Gemeindebau. Polemische Bemerkungen zu einem Wiener Architektur-Kapitel", in: Alte und moderne Kunst 6 (1961), Nr. 44, S. 17–20.

15 Vgl. hierzu nochmals Maderthaner (2017), hier: S. 207–209.

Rob McFarland, Rob/Georg Spitaler/Ingo Zechner (Hg.), Das Rote Wien. Schlüsseltexte der Zweiten Wiener Moderne 1919–1934, Berlin/Boston 2020.
Josef Schneider/Carl Zell, Der Fall der Roten Festung, Wien 1934.
Helmut Weihsmann, Das Rote Wien. Sozialdemokratische Architektur und Kommunalpolitik 1919–1934, Wien 2002.

Cara Tovey

Natur

(Übersetzung: Anna Lynn Dolman)

Das vielleicht auffälligste Merkmal des Karl-Marx-Hofs ist neben seiner massiven Länge und seiner ikonischen Fassade die in das mehr als einen Kilometer lange Gebäude integrierte Menge an Freiraum. Tatsächlich zeigt eine Luftaufnahme, dass die Anlage grüne Stadtblöcke mit von Bäumen gesäumten Höfen und Straßen durchschneidet. Nur 18 % des Grundstücks wurden bebaut,[1] sodass Grünflächen einen weitaus größeren Teil des Karl-Marx-Hof-Geländes ausmachen als das Gebäude selbst. Die in den Höfen des Karl-Marx-Hofs liegenden Grünflächen sind wortwörtlich die zentralen Merkmale des Gebäudes und sorgten dafür, dass seine Bewohner:innen täglich innerhalb der Stadt mit einem Stück Natur in Berührung kamen. Die Integration von Grünflächen in die Gebäudegestaltung zeugt von einer zunehmenden Wertschätzung der Natur im frühen 20. Jahrhundert. Die Natur war und ist ein idealer Rückzugsort vom Stadtleben sowie ein idealer Ort für körperliche Aktivitäten und Sport [→ Spitaler/Tovey: *Sport*]. In der Stadt war jedoch ein immersives Naturerlebnis nicht immer möglich, entweder aufgrund fehlender Grünflächen innerhalb oder des mangelnden Zugangs zu diesen Flächen außerhalb der Stadt. Das Rote Wien, bekannt für seine Sozialprogramme, die die Förderung von „Outdoor-Aktivitäten" sowohl für Arbeiter:innen als auch für das Bürgertum umfassten, bemühte sich daher, Grünflächen, wie sie im Karl-Marx-Hof zu finden sind, in die gesamte Stadt einzubeziehen, damit alle vom Kontakt zur Natur profitieren konnten.

1 Vgl. Karl Ehn, „Karl Marx Hof 1926–1930", in: Architekturzentrum Wien (Hg.), *Architecture in Austria in the 20th & 21st Centuries*, Basel 2006, S. 76–77, hier: S. 76.

Abb. 4: Die Vogelperspektive auf den Karl-Marx-Hof zeigt die großen grünen Innenhöfe (2020).

Auf den ersten Blick scheint das Design des Karl-Marx-Hofs in dieser Hinsicht ein eher progressives Beispiel für Architektur zu sein. Das Karl-Marx-Hof-Projekt wurde jedoch von rechtsgerichteten Politiker:innen auf der einen Seite und fortschrittlicheren, modernistischen Denker:innen auf der anderen Seite kritisiert. Obwohl beide Kritiker:innengruppen aus völlig unterschiedlichen Perspektiven an das Thema herangingen, sprachen sich beide dafür aus, das Land für eine Gartensiedlung anstelle eines massiven Gemeindebaus zu nutzen. Während die politische Rechte gegen den Gemeindebau war, weil sie Korruption und Missbrauch von Geldern bei seinem Bau durch die sozialistische Linke befürchtete, kritisierten die Argumente von links – mit Persönlichkeiten wie Otto Neurath und Josef Frank an der Spitze der Opposition gegen das Gemeindebauten-Programm generell – das Design dafür, modernes Wohnen *nicht* vollständig neu zu konzeptualisieren.[2] Für die Linke waren die Gemeindebauten Kopien des älteren bürgerlichen Wohnstils, der aus einzelnen Wohnungen für einzelne Familieneinheiten bestand, anstatt ein neues Modell des gemeinschaftlichen und nachhaltigen Wohnens vorzuschlagen, wie es damals zunehmend in ganz Europa aufkam; die gemeinschaftlichen Waschräume, Bäder und Dienstleistungen des Karl-Marx-Hofs wie ein Kindergarten stellten keine ausreichend bedeutsamen Maßnahmen für ihre Vision dar. Die Rechte befürchtete zudem, dass die in den Gemeindebauten durchgesetzten kommunalen Maßnahmen zu einem Zerfall der Familie führen würden.[3] Trotz der Unterstützung für die Gartensiedlungen auf beiden Seiten des politischen Spektrums beschloss die Stadt, die Grenzen des bestehenden Gemeindebaumodells zu erweitern anstatt die Möglichkeit dessen zu erkunden, was womöglich ein noch innovativeres und nachhaltigeres Wohnmodell hätte sein und die grundlegende Vorstellung von „Stadt" hätte revolutionieren können.

2 Vgl. Eve Blau, „Isotype and Architecture in Red Vienna. The Modern Projects of Otto Neurath and Josef Frank", in: *Austrian Studies* 14 (2006), S. 227–259, hier: S. 234.

3 Vgl. Alfred Georg Frei, *Rotes Wien. Austromarxismus und Arbeiterkultur. Sozialdemokratische Wohnungs- und Kommunalpolitik 1919–1934*, Berlin 1984, S. 88.

Als am 11. Juni 1927 die Pläne zur Errichtung eines Gemeindebaus in Heiligenstadt bekannt gegeben wurden, gab es von Anfang an Widerstand, doch erreichte die Kontroverse Mitte Oktober 1927 ihren Höhepunkt, als sich die 100 Meter lange Hauptmauer unmittelbar nach dem Bau um einige Zentimeter senkte.[4] Etwa zur gleichen Zeit senkte sich auch ein weiterer Neubau an der Hagenmüllergasse erheblich: fünf bis sechs Zentimeter, mehr als das Fundament des Karl-Marx-Hofs sich gesenkt hatte.[5] Die christlich-soziale Zeitschrift *Freiheit!* hatte seit einiger Zeit Vorwürfe wegen Pfuschs beim Bau der Gemeindebauten erhoben, und diese beiden Vorfälle gossen weiter Öl ins Feuer. Die Hauptargumente von rechts drehten sich bis dahin um ihre grundsätzliche Ablehnung des Mieterschutzes im Gemeindebau sowie die erhobenen Bausteuern.[6] Andere finanzielle Argumente waren Korruptionsvorwürfe unter den Parteifunktionär:innen bei der Zuteilung der Mittel für das Gebäude.[7] Die Rechte stellte den Vorfall übertrieben dar und behauptete beispielsweise: „Die Senkung in Heiligenstadt sei eine Katastrophe, wie sie in Wien noch nicht erlebt wurde",[8] während die Linke konstatierte, „Senkungen sind nichts Außergewöhnliches",[9] und im Zuge dessen mehrere Beispiele von Gebäuden sowohl in Wien als auch in Deutschland anführte, von denen bekannt war, dass sie während ihres Baus ein wenig eingesunken waren (darunter der Gasometer Simmering), und von denen keines einen Skandal verursacht hatte. Der Gemeinderat versammelte sich am 26. Oktober 1927, um zu besprechen, was mit den beiden Gebäuden zu tun sei, und verkündete die Bildung eines Komitees

4 Vgl. ebd., S. 107.

5 Vgl. Anonym. „Katastrophale Schäden bei zwei Wiener Gemeindebauten", in: *Wiener Journal*, 22. Oktober 1927, S. 3–4, hier: S. 4.

6 Vgl. Robert Hoffmann, *„Nimm Hack' und Spaten…" Siedlung und Siedlerbewegung in Österreich 1918-1938*, Wien 1987, S. 65.

7 Vgl. Anonym, „Die Enthüllung der ‚Freiheit!' vor dem Gemeinderat", in: *Freiheit!*, 15. Oktober 1927, S. 1–2.

8 Anonym, „Katastrophale Schäden bei zwei Wiener Gemeindebauten", in: *Wiener Journal*, 22. Oktober 1927, S. 3–4, hier: S. 3.

9 Anonym, „Die Belastungsprobe in Heiligenstadt", in: *Arbeiter-Zeitung*, 27. Oktober 1927, S. 6.

zur Untersuchung der Ursachen beider Senkungen,[10] deren Ergebnisse am 15. Juli 1928 in der *Wiener Zeitung* veröffentlicht wurden. Da die Baustelle des Karl-Marx-Hofs zum ehemaligen Donautiefland gehörte, wurden Bodenschichten aus schwarzem Schlamm für die Verformung der Betonpfähle verantwortlich gemacht, die das Gebäude tragen sollten.[11] Dementsprechend musste die Stadt während des Baus ironischerweise zunächst die natürliche Umgebung überwinden, um im Rahmen der Gestaltung ihres Wohnungsprogramms wieder Grünflächen in die Stadt zu integrieren.

Die Sozialdemokrat:innen ließen sich von dem Rückschlag jedoch nicht entmutigen und blieben aus primär wirtschaftlichen Gründen entschlossen bei dem Projekt. Sie glaubten, dass der Gemeindebau mehr Arbeiter:innen platz- und kosteneffizienter beherbergen könnte als eine Gartensiedlung. Interessanterweise lagen auch der Gartensiedlungsbewegung, die nach dem Ersten Weltkrieg aus der Not heraus als eine Art „Selbsthilfe"-Bewegung entstanden war, finanzielle Überlegungen zugrunde.[12] Die Gartensiedlungsbewegung war nichts anderes als ein verzweifelter Versuch der Wiener Bürger:innen, sich infolge der Ernährungs- und Wohnungsnot nach dem Krieg mit Obdach und Nahrung zu versorgen. Doch was aus der Not heraus begann, entwickelte sich zu einer ernsthaften politischen Debatte. Aus heutiger Perspektive mag die Gartensiedlungsbewegung wie eine umweltorientierte Bewegung erscheinen, die der erneuten Verbindung des Menschen mit der Natur mit dem Ziel eines gesünderen Lebensstils Priorität einräumte – Eigenschaften, die die Bewegung mit zeitgenössischen Gartenbewegungen teilte, darunter etwa die Schrebergärten und Kleingärten, die noch heute

10 Vgl. ebd.

11 Vgl. Anonym, „Von der Gemeinde Wien", in: *Wiener Zeitung*, 15. Juli 1928, S. 3–4, hier: S. 3.

12 Vgl. Eve Blau/Gabu Heindl/Monika Platzer, „Architektur und Politik lernen vom Roten Wien", in: Werner Michael Schwarz/Georg Spitaler/Elke Wikidal (Hg.), *Das Rote Wien 1919–1934. Ideen, Debatten, Praxis*, Basel 2019, S. 146–153, hier: S. 147; vgl. auch Klaus Novy/Wolfgang Förster, *Einfach bauen. Genossenschaftliche Selbsthilfe nach der Jahrhundertwende. Zur Rekonstruktion der Wiener Siedlerbewegung*, Wien 1991; Hoffmann (1987).

im deutschsprachigen Raum existieren. Und während dies entscheidende Aspekte der Bewegung waren – insbesondere Otto Neurath, prominenter Sozialwissenschaftler und Philosoph, beschrieb sie als Teil des größeren „Zurück zur Natur"-Trends, der in den vorangehenden Jahrzehnten über ganz Europa hinweggefegt war[13] –, wurden die Vorbehalte gegenüber der Bewegung und ihren Absichten meist aus wirtschaftlichen und politischen Gründen vorgebracht.

Die Gartensiedlungen waren antikapitalistisch und gegen eine traditionelle Konzeption der Großstadt; ersteres war für das Rote Wien unproblematisch, letzteres verkomplizierte die Idee einer Arbeiter*stadt*. Die Gartengemeinschaften stärkten den Einzelnen, indem sie autonome Gemeinschaften schufen, die als potenzielle Bedrohung für die Mission einer größeren, einheitlichen, sozialistischen Stadt angesehen werden konnten. Franz Nothhacksberger, Fürsprecher der Gartensiedlungsbewegung, argumentierte, die Großstadt sei mit dem Sozialismus unvereinbar. Laut Nothacksberger war die Metropole ein direktes Resultat des Kapitalismus und bedurfte daher einer ähnlichen Umstrukturierung wie die Wirtschaft, wenn sie für alle funktionieren sollte. Diese Umstrukturierung sollte seiner Meinung nach in Form von Gartensiedlungen und einer Grünflächenreform erfolgen: „Der Abbau der Großstadt führt zur Neusiedlung, der Umbau unter anderem zur Grünflächenreform".[14] Wie bereits angedeutet, stellt das Rote Wien ein besonders widersprüchliches Beispiel für den Versuch dar, Grünflächen zu reformieren – die Stadt schien schöne Parks und Grünflächen lediglich zur Schau zu kultivieren und nicht, um den Bedürfnissen der Wiener Bevölkerung gerecht zu werden.[15] Anstatt die brachliegenden Grundstücke der Stadt – insbesondere den instabilen Boden des Karl-Marx-Hofs – neu zu gestalten, damit diese ihren Bürger:innen als tatsächliche grüne Lösungen zugute kämen, beschloss die Stadt schließlich um 1923/24, den Gemeindebau-

13 Vgl. Otto Neurath, „Kleingärtner und Siedler. Neue Wirtschaft, neues Leben", in: *Arbeiter-Zeitung*, 20. November 1921, S. 7.

14 Franz Nothhacksberger, *Gartensiedlungen und Grünflächenreform. Gartensoziale Studien*, Wien 1920, S. 12.

15 Ebd., S. 13–14.

stil des Wohnens statt der Gartensiedlung für ihre Arbeiter:innen durchzusetzen. Infolgedessen erhielten die Gartensiedlungen eine wesentlich geringere Finanzierung, und die Gemeindebauten dominierten das Wohnprojektnarrativ des Roten Wien.[16]

Während die Stadt finanzielle Gründe für die Bevorzugung der Gemeindebauten angab, argumentiert Helmut Gruber, dass die Gründe für diese Entscheidung wahrscheinlich komplizierter waren. Er weist darauf hin, dass „die in den Enklaven der Gartenstädte vorherrschende Selbstverwaltung entscheidend dazu beitrug: Sie wurde fast als eine Art Anarchismus angesehen, der die üblichen Kanäle der Parteitätigkeit störte." Tatsächlich waren die Gemeindebauten das Symbol des demokratischen Sozialismus *par excellence* im Roten Wien und ihr effektivstes Werkzeug zur Schaffung einer Arbeiter:innenkultur [→ Roy: *Propaganda*].[17] Die Gartensiedlungen, die anarchistischerer Natur waren, drohten die Partei und ihre Agenda zu untergraben. Die Gemeindebauten waren für Kritiker:innen wie Josef Frank, einen modernistischen Wiener Architekten, „[...] kein Ziel [...], sondern ein Kompromiß, geschlossen zwischen Not, Unkultur und auch bösem Willen einerseits und Tatkraft, Fortschritt und Gemeinsinn andererseits".[18] Der Eindruck, den Frank hier vermittelt, ist nicht der einer besonders zukunftsorientierten Verwaltung, die von progressiven neuen Idealen geleitet wird, wie die Verwaltung ihre Leute glauben machen mochte, sondern vielmehr der einer Verwaltung, die praktische Probleme zu lösen sucht und tendenziell der Vergangenheit verhaftet ist. Frank nannte den Gemeindebau wegen seines Festhaltens an überkommenen Wohnstilen und -werten bekanntlich einen „Volkswohnungspalast". Dieser Begriff passt aufgrund von dessen beispielloser Größe und festungsartiger Fassade besonders gut zum Karl-Marx-Hof; große gewölbte Türöffnungen und turm-

16 Vgl. Helmut Gruber, *Red Vienna. Experiment in Working-Class Culture 1919–1934*, New York 1991, S. 48.

17 Vgl. ebd., S. 46.

18 Josef Frank, „Die Volkswohnungspalast. Eine Rede, anlässlich der Grundsteinlegung, die nicht gehalten wurde.", in: *Der Aufbau. Österreichische Monatshefte für Siedlung und Städtebau* 1 (1926), Nr. 7, S. 107–111, hier: S. 110.

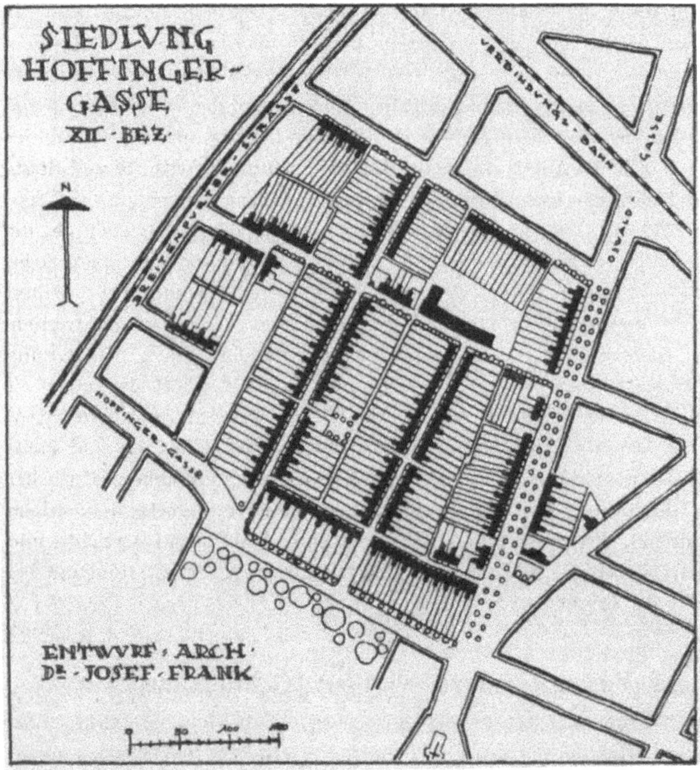

Abb. 5: Gartensiedlung in der Hoffingergasse (1921), entworfen von Josef Frank.

artige Formen lassen das Gebäude prachtvoll und nichtsdestotrotz defensiv wirken.

Sowohl für Frank als auch für Neurath waren radikale, mutige Lösungen erforderlich, um nicht nur die Bürger zu versorgen, sondern auch die Zukunft des Sozialismus in Wien zu sichern.[19] Neurath zog sogar Karl Marx selbst zur Unterstützung für die Gartensiedlungsbewegung heran:

> Von den Massen getragen, kann diese Bewegung jene Wirkung auslösen helfen, die das kommunistische Manifest vorsieht: Vereinigung von landwirtschaftlicher und gewerblicher Arbeit, Ausgleichung des Unterschieds zwischen Stadt und Land. Das fordert aber Planmäßigkeit, Solidarität und Organisation.[20]

Frank ging es hingegen um die Schaffung eines demokratischeren Lebensraums: „The entire struggle for the modern apartment and the modern house has at its core the goal of freeing people from their bourgeois prejudices and providing them with the possibility of a bohemian lifestyle." („Der ganze Kampf um die moderne Wohnung und das moderne Haus hat im Kern das Ziel, die Leute von ihren bürgerlichen Vorurteilen zu befreien und ihnen die Möglichkeit zu einem Lebensstil in der Art der Bohème zu geben" – eigene Übersetzung, ALD).[21] Tatsächlich war es die entstehende Gemeinschaft, die die Gartensiedlungsbewegung mehr als ihre Architektur definierte. Ein Artikel in der *Arbeiter-Zeitung* vom 4. August 1923 beschreibt, wie die Gemeinschaftseinrichtungen und der Lebensstil der Gartensiedlungen ältere Formen der Geselligkeit ersetzten: „Alle diese gemeinsamen Einrichtungen erfordern einen gemeinsamen Geist, gemeinsame Feste."[22] Obwohl kommunale Dienstleistungen nicht nur in den Gartensiedlungen

19 Vgl. Otto Neurath, „Kleingärtner und Siedler. Neue Wirtschaft, neues Leben", in: *Arbeiter-Zeitung*, 20. November 1921, S. 7.

20 Ebd., S. 7.

21 Josef Frank, „The House as Path and Place", in: Christopher Long (Hg.), *The New Space: Movement and Experience in Viennese Modern Architecture*, London 2016, S. 224–225, hier: S. 224.

22 Zitiert nach: Franz Nothhacksberger (1920), S. 18.

vorhanden waren, war die Gemeinschaft der Gartensiedlung einzigartig, weil sie für ihre Versorgung nicht auf die Stadt angewiesen war; sie baute normalerweise ihre eigene Infrastruktur und Kommune von Grund auf selbst. Es war dieser Aspekt der Basisarbeit und des Engagements für alle sozialen und wirtschaftlichen Klassen, der das vielleicht revolutionärste Merkmal der Bewegung darstellte. Die Gemeindebauten priorisierten hingegen Arbeiter:innen, insbesondere diejenigen, die verheiratet waren und Kinder hatten – diejenigen, die das Wohnprogramm augenscheinlich am meisten benötigten oder es am meisten verdienten.

Obwohl Frank und Neurath starke Befürworter der Gartensiedlungsbewegung waren, waren sie auch starke Anhänger des demokratischen Sozialismus im Roten Wien. Neurath sah dies nicht als unvereinbar an; er glaubte, dass die demokratischen Sozialist:innen die Unterstützung der Gartensiedlungsbewegung brauchten, damit der Sozialismus in Wien eine Zukunft habe.[23] Frank entwarf schließlich sogar selbst mehrere Gemeindebauten, geprägt von seinen eigenen Prinzipien für die Stadt. Der Kampf um das Land, auf dem der Karl-Marx-Hof steht, weist – obwohl er mehrere politische Perspektiven umfasst, die alle von unterschiedlichen Ideologien und Anliegen motiviert sind – auf größere Anliegen der Moderne hin, nämlich die Rolle der Natur im Verhältnis zur Stadt. Der Karl-Marx-Hof ist sowohl ein Symbol der menschlichen Fähigkeit, die natürliche Umwelt zu zähmen, als auch ein Versuch, einen Teil dieser verlorenen Natur wieder in die Stadt zu integrieren. Während viele der Gemeindebauten bis zum heutigen Tag für eine Erinnerung an eine sozialistische Vergangenheit stehen, die versuchte, die Arbeiter an die erste Stelle zu setzen, gerät die Gartensiedlungsbewegung allmählich in Vergessenheit und hinterlässt kaum Spuren der antikapitalistischen, antibürgerlichen Werte, für die sie einst stand. Auch wenn in den Randbezirken österreichischer und deutscher Städte immer noch Schrebergärten oder Kleingärten verstreut sind, ist die ursprüngliche Vision einer

23 Vgl. Otto Neurath, „Kleingärtner und Siedler. Neue Wirtschaft, neues Leben“, in: *Arbeiter-Zeitung*, 20. November 1921, S. 7.

Gartenstadt, von der die Gartensiedlungsbewegung einst träumte, so gut wie verschwunden.

Bibliografie

Anonym, „Die Belastungsprobe in Heiligenstadt“, in: Arbeiter-Zeitung, 27. Oktober 1927, S. 6.

Anonym, „Die Enthüllung der ‚Freiheit!‘ vor dem Gemeinderat“, in: Freiheit!, 15. Oktober 1927, S. 1–2.

Anonym, „Katastrophale Schäden bei zwei Wiener Gemeindebauten“, in: Wiener Journal, 22. Oktober 1927, S. 3–4.

Anonym, „Von der Gemeinde Wien“, in: Wiener Zeitung, 15. Juli 1928, S. 3–4.

Eve Blau/Gabu Heindl/Monika Platzer, „Architektur und Politik lernen vom Roten Wien“, in: Werner Michael Schwarz/Georg Spitaler/Elke Wikidal (Hg.), Das Rote Wien 1919–1934. Ideen, Debatten, Praxis, Basel 2019, S. 146–153.

Eve Blau, “Isotype and Architecture in Red Vienna. The Modern Projects of Otto Neurath and Josef Frank“, in: Austrian Studies 14 (2006), S. 227–259.

Das neue Wien: Städtewerk, Bd. 1, hrsg. unter offizieller Mitw. d. Gemeinde Wien, Wien 1926, Wienbibliothek im Rathaus. https://resolver.obvsg.at/urn:nbn:at:AT-WBR-60217 / Public Domain Mark 1.0.

Karl Ehn, „Karl Marx Hof 1926–1930“, in: Architekturzentrum Wien (Hg.), Architecture in Austria in the 20th & 21st Centuries, Basel 2006, S. 76–77.

Josef Frank, „Die Volkswohnungspalast. Eine Rede, anlässlich der Grundsteinlegung, die nicht gehalten wurde.“, in: Der Aufbau. Österreichische Monatshefte für Siedlung und Städtebau 1 (1926), Nr. 7, S. 107–111.

Josef Frank, “The House as Path and Place“, in: Christopher Long (Hg.), The New Space: Movement and Experience in Viennese Modern Architecture, London 2016, S. 224–225.

Alfred Georg Frei, Rotes Wien. Austromarxismus und Arbeiterkultur. Sozialdemokratische Wohnungs- und Kommunalpolitik 1919–1934, Berlin 1984.

Wolfgang Förster/Klaus Novy, Einfach bauen. Genossenschaftliche Selbsthilfe nach der Jahrhundertwende. Zur Rekonstruktion der Wiener Siedlerbewegung, Wien 1991.

Helmut Gruber, Red Vienna. Experiment in Working-Class Culture 1919–1934, New York 1991.

Robert Hoffmann, „Nimm Hack‘ und Spaten…“ Siedlung und Siedlerbewegung in Österreich 1918–1938, Wien 1987.

Otto Neurath, „Kleingärtner und Siedler. Neue Wirtschaft, neues Leben“, in: Arbeiter-Zeitung, 20. November 1921, S. 7.

Franz Nothacksberger, Gartensiedlungen und Grünflächenreform. Gartensoziale Studien, Wien 1920.

Paul Hoehn

Massen

(Übersetzung: Anna Lynn Dolman)

Zeitgenössische Quellen rund um die Eröffnung des Karl-Marx-Hofs 1930 beschreiben, was ein Reporter der *Wiener Zeitung* „das Problem, auf der Hagenwiese eine Wohnhausanlage zu erbauen",[1] nannte. Da allerdings viele der legalen und finanziellen Hürden des Sozialwohnungsbaus auf der Kommunalebene überwunden worden waren,[2] bestanden die größten Herausforderungen für das Projekt in der Funktionalität des Komplexes. Welchen Bedürfnissen sollte der Karl-Marx-Hof dienen und wie? Darüber hinaus: *Wessen* Bedürfnissen sollte er Rechnung tragen? Während wir von einem Wohnungsgebäude den Zuschnitt auf individuelle Bewohner:innen, Familien und Haushalte erwarten, beschäftigen sich zeitgenössische Auseinandersetzungen mit dem Karl-Marx-Hof überraschend häufig mit einer sozialen Formation, die unmöglich eine der Einheiten des Komplexes bewohnen kann: mit der Masse. Karl Ehns Design sorgte dafür, dass die Massen zum und durch den Karl-Marx-Hof strömten. Aber selbst als die sozialdemokratische Führung das propagandistische Potenzial der Architektur zur Beeinflussung ihres Verhaltens nutzte, figurierten die Massen als kontroverse Akteure, deren Streben sich das Baudesign beugte.

1 Anonym, „Der Karl-Marx-Hof in Heiligenstadt", in: *Wiener Zeitung*, 12. Oktober 1930, S. 2.

2 Die heute zu erwartenden Haushaltsprobleme wurden durch eine 1923 eingeführte Wohnbausteuer gelöst, und das Grundstück, auf dem der Karl-Marx-Hof stehen sollte, war ein halbes Jahrhundert lang kommunales Eigentum gewesen, bevor die Grundsteine gelegt wurden. Für eine ausführliche Diskussion der Finanzierung von Bauprojekten im Roten Wien vgl. Alfred Georg Frei, *Rotes Wien. Austromarxismus und Arbeiterkultur. Sozialdemokratische Wohnungs- und Kommunalpolitik 1919–1934*, Berlin 1984, S. 82–84.

Anspielungen auf die Massen häufen sich insbesondere in Diskussionen der Torbögen, die die Fassade des Karl-Marx-Hofs durchbrechen. Die Torbögen tauchen beinahe in allen Berichten über die Gebäudeeröffnung am 12. Oktober 1930 auf, und in einigen wenigen Beschreibungen erscheinen sie als eine der Paradelösungen des „Problems" der Gemeindebau-Konstruktion. Eine bei den Eröffnungsfeierlichkeiten verteilte Broschüre schildert beispielsweise den Ursprung der Torbögen wie folgt:

> Auch war auf verschiedene Erfordernisse Rücksicht zu nehmen: ein so großes Gebiet konnte nicht ohne die nötigen Verkehrsadern bleiben. Es wurden daher die Verbindungsstraßen vorgesehen, die von dem Bau überbrückt, den oft riesenhaften Verkehr der Menschenmassen von der Stadtbahnstation Heiligenstadt zum Sportplatz Hohe Warte vermitteln müssen.[3]

Die *Wiener Zeitung* verkündete noch prägnanter, dass die Struktur „auf den Massenverkehr eingestellte riesige Durchfahrten [enthält]".[4] Genau wie Landschaftsarchitekt:innen gelegentlich Wunschlinien verwenden, um den Bau von Wegen in bereits befahrenen Bereichen zu ermitteln, schaffte der Architekt Karl Ehn mit den eingezogenen Passagen Platz für das bestehende hohe Verkehrsaufkommen entlang der Hagenwiese, wie das Grundstück vor dem Bau des Karl-Marx-Hofs hieß. Zwischen der Haltestelle Heiligenstadt und dem Stadion Hohe Warte gelegen, diente das Land für die Mengen als Durchgangsroute durch kleine Gemüsegärtnereien,[5] auf dem Weg zu und von den zahlreichen Sport- und Kulturveranstaltungen, die in dem Stadion stattfanden (vgl. Abb. 6). Ehns Einfügen von Torbögen, die das Passieren von Fußgängern

3 [Stadtverwaltung Wien], *Der Karl Marx-Hof. Die Wohnhausanlage der Gemeinde Wien auf der Hagenwiese in Heiligenstadt*, Wien 1930, S. 4.

4 Anonym, „Der Karl-Marx-Hof in Heiligenstadt", in: *Wiener Zeitung*, 12. Oktober 1930, S. 2.

5 Vgl. Anonym, „Stadt auf der ‚Hagenwiese'", in: *Kleine Volks-Zeitung*, 12. Oktober 1930, S. 2.

und Autoverkehr[6] ermöglichten, stellte sicher, dass der Karl-Marx-Hof diesem Bedürfnis auch weiterhin gerecht würde.

Die Torbögen des Karl-Marx-Hofs betonen eine Gemeinsamkeit der neuen Gemeindebauten im Roten Wien, die vom historischen Hofhaus-Format übernommen wurde. Eve Blau kontrastiert die innenhofzentrierten Wiener Hofhäuser mit den Zeilenbauten deutscher Vororte. Im Gegensatz zu dem uniformen, auferlegten Modernismus der Zeilenbau-Reihen identischer Gebäude waren die Hofhäuser des Roten Wien Teil der von Blau so genannten „hier heimischen Bauart".[7] Bewohner:innen dieser Komplexe betraten die Häuser nicht von der Straße, sondern über einen häufig parkähnlichen Innenhof, ein Merkmal des Designs, das die Nutzung dieser gemeinschaftlichen Grünflächen fördern sollte.[8] Im Karl-Marx-Hof übergeben die Torbögen, die den Durchgang des Fußgängerverkehrs durch jeden der drei Höfe des Gebäudes ermöglichen, diese Flächen der Wiener Öffentlichkeit, die als „Masse" begriffen wurde. Der öffentliche Charakter der zentralen Grünflache dieses Komplexes, der 12.-Februar-Platz,[9] ist besonders stark ausgeprägt, da der Hof sich direkt zur Heiligenstädter Straße hin öffnet. Wäre der Komplex konventioneller konstruiert worden, wären seine Innenhöfe nur von seinen Bewohner:innen geteilt worden. Hier werden sie zu tatsächlich öffentlichen Einrichtungen, die den breiteren Massen zur Verfügung stehen, zusätzlich zu ihrer Funktion als Gemeinschaftsplätze, die von einer Gruppe

6 Mehrere Torbögen ermöglichen das unbehinderte Passieren der Halteraugasse, Mooslackengasse, Josef-Hindels-Gasse und Klabundgasse, weitere vier Torbögen gewährleisten den direkten Fußgängerzugang zum 12.-Februar-Platz.

7 Eve Blau, *Rotes Wien. Architektur 1919–1934. Stadt – Raum – Politik*, Wien 2014, S. 23.

8 Vgl. Frei (1984), S. 89.

9 Im Laufe dieses Kapitels verwende ich die aktuellen Straßennamen und offiziellen Bezeichnungen. Abhängig von der Richtung, in der der politische Wind wehte, war der Platz zuvor unter den Namen „Karl-Marx-Platz" (1930-34) und „Heiligenstädter Platz" (1935-85) geläufig. Heute erinnert der Platz an den sozialdemokratischen Aufstand gegen das Dollfuß-Regime, der am 12. Februar 1934 auch den Karl-Marx-Hof erfasste. Vgl. http://www.dasrotewien.at/seite/12-februar-platz (06.12.2023).

genossen und in Stand gehalten werden.[10] Wir sehen dementsprechend im Karl-Marx-Hof nicht nur die strategisch bewahrte, typisch wienerische Umgangsweise mit architektonischer Fläche, wie sie das Hofhaus repräsentiert, sondern gewissermaßen eine Übertreibung dieser Form durch das Einsetzen der Torbögen, die den Massen die Nutzung der Fläche ganz wie vor der Erbauung der Anlage ermöglicht.

Die wiederholte Bezugnahme auf die Massen – darunter etwa Menschenmassen und Massenverkehr – in den oben zitierten Beschreibungen der Torbögen verdient weitere Aufmerksamkeit bezüglich der Beurteilung politischer Subjektivitäten, die den Karl-Marx-Hof prägen. Die Figur der Masse ist ein Gespenst, das in der Berichterstattung über die zahlreichen Bauprojekte des Roten Wien des Öfteren umgeht. Dabei ging es nicht nur um die Frage der Verantwortung des Staates, den Bedürfnissen seiner Bürger zu folgen, sondern auch um die Fähigkeit des Staates, spezifische Lebensformen für seine Bevölkerung zu gestalten und zu fördern. Es war kein Geheimnis, dass die Wohnanlagen des Roten Wien darauf ausgerichtet waren, mehr gemeinschaftliches Wohnen unter ihren Bewohner:innen zu fördern (z.B. durch die gemeinsame Pflege ihrer typischen kommunalen Grünflächen). Für die Sozialdemokrat:innen besaß Architektur die Macht, die Massen – d.h.: die bereits existierende Arbeiterklasse, die von den ökonomischen Kräften der kapitalistischen Moderne hervorgebracht wurde – zu erziehen und zu organisieren. Für ihre Gegner:innen drohten diese „proletarischen Massenstätten“[11] hingegen, Individuen in bloße Bestandteile der Masse zu verwandeln: „Man will das Prinzip der

10 An prominenter Stelle bemerkte das sozialdemokratische Zentralorgan, die *Arbeiter-Zeitung*, eine ähnliche Umkehrung von außen und innen, öffentlich und privat, in der Art und Weise, wie die nackten Fassaden die Aufmerksamkeit auf die Balkone lenkten: „Glatt, ohne jedes unnütze Zierrat, wurden die Häuser gebaut, aber um so wertvollerer Schmuck sind die Balkone, die in der Ausdehnung der ganzen Front fortgeführt werden, so daß jede Wohnung einen Balkon hat.“ Anonym, „Heute wird der Karl-Marx-Hof eröffnet“, in: *Arbeiter-Zeitung*, 12. Oktober 1930, S. 11.

11 Frei (1984), S. 88.

Abb. 6: Blick auf die Hagenwiese, künftiger Standort des Karl-Marx-Hofs und Ausblick auf die Station Heiligenstadt (1899).

Masse, diese modernen Götzen und Gegenspieler der Individualität, auch im Wohnungswesen verwirklichen".[12] Für die Sozialdemokrat:innen waren die Massen eine bereits bestehende politische Formation, ja die einzige politische Formation, die die Fähigkeit besaß, eine gerechtere Zukunft zu gestalten. Für ihre bürgerlichen Gegner:innen verkörperte die Figur der Masse eine dystopische Zukunft, die um des Einzelnen willen um jeden Preis verhindert werden sollte. Wo die Sozialdemokrat:innen also (zumindest teilweise) eine aktive Kraft sahen, der Beachtung geschenkt werden sollte, sahen ihre Gegner:innen dementsprechend nur Passivität – eine Chiffre der Indoktrination des Individuums in eine Lebensform, in der sein individuelles Leben und sein Wille zunichte gemacht wurden.

Mit diesen Unterscheidungen im Hinterkopf wird der Karl-Marx-Hof als architektonische Affirmation der Masse lesbar, deren Design auf ihre Bedürfnisse zugeschnitten ist – um die Bewohner:innen der Arbeiterklasse zu beherbergen, aber auch, um dem bestehenden und bekannten Verhalten der Masse entgegenzukommen. Während der Komplex vordergründig die erste dieser Aufgaben erfüllen sollte, schufen die Torbögen des Gebäudes Raum für etablierte Bewegungen der Masse zum und vom Stadion Hohe Warte. Natürlich, so Alfred Georg Frei, sei es „eine unschätzbare Propagandawirkung durch gebaute Architektur",[13] wenn bis zu 40.000 Menschen den Karl-Marx-Hof auf dem Weg zu und von den im Stadion stattfindenden kulturellen Massenveranstaltungen passieren. Die Positionierung von vier allegorischen Skulpturen von Josef Riedl über den Torbögen an der Fassade zum 12.-Februar-Platz hin (die sich mit den charakteristischen austromarxistischen Idealen von Aufklärung, Befreiung, Fürsorge und Körperkultur auseinandersetzen) zeugt von diesem Zweck. Aber es wäre ein Fehler, das sozialdemokratische Verständnis des/der Proletarier:in als das eines unbeschriebenen Blattes zu lesen, das auf propagandistische Erziehung wartet. Stattdessen erkennt der

12 Zitiert nach: Ebd., S. 107–108. Frei zitiert hier eine Polemik aus dem „Neuen Wiener Tagblatt" vom 12. Oktober 1930.

13 Ebd., S. 117–118.

Abb. 7: Einzelpersonen schrumpfen vor den Torbögen, die für den Durchgang der Massen bestimmt sind (2014).

Einbau der markanten Torbögen des Gebäudes die Fähigkeit der Massen zu einem gewissen Grad an Selbstorganisation an. Wenn, wie bereits ausgeführt, das sozialdemokratische Projekt die Existenz der Masse als bereits vorhandene Form politischer Subjektivität und nicht als mögliche zukünftige Bedrohung anerkennt, sieht es die Masse vis-à-vis dem Individuum auch nicht als zu lösendes oder abzuwendendes Problem an. Das Design des Karl-Marx-Hofs und der Diskurs rund um seinen Bau deuten darauf hin, dass die Masse weniger ein Objekt politischen Handelns war – ein passives Medium, das auf eine äußere Kraft wartet, um von ihr geformt zu werden. Vielmehr war sie ein *Subjekt politischen Handelns*, das zur Lenkung seines kollektiven Willens und zum Hervorbringen von Forderungen in der Lage ist, denen jede Veränderung des Wiener Stadtbildes (wie in der oben zitierten Broschüre erläutert) gerecht werden muss. Kurzum, der Diskurs um die Eröffnung des Karl-Marx-Hofs und die Gestaltung des Gebäudes selbst weisen auf die Masse als bestimmende Kraft im öffentlichen und (immer stärker politisierten) privaten Leben im Roten Wien hin.

Die der Masse innewohnende Spannung zwischen ihrer passiven Zugänglichkeit für Bildung, „Regierbarkeit" und Indoktrination und ihrem aktiven Aspekt als Erzeugerin von Forderungen schwingt in einer Vielzahl architektonischer Diskurse der Zwischenkriegszeit mit. Für den Denker des Wiener Kreises Otto Neurath stand in der maßgeblichen Entwicklung, die das Rote Wien auszeichnete, nichts Geringeres auf dem Spiel als „die Verwirklichung der kommenden Kunst"[14] durch das organisierte Proletariat. Dementsprechend argumentiert Blau, dass die führenden Köpfe des Roten Wien glaubten, „the design and construction of new forms of collective dwelling spaces that not only provided shelter but also fostered new forms of socialized urban living could be an important factor in the gradual socialization of the economy as a whole." („Das Design und die Konstruktion von neuen Formen

14 Otto Neurath, Brief an Franz Roh (1924), zitiert nach: Eve Blau, „Isotype and Architecture in Red Vienna: The Modern Projects of Otto Neurath and Josef Frank", in: *Austrian Studies* 14 (2006), S. 227–259, hier: S. 227.

kollektiver Wohnräume, die nicht nur Obdach boten, sondern auch neue Formen des vergesellschafteten städtischen Lebens unterstützten, könnten ein wichtiger Faktor in der schrittweisen Vergesellschaftung der Wirtschaft als ganzer sein" – eigene Übersetzung, ALD).[15] Wie Blaus Arbeit zu den Debatten um den Begriff *Sachlichkeit* in modernistischen Architekturkreisen gezeigt hat, war die Zwischenkriegszeit eine Periode heftiger Auseinandersetzungen über das Verhältnis von Architektur zu ihrer eigenen Funktionalität, selbst unter Architekt:innen, die die Vorstellung von Architektur als primär funktionaler Kunstform teilten. Während die „Neue Sachlichkeit" eher als Bewegung innerhalb der bildenden Kunst bekannt ist, begab sich die Architektur in der Zwischenkriegszeit auf ihre eigene erneute Suche nach Sachlichkeit, die sich auf die Art und Weise konzentrierte, wie Architektur auf die Bedürfnisse ihrer Nutzer:innen einging. Im österreichischen Kontext legten Architekt:innen, die am Projekt des Roten Wien mitwirkten, eine streitlustige Haltung gegenüber ihren deutschen Zeitgenoss:innen an den Tag, mit denen sie nichtsdestotrotz ein gewisses Engagement für ästhetische Sachlichkeit teilten. Der prominente österreichische Architekt Josef Frank kritisierte die deutschen Versuche, Sachlichkeit in der Wohnarchitektur zu erreichen, als Förderung der unkritischen Akzeptanz einer neuen, rationalisierten sozialen Welt und der von ihr erzeugten Bedürfnisse.[16] Für Frank erhielt die deutsche Architektur der Neuen Sachlichkeit das aufrecht, was Frei später die „Fiktion abstrakt bestimmbarer Wohnbedürfnisse"[17] nannte. Dies führte zu Arbeiter:innenwohnungen, die eher den Bedürfnissen ihrer bürgerlichen Architekt:innen als denen ihrer proletarischen Bewohner:innen entsprachen.[18]

Wenn sich Debatten um die Sachlichkeit der Architektur in einen Bedürfnisdiskurs auflösen, lösen sie sich ebenso in einen Subjektivitätsdiskurs auf: *Wessen* Bedürfnisse adressiert Architektur? Wer ist in der Lage, diese Bedürfnisse zu erkennen, auszudrü-

15 Ebd., S. 233.
16 Vgl. ebd., S. 240.
17 Frei (1984), S. 74.
18 Vgl. Blau (2006), S. 240.

cken und danach zu handeln? Das sind Fragen, auf die alle Architekturprojekte antworten, wenn auch stillschweigend. Aus dieser Perspektive ist leicht einzusehen, warum die Architekt:innen der Gemeindebauten des Roten Wien, nicht zuletzt Karl Ehn, die Strategie der Einheitlichkeit bei ihren Bauvorhaben ablehnten, welche in Deutschland als synonym mit Gleichberechtigung verstanden wurde.[19] Da die Sozialdemokrat:innen nicht so weit gingen, Land für den Bau ihrer Gemeindebauten zu beschlagnahmen, waren sie gezwungen, die Gestaltung jedes Komplexes den spezifischen geografischen, sozialen und historischen Anforderungen einer jeden Parzelle entsprechend zu variieren. Im Fall des Karl-Marx-Hofs zeigt sich, dass diese Forderungen am stärksten als die der Menschenmassen wahrgenommen wurden, die jahrelang auf dem Weg zum und vom Stadion Hohe Warte die Hagenwiese durchquerten. Die meisten Debatten über die Sachlichkeit der Wohnarchitektur und das Ausmaß, in dem diese Architektur auf die oben diskutierten Bedürfnisse der Arbeiterklasse einging, drehten sich hingegen um die Erfahrungen der Bewohner:innen.

Das Design des Karl-Marx-Hofs bricht jedoch aus dem bürgerlichen Individualismus dieses Rahmens aus, indem es die Massen durch seine Funktionsweise in den Fokus rückt. Es ist offensichtlich, dass das Einfügen von Torbögen in das Gebäudedesign eine Anpassung an einen bestehenden Trend in der Gemeindebauarchitektur darstellt – den Zugang zu Häusern durch einen zentralen Innenhof. Dies zielt darauf ab, das Gemeinschaftsdenken auf die gesamte Wiener Arbeiterklasse auszudehnen, deren Bewegung (als solche der Masse verstanden) nicht eingeschränkt werden soll. Indem es dies tat, versuchte das Gebäude, durch eine erbauliche ästhetische Erfahrung an die bestehende Formation der organisierten Arbeiterklasse anzuknüpfen. Eine solche propagandistische Wirkung der dekorativen Elemente des Karl-Marx-Hofs war jedoch von den Torbögen abhängig, die den Komplex in eine bestehende Praxis einbetteten, welche von Zehntausenden geteilt wurde. Der Karl-Marx-Hof stellt somit einen einzigartigen Beitrag zur modernistischen Auseinandersetzung mit dem architektonischen Poten-

19 Vgl. Blau (2014), S. 24.

zial für Sachlichkeit dar, indem er die Bedürfnisse der Massen in den Mittelpunkt stellt.

Bibliografie

Anonym, „Heute wird der Karl-Marx-Hof eröffnet", in: Arbeiter-Zeitung, 12. Oktober 1930, S. 11.

Anonym, „Stadt auf der ‚Hagenwiese'", in: Kleine Volks-Zeitung, 12. Oktober 1930, S. 2.

Anonym, „Der Karl-Marx-Hof in Heiligenstadt", in: Wiener Zeitung, 12. Oktober 1930, S. 2.

Eve Blau, „Isotype and Architecture in Red Vienna. The Modern Projects of Otto Neurath and Josef Frank", in: Austrian Studies 14 (2006), S. 227–259.

Eve Blau, Rotes Wien. Architektur 1919–1934. Stadt – Raum – Politik, Wien 2014.

http://www.dasrotewien.at/seite/12-februar-platz (06.12.2023).

Alfred Georg Frei, Rotes Wien. Austromarxismus und Arbeiterkultur. Sozialdemokratische Wohnungs- und Kommunalpolitik 1919–1934, Berlin 1984.

[Stadtverwaltung Wien], Der Karl Marx-Hof. Die Wohnhausanlage der Gemeinde Wien auf der Hagenwiese in Heiligenstadt, Wien 1930.

Teil II
FORMEN UND MEDIEN

Julian Klinner

Horizont

Der Karl-Marx-Hof ist die überragende architektonische Ikone des Roten Wien. Was Architekturhistoriker:innen des späten 20. Jahrhunderts „megalomanisch"[1] oder „unvorstellbar pathetisch"[2] nennen, galt dem Selbstverständnis der Sozialdemokratie seinerzeit als „steinerne[r] Wahlaufruf",[3] der ein weithin sichtbares „Stück Marxismus"[4] verkörperte, während die Wortführer des oppositionellen, christlich-sozialen Spektrums gegen den Hof genau wie gegen andere Gemeindebauten als „kasernenmäßige",[5] fortifikatorische Anlagen wetterten. Ungeachtet der weit auseinandergehenden Einzelurteile wirkt der Karl-Marx-Hof immer noch als prägender Kristallisationspunkt. Bis heute ist er gewissermaßen die Visitenkarte der sozialdemokratischen Regierung der Zwischenkriegszeit, an dem kaum eine Wertung und schon gar keine Publikation zu diesem sozial- und architekturgeschichtlichen Kapitel Wiens vorbeikommt. Die folgenden Seiten gehen der Frage nach, worin das Potenzial des Baus zu einer derartigen semantischen Verdichtung denn eigentlich besteht und wie sich der ikonische Charakter des Hofs auf das ästhetische Programm der Hauptfassade des Ehrenhofs rückbeziehen lässt.

1 Helmut Weihsmann, *Das Rote Wien. Sozialdemokratische Architektur und Kommunalpolitik 1919–1934*, Wien 2002, S. 7.

2 Erich Bramhas, *Der Wiener Gemeindebau. Vom Karl-Marx-Hof zum Hundertwasserhaus*, Basel/Boston/Stuttgart 1987, S. 61.

3 Anonym, „Der steinerne Wahlaufruf", in: *Das Kleine Blatt*, 12. Oktober 1930, S. 2.

4 Ebd., S. 2.

5 Gerhardt Kapner, „Rezeption der Architektur. Der kommunale Wohnbau in Wien. Urteile der Zwischen- und Nachkriegszeit", in: *Artibus et Historiae* 11 (1980), Nr. 1, S. 83–98, hier: S. 85.

In der zweiten seiner *Cartesianischen Meditationen* entwickelt der österreichische Mathematiker, Philosoph und Phänomenologe Edmund Husserl (1859–1938) unter dem Titel „Aktualität und Potentialität des intentionalen Lebens" einen wesentlichen Aspekt seiner Theorie des Bewusstseins. Mit dem Begriff der Intentionalität kennzeichnet Husserl die elementar beschreibbare Erscheinungsweise und Struktur von Bewusstsein, nämlich dessen *Gerichtetheit auf etwas.* Die intentionale Ausrichtung des Bewusstseins auf etwas, welche eine jeweils aktuelle Wahrnehmung bewirkt, wird laut Husserl von einer Fülle nicht-aktueller Wahrnehmungsmöglichkeiten ergänzt: „Jedes Erlebnis hat einen im Wandel seiner eigenen Stromphasen wechselnden ‚Horizont' – einen intentionalen Horizont der Verweisung auf ihm selbst zugehörige Potentialitäten des Bewußtseins."[6] Worauf in diesem Zitat mit der „Verweisung von Potentialitäten" angespielt wird, ist die Beobachtung, dass unsere sinnliche Wahrnehmung nicht starr von einem Objekt zum nächsten wandert und so eine Abfolge mehrerer voneinander isolierter Inhalte bewusst macht. Stattdessen verfügen wir, Husserls Ansatz zufolge, bei jedem Wahrnehmungsakt über hintergründige Anzeichen für das, womit der jeweilige Gegenstand in Verbindung steht. Der *Horizont* eines jeden Erlebnisses ist damit als Ensemble möglicher weiterer Wahrnehmungen und zugleich als komplementär zur Intention zu verstehen – durch das Ineinandergreifen der beiden Strukturmomente wird eine Dynamisierung des Bewusstseins allererst möglich. Ohne ergänzende Verweisungen besäße der einzelne Bewusstseinsakt demnach keine Grundstruktur, der ihn aus seiner Statik heraus in Bewegung, d.h. in den „Wandel seiner eigenen Stromphasen" versetzen würde.

Von der hier skizzierten Bewusstseinstheorie Husserls führt eine Spur zum architekturtheoretischen Denken Otto Wagners (1841–1918), dessen Schüler der Architekt des Karl-Marx-Hofs, Karl Ehn, war. Wagner beschreibt in seinem Werk *Moderne Architektur* elementare Funktionsweisen der menschlichen Raumwahrnehmung, auf die die Komposition eines Bauwerks notwendig

6 Edmund Husserl, *Cartesianische Meditationen. Eine Einleitung in die Phänomenologie* [1931], Hamburg 2012, S. 45.

Rücksicht nehmen müsse, um gewisse ästhetische Bedürfnisse einzulösen:

> Eine die baukünstlerische Komposition noch stärker beeinflussende und wichtige menschliche Eigentümlichkeit liegt im *Bedürfnisse und Verlangen nach Steigerung der sinnlichen Effekte*, nach deren Erfüllung erst eine höhere Befriedigung eintritt. [...] Das sinnliche Aufnehmen des Eindrucks, den beispielsweise große monumentale Anlagen machen, kann ungefähr so erklärt werden, das zuerst das Allgemeinbild unklar erfaßt wird und daß erst einige Momente später Blick und Eindruck sich langsam auf einen Punkt konzentrieren, wobei Silhouette, Farbfleckverteilung, Einfassung, Gesamtdisposition noch fortwirken.[7]

Die hier auf den Raum übertragene Dynamik der Wahrnehmung besitzt unübersehbare Parallelen zu Husserls Bewusstseinstheorie. Was Wagner hier als Pendeln zwischen Allgemeinbild und Einzelpunkt beschreibt, entspricht dem dialektischen Verhältnis von Horizont und Intention, wie es die *Cartesianischen Meditationen* entfalten.[8]

Wenn auch im Folgenden keine streng phänomenologische Konzeption in Anspruch genommenen werden soll, so gibt uns Husserl mit *Horizont* doch das entscheidende Stichwort für die Interpretation der Konzeption Otto Wagners. Indem Wagner das abstrakte Modell der phänomenologischen Philosophie des Geistes auf die konkrete architekturästhetische Ebene holt, gibt seine Theorie der „Steigerung der sinnlichen Effekte" den Blick auf eine verborgene Dimension der Wahrnehmung frei, die sich auch anhand des Karl-Marx-Hofs nachvollziehen lässt.

Bekanntlich setzt sich dessen Hauptfassade nicht nur aus Bögen, darüberliegenden Schlusssteinen und vorgelagerten, rot kontrastierenden Wandapplikationen zusammen. Die vier Schlusssteine

7 Otto Wagner, *Moderne Architektur. Seinen Schülern ein Führer auf diesem Kunstgebiete*, Wien 1902, S. 87–88, [Hervorhebung JK].

8 Otto Wagners Auseinandersetzung mit zeitgenössischen phänomenologischen Ansätzen in der Wahrnehmungstheorie und Ästhetik erörtert Eve Blau, *Rotes Wien. Architektur 1919–1934. Stadt – Raum – Politik*, Wien 2014, S. 320–321.

der Bögen tragen eine allegorische Figurengruppe von Josef Riedl, die weithin sichtbar die Ideale der sozialistischen „Evolution", nämlich „Freiheit", „Fürsorge", „Aufklärung" und „Körperkultur" darstellen: Zusammen mit der ebenfalls allegorisch zu verstehenden, überlebensgroßen Figur des „Sämanns" (Otto Hofner) – der die Saat für die neue Gesellschaft sät – ergeben die vier Plastiken eine ikonographische Botschaft, die deutlicher nicht sein könnte. Lesen wir die Wahrnehmung dieser Fassade mit Wagners Theorem einer „Steigerung der sinnlichen Effekte", so fungiert die ornamentale Gesamtstruktur des Wandaufrisses als das „Allgemeinbild", auf dessen Grund sich die Plastiken als Bestandteile und Blickpunkte abzeichnen. Das monumentale Formarrangement aus Bögen und Türmen setzt in diesem Sinne die Verweisungsdynamik der Wahrnehmung in Gang, welche während der Fokussierung der vier Allegorien in Kraft bleibt. Auf das Verhältnis von umgreifendem Aufriss und vertikalen Gestaltungselementen verweist im Übrigen schon die Eröffnungsbroschüre zum Karl-Marx-Hof:

> Dieser [mittlere] Wohnhausteil enthält auch die auf den Massenverkehr eingestellten riesigen bogenförmigen Durchfahrten und fällt in ruhigem Übergange seitlich in die vier- und dann dreistöckigen Flankenteile ab, der Anlage damit an ihrer dominierendsten Stelle eine gewaltige Horizontalgliederung verleihend, die durch die noch im Gebäude betonten emporstrebenden Turmbauten ein Gleichgewicht findet. Die so geschaffene Platzwirkung gibt dem Gebäude eine besondere Prägung.[9]

Wie an dieser Beschreibung ästhetischer Effekte deutlich wird, lassen sich die zunächst abstrakten Theorien von Husserl respektive Wagner doch veranschaulichen. Ohne dass es sich nachweisen ließe, darf es als wahrscheinlich gelten, dass Karl Ehn Wagners Werk *Moderne Architektur* kannte. Vom Text zum vollendeten Gemeindebau führt freilich nur eine implizite Linie. Der Architekt des Karl-Marx-Hofs war, wie Bramhas anmerkt, „sicherlich kein

9 [Stadtverwaltung Wien], *Der Karl Marx-Hof. Die Wohnhausanlage der Gemeinde Wien auf der Hagenwiese in Heiligenstadt*, Wien 1930, S. 4.

durch und durch Roter“, kein überzeugter Sozialist.[10] Umso mehr verblüfft die Tatsache, dass in der Art und Weise, in der der Hof mit seiner Umgebung korrespondiert, auch eine bautypologische Umsetzung eines zentralen volkspädagogischen Instruments des Austromarxismus gesehen werden kann.

In ihrem Aufsatz *Isotype and Architecture in Red Vienna* hat Eve Blau die Beziehungen zwischen Architektur und didaktisch orientierter Breitenkommunikation im Roten Wien herausgearbeitet.[11] Die Ausformulierung einer neuen Bildersprache durch Otto Neurath lege, so die These, eine Lesart der emblematischen Fassadenstruktur des Hofs als isotypenanaloge Form nahe, die durch Geometrisierung besonders leicht im Gedächtnis zu behalten sein solle. Nach Blau untergraben Neuraths Isotypen zum einen das Theorem der Arbitrarität von Zeichen – d.h. der willkürlichen Verbindung von Bedeutung und Signifikant – nach Ferdinand de Saussure, indem sie mit der sprachlichen Information eine genuine visuelle Repräsentation verbinden. Dadurch erbringen Isotypen eine deutlich größere Orientierungsleistung für Betrachter:innen, da sie nicht auf einen fixierten semantischen Gehalt reduziert werden können,[12] sondern als nachahmende Wiedergabe von etwas Anknüpfungspunkte für Assoziationen bieten. Die Anschaulichkeit der Darstellung regt beim Betrachten von Isotypen so eine Reflexion durch ästhetische Erfahrung an.

Otto Neuraths Isotypen sind damit anders als verbalsprachliche Zeichen *ikonische Zeichen* im Sinne der Semiotik von Charles Sanders Peirce. Eine Isotype ist nämlich wesentlich so beschaffen, dass sie „unabhängig davon ist, ob [sie] in einer existenziellen Beziehung zu [ihrem] Objekt steht“, wie Peirce über das ikonische

10 Bramhas (1987), S. 64. Bramhas verweist in diesem Kontext auf Ehns weitere Tätigkeit im Wiener Stadtbauamt, die über den Nationalsozialismus bis in die Nachkriegszeit reichte, und resümiert: „Er war kein Verfechter [eines architektonischen Programms, JK], sondern ein Medium.“

11 Vgl. Eve Blau, „Isotype and Architecture in Red Vienna. The Modern Projects of Otto Neurath and Josef Frank“, in: *Austrian Studies* 14 (2006), S. 227–259.

12 Ebd., S. 254–255.

Abb. 8: Blick vom 12. Februar-Platz auf die Türme und Torbögen des Karl-Marx-Hofs (2015).

Zeichen schreibt.[13] Isotypen verweisen daher anders als arbiträre Zeichen primär auf ihre eigene Struktur und nicht auf etwas Externes. Zum anderen bieten bildersprachliche Zeichen einen „analog surplus value“, einen „Überschuss“ an Informationswert, wie Blau mit einem Begriff von Fred I. Dreske festhält, da diese Zeichen nicht nur eine empirische Gegebenheit veranschaulichen, sondern als ästhetische Gebilde selbst *komplex* sind.[14] Das bedeutet, dass sich Isotypen als Bilder aus mehreren Konstituenten zusammensetzen, die alle zugleich präsent sind, ohne dass eine bestimmte „Leserichtung“ durch die Zeichenfolge vorgegeben wäre. Dadurch stellen sie immer mehr Informationen zur Verfügung, als in der eindimensionalen „Botschaft“ einer faktischen verbalen Aussage enthalten sind: „In other words, it [the visual sign, JK] was at the same time both clear and indeterminate.“ („Mit anderen Worten, es, [das visuelle Zeichen], war gleichzeitig klar und unbestimmt“ – eigene Übersetzung, JK).[15]

Während Blau in ihrem Aufsatz die gesellschaftsreformerischen Motivationen Neuraths und Franks mit dem deutschen Bauhaus in Beziehung setzt, scheint mir der Mehrwert des Vergleichs zwischen Isotype und Fassadenaufriss für das Beispiel des Karl-Marx-Hofs damit noch nicht erschöpft. Aus der architektonischen Dynamik von Einzelpunkt und Gesamtkomposition lässt sich nämlich ein ähnlicher *rezeptiver Sinnüberschuss* ableiten, wie er der Wirkungsweise der Isotypen zugrunde liegt.

Genauso wie die Bildzeichen die Betrachter:innen in einen Prozess involvieren, der zwischen Informationsübermittlung und assoziativer Hinzufügung oszilliert, geben die figuralen Plastiken einerseits gesellschaftspolitisch zu lesende „Bedeutungen“ an die Hand, andererseits „öffnet“ sich das Bauwerk durch seine Bögen buchstäblich auf etwas anderes hin – und gewährt dadurch perspektivisch die Potenzialität eines Horizonts. Der Grund hierfür liegt in der doppelten Gliederung der Fassade, nämlich vertikal

13 Charles Sanders Peirce, *Phänomen und Logik der Zeichen*, Frankfurt a.M. 1983, S. 64–65.

14 Vgl. Blau (2006), S. 254.

15 Ebd., S. 255.

und horizontal, sodass keine singuläre „ästhetische Leserichtung" gegeben ist. Stattdessen wird die Wahrnehmung der Betrachter:innen durch die vermittelnde Relation der Gestaltungselemente zueinander in eine reflexive Dynamik versetzt.

In der Ästhetik des Karl-Marx-Hofs laufen damit die Stränge einer progressiven Politik des sozialen Aufbruchs und die ästhetische Annäherung an den Zusammenhang von Sinn und Sinnlichkeit auf eigentümliche Weise zusammen. Denn insofern der mittlere Bauteil des Hofs gleichzeitig politisch-ikonographische Semantik *und* formale Verweisung auf Mögliches und noch zu Verwirklichendes bietet, kann er auch als architektonische Metapher für die Theoriebildung des Austromarxismus gelten: Wie Wolfgang Maderthaner bemerkt, zeichnete sich die Programmatik der Vordenker des Roten Wien – unter anderem in Abgrenzung zum sowjetischen Bolschewismus – dadurch aus, dass an die Stelle eines potentiell gewaltsamen Umsturzes der politischen Ordnung ein „antizipatorischer Sozialismus"[16] treten sollte. Die österreichische Sozialdemokratie bildete so gesehen zwar eine sozialistische Partei, verfolgte aber grundsätzlich einen reformistischen Kurs. Statt einer revolutionären Umwälzung vertrat sie eine Ideologie, die von der Möglichkeit eines demokratisch legitimierten „Hineinwachsens" der Gesellschaft in den Sozialismus ausging.[17]

Wofür steht nun die „Ikone" Karl-Marx-Hof? In seiner 2015 gehaltenen Rede zur Verleihung des Bruno-Kreisky-Preises für sein Buch *Die Idee des Sozialismus* beantwortet Axel Honneth diese Frage indirekt mit, wenn er mit dem Urteil über das Rote Wien schließt:

16 Wolfgang Maderthaner, „Das kommunale Experiment des Roten Wien – die ‚Veralltäglichung' der Utopie?", in: Alexander Amberger/Thomas Möbius (Hg.), *Auf Utopias Spuren. Utopie und Utopieforschung. Festschrift für Richard Saage zum 75. Geburtstag,* Wiesbaden 2017, S. 207–227, hier: S. 210.

17 Vgl. hierzu Hans Hautmann/Rudolf Hautmann, *Die Gemeindebauten des Roten Wien 1919–1934*, Wien 1980, S. 81–82; Blau (2014), S. 46–48.

> Diesem Kraftakt einer sozialistisch gesinnten Stadtregierung, die wagemutig, aber nicht ohne Augenmaß war, reformorientiert, aber nicht ziellos, verdanken wir eines der wenigen Kapitel in der Geschichte des Sozialismus, das bis heute als ein gelungenes Beispiel für seinen experimentellen Neuerungsgeist dastehen kann.[18]

Die Hauptfassade des Karl-Marx-Hofs zeigt die hier apostrophierte Verbindung von Konkretion und Offenheit in exemplarischer Weise auf. In der architekturästhetischen Koppelung korrespondiert der handfesten Agenda in allegorischem Gewand ein „Durchblick" durch die Bögen hinaus auf die Stadt – und nicht etwa in den „Musterbau" hinein. Die visuelle Akzentuierung vertritt damit in doppelter Weise den Möglichkeitsraum der Politik des Roten Wien – zum einen den geographischen Aktionsraum, zum anderen einen „Neuerungsgeist", der in keiner Weise ziellos war, sondern der Verwirklichung sozialistischer Ideale im Hier und Jetzt den Weg ebnete.

Bibliografie

Anonym, „Der steinerne Wahlaufruf", in: Das Kleine Blatt, 12. Oktober 1930, S. 2.

Eve Blau, „Isotype and Architecture in Red Vienna. The Modern Projects of Otto Neurath and Josef Frank", in: Austrian Studies 14 (2006), S. 227–259.

Eve Blau, Rotes Wien. Architektur 1919–1934. Stadt – Raum – Politik, Wien 2014.

Erich Bramhas, Der Wiener Gemeindebau. Vom Karl-Marx-Hof zum Hundertwasserhaus, Basel/Boston/Stuttgart 1987.

Hans Hautmann/Rudolf Hautmann, Die Gemeindebauten des Roten Wien 1919–1934, Wien 1980.

Axel Honneth, „Das ‚Rote Wien'. Vom Geist des sozialistischen Experimentalismus", in: Axel Honneth, Die Idee des Sozialismus. Versuch einer Aktualisierung, Frankfurt a.M. 2017, S. 169–180.

Edmund Husserl, Cartesianische Meditationen. Eine Einleitung in die Phänomenologie [1931], Hamburg 2012.

18 Axel Honneth, „Das ‚Rote Wien'. Vom Geist des sozialistischen Experimentalismus", in: Ders., *Die Idee des Sozialismus. Versuch einer Aktualisierung*, Frankfurt a.M. 2017, S. 169–180, hier: S. 180.

Gerhardt Kapner, „Rezeption der Architektur. Der kommunale Wohnbau in Wien. Urteile der Zwischen- und Nachkriegszeit“, in: Artibus et Historiae 11 (1980), Nr. 1, S. 83–98.
Wolfgang Maderthaner, „Das kommunale Experiment des Roten Wien – die ‚Veralltäglichung‘ der Utopie?“, in: Alexander Amberger/Thomas Möbius (Hg.), Auf Utopias Spuren. Utopie und Utopieforschung. Festschrift für Richard Saage zum 75. Geburtstag, Wiesbaden 2017, S. 207–227.
Charles Sanders Peirce, Phänomen und Logik der Zeichen, Frankfurt a.M. 1983.
[Stadtverwaltung Wien], Der Karl Marx-Hof. Die Wohnhausanlage der Gemeinde Wien auf der Hagenwiese in Heiligenstadt, Wien 1930.
Otto Wagner, Moderne Architektur. Seinen Schülern ein Führer auf diesem Kunstgebiete, Wien 1902.
Helmut Weihsmann, Das Rote Wien. Sozialdemokratische Architektur und Kommunalpolitik 1919–1934, Wien 2002.

Rob McFarland / Sara Phenix

Ornament

(Übersetzung: Klaus Müller-Richter)

Auf der ersten Seite der populären sozialdemokratischen Zeitung *Das kleine Blatt*, datiert auf den 12. Oktober 1930, feiert eine ganzseitige Illustration die offizielle Einweihung des Karl-Marx-Hofs als „die neueste Schöpfung der Gemeinde Wien. Heimstätten für 5.000 Menschen" (vgl. Abb. 9).[1] Die Illustration zeigt die Vorderfront des neu übergebenen städtischen Wohnkomplexes mit seinen charakteristischen Bögen und markanten, parallel angeordneten Balkonen. Die Illustration konzentriert sich jedoch weniger auf die Architektur als auf die ornamentalen Elemente der Anlage: Der Blickwinkel stellt das Gebäude in den Hintergrund von Otto Hoffners Statue *Der Sämann*, wobei der Kopf der Figur von den Gebäudetürmen umrahmt und durch lichte Wolken akzentuiert wird.

Zwei Karyatiden von Josef Riedl flankieren in der Illustration die Sämann-Statue und werfen von den Schlusssteinen aus Halbschatten in die Torbögen. Außerdem sind aus diesem Blickwinkel zwei der Fahnen zu sehen, die die Türme des Vorbaus des Karl-Marx-Hofs zieren, sowie eine futuristisch gestaltete Straßenlaterne und einige der stilisierten Buchstaben, die den Namen des Komplexes verkünden. Die Illustration selbst wird von einer Lorbeergirlande umrahmt, und die Bildunterschrift ist auf eine dramatisch geschwungene Schriftrolle geschrieben. Während das Gebäude selbst der schmucklosen Architektursprache von Adolf Loos' Bankgebäude am Wiener Michaelerplatz folgt (das von der benachbar-

1 Vgl. Anonym, „So sehen die eingestürzten Häuser aus!", in: *Das Kleine Blatt,* 12. Oktober 1930, S. 1.

10 Groschen
50 Heller tschechosl. Währung
Das Kleine Blatt
Nr. 282 Redaktion und Verwaltung: Wien V, Rechte Wienzeile 97. Telephon B 29-5-10
Wien, Sonntag, 12. Oktober 1930
Inseratenannahme „Annoncia", Wien I, Schulerstr. 13, Tel. R 23-5-70, R 20-1-70
4. Jahrg.

Tragödie einer Wiener Ärztensfamilie.

So sehen die eingestürzten Häuser aus!
Heute vormittag wird der Karl-Marx-Hof in Heiligenstadt von Bürgermeister Seitz feierlich eröffnet.

Abb. 9: „Karl Marx-Hof – die neueste Schöpfung der Gemeinde Wien. Heimstätten für 5.000 Menschen", in: Das kleine Blatt, 12. Oktober 1930.

ten Aristokratie als „Haus ohne Augenbrauen" verspottet wurde),[2] umgibt diese Illustration die schlichte Anmutung des Gebäudes mit einiger ornamentaler Pracht. Wie an dieser Darstellung sichtbar wird, repräsentiert der Karl-Marx-Hof, ähnlich wie viele andere Gemeindebauten, die eigenwillige Verbindung gegenläufiger ästhetischer Gestaltungsprinzipien: Die Fassade greift auf ornamentale Strukturen zurück und erweckt zugleich den Eindruck eines modernistischen Entwurfs.

Das Bild, das für das Cover von *Das Kleine Blatt* verwendet wurde, ist durchaus typisch für die Fotografien und Illustrationen, mit denen die offizielle Eröffnung des Karl-Marx-Hofs in den Wiener Zeitungen, Zeitschriften und Magazinen gefeiert wurde.[3] Während die verschiedenen Medien nicht alle der zahlreichen dekorativen Elemente des neuen Gebäudekomplexes besprechen konnten, konzentrieren sich die meisten Bilder auf eine Auswahl und Kombination von ihnen. Selbst wenn keine Bebilderung vorhanden ist, dreht sich die Prosa der Artikel oft um die Statuen, Figuren, Fahnen und andere dekorative Elemente des Karl-Marx-Hofs. Die erste Beschreibung des Gebäudes in einem Artikel in *Das Kleine Blatt* vom 10. Oktober beispielsweise beginnt mit einer Beschreibung der Statue:

> Eine überlebensgroße Bronzefigur, einen Sämann darstellend, geschaffen vom Bildhauer Hofner, bildet den Mittelpunkt des großen Hauptplatzes. Hinter ihm erhebt sich die wuchtige Mittelfront des Wohnhauses mit sechs Türmen und sechs riesigen Torbögen, von denen jeder eine Straßendurchfahrt bildet. Über diesen Torbogen sind ko-

2 Vgl. Ursula Muscheler, *Haus ohne Augenbrauen. Architekturgeschichten aus dem 20. Jahrhundert*, München 2007.

3 Vgl. die Fotografie, die in der Ausgabe vom 12. Oktober 1930 als Cover für die sozialdemokratische Zeitung *Der Kuckuck* diente. Das Cover ist der Illustration in *Das Kleine Blatt* so ähnlich, dass man durchaus annehmen könnte, jenes habe als Vorlage gedient. Vgl. Anonym „Arbeit, Brot und Friede. Das sozialdemokratische Programm", in: *Der Kuckuck*, 12. Oktober 1930, S. 1.

lossale Plastiken aus farbig glasiertem Terrakotta angebracht, Werke des Bildhauers Riedl.[4]

Auch wenn es sich bei diesen ornamentalen Elementen um Verzierungen eines öffentlichen Wohnbaus handelt, der die Lebensbedingungen der Arbeiterklasse revolutionieren soll, wird in diesem Artikel eine Parallele zwischen den Statuen des Karl-Marx-Hofs und den Wappen der alten Wiener Adelshäuser gezogen:

> Auch die Kunst hat ihren Ehrenplatz im neuen Wien, aber diese Kunst verherrlicht nicht mehr wie in früherer Zeit die Wappen ausbeuterischer Aristokraten [...] Die vier Riesenfiguren an der Hauptfassade des Karl-Marx-Hofes sind Sinnbilder des Geistes unserer Zeit, sie führen die Bezeichnung: Die *Freiheit*, die *Fürsorge*, die *Aufklärung* und die *Körperkultur*. Es ist ein Bau, auf den das neue Wien stolz sein kann.[5]

In dieser und in vielen anderen Beschreibungen des neuen Karl-Marx-Hofs tritt die kühne, nüchterne, moderne Architektur des Komplexes für einen Moment hinter die Ornamentik der Fassade des vorderen Trakts zurück.[6] Die Ornamente lassen dieses neue Gebäude mit gewissem Stolz inmitten der älteren aristokratischen Gebäude der Stadt bestehen, weil sie die Funktionen der aristokratischen und bürgerlichen Ornamentik neu aufgreifen und ausrichten. Es ist nicht schwer, den Grund für diesen Fokus auf die Ornamentik in den Berichten über den neu fertig gestellten Karl-Marx-Hof zu finden. Das Fassadenornament war zur Entstehungszeit des Hofs jedoch keineswegs ein unumstrittenes Distinktionsmerkmal, im Gegenteil. Über Jahrhunderte hinweg setzten die Architekt:innen des kaiserlichen und königlichen Wiens Putten, Säulen, Rüstungen und verschiedene Generationen von Fassaden-

4 Anonym, „Die größte Wohnanlage Wiens“, in: *Das Kleine Blatt*, 10. Oktober 1930, S. 4.

5 Ebd.

6 Siehe: Anonym, „Die größte Wohnhausanlage der Welt in Wien“, in: *Illustrierte Kronen-Zeitung*, 12. Oktober 1930, S. 2; Anonym, „Stadt auf der 'Hagenwiese'“, in: *Kleine Volks-Zeitung*, 12. Oktober 1930, S. 5; Anonym, „Der 'Karl-Marx-Hof' vollendet“, in: *Der Abend*, 9. Oktober 1930, S. 4.

schmuck ein, um die Bürger:innen des Reiches in rigide Ständeklassen zu differenzieren.

Diese zur Stratifikation der Gesellschaft eingesetzten Ornamente vor Augen, deutete der Wiener Architekt Adolf Loos in seinem kanonischen Aufsatz *Ornament und Verbrechen* das Ornament als kulturphilosophischen Indikator: An ihm ließe sich das Fortschreiten des Menschen durch verschiedene Zivilisationsstufen ablesen. So galten ihm Stammestätowierungen im Gesicht etwa als „das Lallen der Malerei“,[7] aus dem sich später eine ausdrucksstarke Sprache der Malerei entfalten sollte. Eine voll ausgereifte Kultur, behauptet Loos provokant und in fundamentaler Opposition zur breit akzeptierten Baupraxis, transzendiere jedoch das Ornament und lasse es hinter sich. Aber, so beklagt er, nicht alle Menschen reiften zur gleichen Zeit. Während ein kultivierter Mensch in der Gegenwart lebe, könne sein Nachbar in einem anderen Jahrhundert leben, ein Arbeiter und Bauer in verschiedenen Jahrtausenden. Dieser kulturelle Rückstand führe zu zeitlichen Brüchen innerhalb einer Stadt oder eines Landes, so Loos: „Es ist ein Unglück für einen Staat, wenn sich die Kultur seiner Einwohner auf einen zu großen Zeitraum erstreckt.“[8] Das Ornament bezieht Loos demnach auf exotische Völker, die nicht so weit „fortgeschritten“ seien wie die Europäer:innen, oder auf das Reich der europäischen Arbeiter:innen, die nicht die Bildung und „Kultiviertheit“ ihrer bürgerlichen Nachbar:innen besäßen:

> Ich ertrage die Ornamente des Kaffern, des Persers, der slowakischen Bäuerin, die Ornamente meines Schusters, denn sie haben kein anderes Mittel, um zu den Höhepunkten ihres Daseins zu kommen. Wir haben die Kunst, die das Ornament abgelöst hat. Wir gehen nach Tages Last und Mühen zu Beethoven oder Tristan. Das kann mein Schuster nicht.[9]

7 Adolf Loos, „Ornament und Verbrechen“, in: Ders., *Warum Architektur keine Kunst ist. Fundamentales über scheinbar Funktionales,* Wien 2009, S. 43–57, hier: S. 43.
8 Ebd., S. 47.
9 Ebd., S. 56.

Gehemmt durch unüberbrückbare Bildungsrückstände sei, so behauptet Loos, der städtische Schuhmacher genauso wie die slowakische Bäuerin oder „der Perser“ hoffnungslos gefangen in den Kinderschuhen der Kultur. Deshalb seien sie auch unfähig, das Ornament abzulegen und so in die nächste Kulturstufe aufzusteigen. Das städtische Prekariat wird nicht nur als Teil einer anderen „Rasse“ von Menschen exotisiert, es ist nach Loos auch in einer Zeitschleife gefangen, die es in der Vergangenheit festhält.

Während der ersten Wiener Moderne, als Loos sein Manifest *Ornament und Verbrechen*[10] verfasste, wurde das Kunstwerk oft als etwas betrachtet, das für die Arbeiterklasse und andere „exotische“ „Volksgruppen“ vermeintlich nicht begreiflich sei. Die Denker:innen des Roten Wien hingegen, die stark von den Theorien des Austromarxismus beeinflusst waren, gingen mit der Beziehung von Kunst und Massengesellschaft ganz anders um. Ein Markenzeichen dieser zweiten, „roten“ Wiener Moderne ist die Vorstellung, dass die Arbeiterklasse so weit gebildet, „veredelt“ und erhoben werden könne, dass sie selbst Kunst, Musik und Architektur zum revolutionären Werkzeug des Proletariats machen könne.[11] Karl Ehn und die anderen Architekt:innen der Gemeindebauten des Roten Wien, Schüler:innen von Loos (der zu dieser Zeit in seinen Siebzigern und quicklebendig war) und des 1918 verstorbenen Otto Wagner, wollten in einer Weise bauen, die Bürger:innen aller Schichten voran brachte und sie – frei von reaktionärem Ornament – mit Licht, Luft und rationaler Funktionalität aufklären würde.

Die breite Bevölkerung jedoch sehnte sich nach wie vor nach dem überwältigenden historisierenden Fassadenschmuck, der die aristokratischen und bürgerlichen Bauten Wiens zierte und ihre

10 Loos' *Ornament und Verbrechen* wurde zunächst 1908 als Vorlesung gehalten und dann 1929 veröffentlicht. Der Text wird weithin als Anregung für den Karl-Marx-Hof und für das „BEST“-Beratungszentrum gesehen: Vgl. Marianne Pollak, „Wer ist die ‚BEST?‘“, in: *Arbeiter-Zeitung,* 15. Dezember 1930, S. 3.

11 Vgl. Rob McFarland/Georg Spitaler/Ingo Zechner, „Einleitung“, in: Rob McFarland/Georg Spitaler/Ingo Zechner (Hg.), *Das Rote Wien. Schlüsseltexte der Zweiten Wiener Moderne 1919–1934*, Berlin/Boston 2020, S. 4–6.

hochgradig stratifizierte, feudale Stadt so lange prägte. Während sich die Visionär:innen des Roten Wien anfangs ultramoderne Wolkenkratzer im amerikanischen Stil ausmalten, um die unterdrückten Massen zu beherbergen, zogen sich die Architekt:innen schließlich auf quasi-aristokratische Formen zurück, die dem Publikum vertraut waren.[12] Der neue äußere „Gürtel“ wurde zur „Ringstraße des Proletariats“, zur eigenen, der Arbeiterklasse gewidmeten Version der großen kaiserlichen Paläste Wiens und der bürgerlichen Wohnhäuser, die den Prunk der inneren Ringstraße imitierte.[13]

Während viele der Wiener Gemeindebauten aus der Zeit des Roten Wien den strengen, reduzierten Minimalismus, der die moderne Architektur des 20. Jahrhunderts prägte, voll und ganz übernehmen, erinnern einige der ikonischen und bekanntesten Gemeindebauten nicht nur an den triumphalen, repräsentativen Stil aristokratischer Paläste, sondern enthalten auch die dekorativen Elemente des bürgerlichen historistischen Eklektizismus aus dem 19. Jahrhundert. Der Reumannhof, ursprünglich als Hochhaus geplant, wurde schließlich mit Kolonnaden und Innenhöfen ausgestattet, die auf die großen Barockpaläste der Stadt verweisen. Der Thury-Hof-Komplex im neunten Wiener Gemeindebezirk enthält dekorative Elemente einer mittelalterlichen Burg, einschließlich burgartiger Türmchen und fallgatterähnlicher Eisenarbeiten. Die Fuchsenfeld-Siedlung in Ottakring erinnert mit ihren Schmuckelementen an ein englisches Jagdschloss.[14] Während diese typischen Gemeindebauten des Roten Wien mit einzelnen Schmuckelementen Abweichungen von historischen Stilen schaffen, vermeiden andere städtische Wohnanlagen historische Reminiszenzen generell und beziehen das Ornament in eine moderne Formensprache ein. Der Karl-Seitz-Hof in Wien-Floridsdorf zum Beispiel orientiert

12 Vgl. Helmut Weihsmann, *Das Rote Wien. Sozialdemokratische Architektur und Kommunalpolitik 1919–1934*, Wien 2002, S. 151–160.

13 Vgl. Anonym, „Ringstrasse des Proletariats“, in: Rob McFarland/Georg Spitaler/Ingo Zechner (Hg.), *Das Rote Wien. Schlüsseltexte der Zweiten Wiener Moderne 1919–1934*, Berlin/Boston 2020, S. 512–514.

14 Vgl. Helmut Weihsmann (2002); Eve Blau, *Rotes Wien. Architektur 1919–1934. Stadt – Raum – Politik*, Wien 2014.

sich an einem übergroßen Uhrturm und lockert dann mit runden Formen und dekorativen Terrakotta-Arbeiten die Linien des schlichten, modernen Gebäudes auf. Die verschiedenen stilistischen Kompromisse der städtischen Komplexe des Roten Wien wurden von vielen zeitgenössischen Kritiker:innen verachtet,[15] sind aber inzwischen bei den jüngeren Generationen von Stadtplaner:innen wegen ihrer Wohnlichkeit, ihrer Zweckmäßigkeit und ihres eigenwilligen Stils beliebt.[16]

Der Karl-Marx-Hof lässt sich zu diesen architektonischen „Mittelwegen" unter den Gemeindebauten zählen. Indem die Zeitungen sich auf die Statuen und die ornamentalen Elemente des Karl-Marx-Hofs konzentrierten, versuchten sie den monumentalen Modernismus des Gebäudekomplexes abzumildern. Jedoch hat der Architekt Karl Ehn die Verwendungsweisen des Ornaments so erfolgreich in eine hervorragende und modernistische Gestaltung eingebunden, dass der Komplex gar keine übermäßige Ornamentik braucht, um ein breites Publikum anzusprechen. Häufig wird in Zeitungsberichten neben der Beschreibung der dekorativen Statuen auch auf die Wirkung der kontrastreichen Farbgebung der Fassade des Karl-Marx-Hofs hingewiesen: Das Terrakotta-Rot der vorspringenden Balkonsysteme hebt sich deutlich gegen das sanfte Gelb der Wände ab.[17]

15 Vgl. Josef Frank, „Der Volkswohnungspalast", in: Rob McFarland/Georg Spitaler/Ingo Zechner (Hg.), *Das Rote Wien. Schlüsseltexte der Zweiten Wiener Moderne 1919–1934*, Berlin/Boston 2020, S. 538–541.

16 Vgl. Jake Blumgart, „Red Vienna. How Austria's Capital Earned its Place in Housing History", in: *City Monitor*, 8. Januar 2021, https://citymonitor.ai/housing/red-vienna-how-austrias-capital-earned-its-place-in-housing-history (14.10.2022); Megan Day, „We can have Beautiful Housing", in: *Jacobin*, November 2018, https://jacobinmag.com/2018/11/beautiful-public-housing-red-vienna-social-housing (14.10.2022); Vainey Lorin, „Can Vienna's Model of Social Housing Provide the Inspiration to Tackle Europe's Housing Crisis?", in: *Equal Times*, 22. Januar 2020, https://www.equaltimes.org/can-vienna-s-model-of-social?lang=en#.YJ2gWkhKhos (14.10.2022).

17 Vgl. F.X.F, "Das Haus von Heute", in: *Moderne Welt* 11 (1930), Nr. 1, S. 18–19.

Obwohl so viele Artikel den Karl-Marx-Hof mit Beschreibungen der Statuen einleiten, ignorieren sie meist einige der beeindruckendsten ornamentalen Elemente des Komplexes – Elemente, die das von Loos als primitiv bewertete, baupolitisch reaktionäre Ornament modern und neu umgestalteten. Die Gärten und Höfe werden erwähnt, nicht aber die dekorativen schmiedeeisernen Tore mit allerlei Schnörkeln, die die Gärten von der Straße trennen. Und wie die Abbildung aus dem *Kleinen Blatt* zeigt, weisen die funktionalen Elemente der Beleuchtung, des Geländers, der Beschilderung und der Armaturen des Karl-Marx-Hofs einen Grad an opulentem modernistischem Design auf, der die flachen, schmucklosen Wände des Komplexes ausgleicht. Die einzelnen Gestaltungselemente des Karl-Marx-Hofs üben nach wie vor eine Anziehungskraft auf die Designwelt aus. Kürzlich warb die Einrichtungswebsite *1st Dibs* für eine maßgeschneiderte Leuchte: „Modern Art Deco Style Light for the Karl Marx Hof Vienna, Flushmount Pendant".

Die von *WOKA Lamps Vienna* gefertigte Leuchte ist eine sorgfältige Rekonstruktion der Originalbeleuchtung in einem Durchgang zwischen den Blöcken des Karl-Marx-Hofs. Die Leuchte greift ein zentrales Merkmal vieler ikonischer Wiener Gemeindebauten auf: Ihr Design ist gleichermaßen geprägt von minimalistischer, modernistischer Funktionalität *und* ornamentaler, bürgerlicher Dekoration (vgl. Abb. 10).

Karl Ehns Entwurf des Karl-Marx-Hofs reiht sich in die Arbeiten anderer Wiener Architekt:innen ein, die die Pathologie des historischen und „tribalen" Ornaments überwinden. Sie schlagen sich weder auf die traditionalistische Seite noch auf die Seite der puristischen, das Ornament verbannenden Avantgarde im Sinne von Adolf Loos, sondern interpretieren es als Gestaltungselement für das Kunstbedürfnis der Bewohner:innen um. Zugleich sahen die Architekt:innen der „Wiener Schule" in den 1930er Jahren die moderne Ästhetik geradezu als ethischen Imperativ an.[18] Franz

18 Vgl. Iris Meder, *Offene Welten. Die Wiener Schule im Einfamilienhausbau 1910–1938*, [Dissertation, Universität Stuttgart], 2004, S. 175–176.

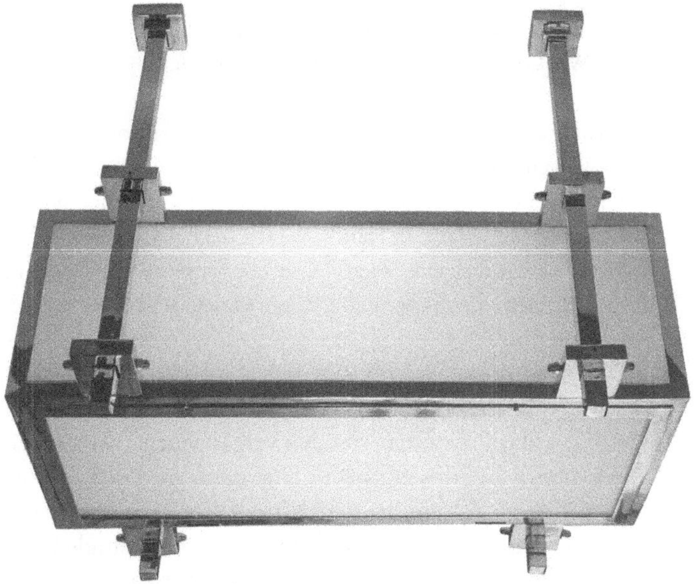

Abb. 10: Modern Art Deco Style Light for the Karl Marx Hof Vienna, Flushmount Pendant.

Die abgebildete Leuchte ist zugleich minimalistisch und dekorativ üppig, das Messing ist zu eckigen Klammern geformt, die die Aufmerksamkeit auf eine Art stark hervorgehobene Funktionalität lenken. Wenn es Ihnen nichts ausmacht, die 15–16 Wochen zu warten, die für die Herstellung dieser maßgefertigten Lampe erforderlich sind, können Sie sie für $7.838,62 erwerben, wobei der Versand aus Wien nicht inbegriffen ist.

Siehe die Konditionen auf: https://www.1stdibs.com/furniture/lighting/chandeliers-pendant-lights/art-deco-style-light-karl-marx-hof-vienna-flushmount-can-be-modified/id-f_28208492/ (09.11.2023).

Schuster und Franz Schacherl machen diese Ästhetik zu einem zentralen Wert der sozialistischen Architektur des Roten Wien:

> […] wir fordern, daß unser Leben nach so viel Unklarheit, Unreinheit und Verlogenheit klar, rein und ehrlich werde, so müssen wir fordern, daß mit einem zielbewußten Vorwärtsstreben einer proletarischen, sozialistischen Welt Hand in Hand gehe ein freudiges, aufrechtes und mutiges Bekennen zu einer *klaren, sachlichen, einfachen Baukunst,* die die Möglichkeit einer Entwicklung läßt, weil sie sich dem Neuen nicht verschließt […].[19]

Der Karl-Marx-Hof diente alles in allem doch als Denkmal für diese Mission, das Proletariat von den vergangenen „Verbrechen" der Ornamentik zu erlösen und in eine neue, gesunde, ethisch überlegene Zeit zu führen. In der Festrede des sozialdemokratischen Wiener Bürgermeisters Karl Seitz bilden die „gesunden, sonnigen Heimstätten" des Karl-Marx-Hofs das Tor zu einer neuen Zeit: „Mögen die Menschen, die in diesen neuen Gebäuden aufwachsen, einer besseren Zukunft entgegengehen!"[20] Befreit durch die sie umgebende Architektur würden die Kinder der Arbeiterklasse nicht mehr in einer ewigen Zeitschleife gefangen sein, sondern sich der Menschheit auf ihrer Reise in die „zivilisiertere" Zukunft anschließen.

19 Franz Schuster/Franz Schacherl, „Proletarische Architektur", in: Rob McFarland/Georg Spitaler/Ingo Zechner (Hg.), *Das Rote Wien. Schlüsseltexte der Zweiten Wiener Moderne 1919–1934*, Berlin/Boston 2020, S. 520–522, hier: S. 522, [Hervorhebung im Original].

20 Anonym, „Der Karl Marx Hof eröffnet", in: *Das Kleine Blatt*, 13. Oktober 1930, S. 2.

Bibliografie

Anonym, „Der ‚Karl-Marx-Hof‘ vollendet“, in: Der Abend, 9. Oktober 1930, S. 4.

Anonym, „Die größte Wohnhausanlage der Welt in Wien“, in: Illustrierte Kronen-Zeitung, 12. Oktober 1930, S. 2.

Anonym, „Der Karl Marx Hof eröffnet“, in: Das Kleine Blatt, 13. Oktober 1930, S. 2.

Anonym, „Die größte Wohnanlage Wiens“, in: Das Kleine Blatt, 10. Oktober 1930, S. 4.

Anonym, „So sehen die eingestürzten Häuser aus!“, in: Das Kleine Blatt, 12. Oktober 1930, S. 1.

Anonym, „Stadt auf der ‚Hagenwiese‘“, in: Kleine Volks-Zeitung, 12. Oktober 1930, S. 5.

Anonym, „Arbeit, Brot und Friede. Das sozialdemokratische Programm“, in: Der Kuckuck, 12. Oktober 1930, S. 1.

Anonym, „Ringstrasse des Proletariats“, in: Rob McFarland/Georg Spitaler/Ingo Zechner (Hg.), Das Rote Wien. Schlüsseltexte der Zweiten Wiener Moderne, Berlin/Boston 2020, S. 512–514.

https://www.1stdibs.com/furniture/lighting/chandeliers-pendant-lights/art-deco-style-light-karl-marx-hof-vienna-flushmount-can-be-modified/id-f_28208492/ (09.11.2023).

Eve Blau, Rotes Wien. Architektur 1919–1934. Stadt – Raum – Politik, Wien 2014.

Jake Blumgart, „Red Vienna. How Austria's Capital Earned its Place in Housing History“, in: City Monitor, 8. Januar 2021, https://citymonitor.ai/housing/red-vienna-how-austrias-capital-earned-its-place-in-housing-history (14.10.2022).

Megan Day, „We can have Beautiful Housing“, in: Jacobin, November 2018, https://jacobinmag.com/2018/11/beautiful-public-housing-red-vienna-social-housing (14.10.2022).

Josef Frank, „Der Volkswohnungspalast“, in: Rob McFarland/Georg Spitaler/Ingo Zechner (Hg.), Das Rote Wien. Schlüsseltexte der Zweiten Wiener Moderne 1919–1934, Berlin/Boston 2020, S. 538–541.

F.X.F, „Das Haus von Heute“, in: Moderne Welt 11 (1930), Nr. 1, S. 18–19.

Adolf Loos, „Ornament und Verbrechen“, in: Adolf Loos, Warum Architektur keine Kunst ist. Fundamentales über scheinbar Funktionales, Wien 2009, S. 42–57.

Vainey Lorin, „Can Vienna's Model of Social Housing Provide the Inspiration to Tackle Europe's Housing Crisis?“, in: Equal Times, 22. Januar 2020, https://www.equaltimes.org/can-vienna-s-model-of-social?lang=en#.YJ2gWkhKhos (14.10.2022).

Rob McFarland/Georg Spitaler/Ingo Zechner, „Einleitung“, in: Rob McFarland/Georg Spitaler/Ingo Zechner (Hg.), Das Rote Wien. Schlüsseltexte der Zweiten Wiener Moderne 1919–1934, Berlin/Boston 2020, S. 4–6.

Iris Meder, Offene Welten. Die Wiener Schule im Einfamilienhausbau 1910–1938, [Dissertation, Universität Stuttgart], 2004.

Ursula Muscheler, Haus ohne Augenbrauen. Architekturgeschichten aus dem 20. Jahrhundert, München 2007.

Marianne Pollak, „Wer ist die ‚BEST?‘“, in: Arbeiter-Zeitung, 15. Dezember 1930, S. 3.

Franz Schuster/Franz Schacherl, „Proletarische Architektur“, in: Rob McFarland/Georg Spitaler/Ingo Zechner (Hg.), Das Rote Wien. Schlüsseltexte der Zweiten Wiener Moderne 1919–1934, Berlin/Boston 2020, S. 520–522.

Helmut Weihsmann, Das Rote Wien. Sozialdemokratische Architektur und Kommunalpolitik 1919–1934, Wien 2002.

Alicia Roy

Propaganda

(Übersetzung: Klaus Müller-Richter)

Die Sozialdemokratische Arbeiterpartei Österreichs (SDAP) hatte in der Zwischenkriegszeit das weitreichende Ziel, eine „umfassende proletarische Gegenkultur" zu schaffen, die die Bürger:innen mit den politischen Werten der Partei durchtränken sollte.[1] Die Partei wollte durch Propagandamaßnahmen in sehr verschiedenen Medien zugleich eine antibürgerliche Kultur schaffen, um das Proletariat gleichsam zu der gewünschten politisch engagierten Arbeiterklasse zu erziehen. Unter den vielen Medien, die bei diesen Bemühungen zum Einsatz kamen, konnte die Architektur als Propagandamittel das Alltägliche mit dem Symbolischen und das Ideologische mit dem Praktischen verbinden. Mit dem Bau von Gemeindewohnungen sollte nicht nur der Wohnungsnot in Wien begegnet werden, sondern auch die „körperliche und seelische Gesundheit [befördert und] de[m] kulturellen Aufstieg der Bevölkerung" Vorschub geleistet werden.[2] Die Ambitionen der Wohnbauprojekte reichten dabei bis in das Innenleben der Wiener Bürger:innen, der zukünftigen Gemeinschaftsmenschen. Der Karl-Marx-Hof wurde in seinen Gestaltungselementen und Zielen als Inbegriff des SDAP-Bauprogramms und als „ein Wahrzeichen des neuen Wien" gefeiert.[3] Letzten Endes aber werden innere Widersprüche in der Gestaltung des Karl-Marx-Hofs erkennbar, die dann die schriftliche Propaganda zu glätten versuchte. Architektur als Propaganda, am Beispiel dieses Gemeindebaus betrachtet,

1 Vgl. Helmut Gruber, *Red Vienna. Experiment in Working-Class Culture, 1919–1934*, New York 1991, S. 5.

2 Magistrats-Abteilung 17 (Hg.), *Merkbüchlein für Mieter in den Volkswohnhäusern*, Wien 1928, S. 5.

3 Anonym, „Eröffnung des größten Wohnbaues Europas", in: *Der Morgen*, 13. Oktober 1930, S. 3.

bedarf also der Unterstützung durch andere Medien, um ein kohärentes politisches Narrativ zu schaffen.

Zentral für das sozialistische Verständnis des Begriffs „Propaganda", das sich von der damaligen „geringschätzigen Bewertung bürgerlicher Gruppen" der Propaganda unterscheidet, ist die Bildung.[4] Um „den Stadtraum symbolisch in Besitz [zu] nehmen", bediente sich die SDAP verschiedenster Mittel: Flugblätter, Plakate, Zeitungen, Radioformate, Filme, Chöre, Kabarettprogramme, Paraden, Demonstrationszüge, Aufmärsche, Sportveranstaltungen, Ausstellungen etc.[5] In diesem Propaganda-Medienverbund des Roten Wien war die Architektur die größtmögliche Leinwand, um sozialistische Ideale Gestalt werden zu lassen. Durch die Architektur konnte der Sozialismus die Form und das Design der Stadt selbst, also ihren Grundriss, ihr Aussehen und ihre Funktion verändern. Darüber hinaus schlug die Architektur – wie angedeutet – über den Wohnungsbau eine Brücke zwischen der politischen Theorie und der praktischen Lebensrealität, indem sie die „bestmögliche Umsetzung praktischer Wohnbedürfnisse im Sinne einer neuen sozialdemokratischen Gesellschaftsordnung"[6] realisierte. Sie bot daher ein beeindruckendes Potenzial, sowohl den Diskurs über politische Symbolik als auch den Ausdruck des Politischen im täglichen Leben der Menschen zu beeinflussen.

Aufgrund ihrer schieren Größe hat die Architektur auf besondere Weise die Fähigkeit, Werte zu kommunizieren und dabei diese sozialdemokratischen Werte in reale, physische Effekte umzusetzen. Eve Blau hat gezeigt, dass das kommunale Wohnungsbauprogramm der SDAP die Größe, die Sichtbarkeit und das Potential der

4 Willi Münzenberg, *Propaganda als Waffe*, Basel 1937, S. 10.

5 Vgl. Siegfried Mattl, „Die Marke ‚Rotes Wien'. Politik aus dem Geist der Reklame", in: Wolfgang Kos (Hg.), *Kampf um die Stadt. Politik, Kunst und Alltag um 1930*, Wien 2010, S. 54–63, hier: S. 62.

6 Georg Vasold/Aleks Kudryashova, „Architektur", in: Rob McFarland/Georg Spitaler/Ingo Zechner (Hg.), *Das Rote Wien. Schlüsseltexte der Zweiten Wiener Moderne 1919–1934*, Berlin/Boston 2020, S. 517–519, hier: S. 519.

Architektur, politische Bedeutung aufzunehmen, gezielt nutzte.[7] Gaston Bachelard hat ebenso gezeigt, dass die Innenräume unserer Wohnungen und Häuser einen tiefgreifenden, persönlichen und emotionalen Einfluss auf uns haben.[8] Aus diesem Grund besitzt der Karl-Marx-Hof als riesiges, monumentales Gebäude einerseits und durch die Wohnungen als Raum des alltäglichen, gewöhnlichen Lebens andererseits eine besondere Kraft als architektonische Propaganda.

Der Karl-Marx-Hof kann also als das herausragende Propaganda-Experiment des Roten Wien in der Architektur angesehen werden, dessen Hauptaugenmerk darauf lag, den Eindruck von Innovation gegenüber der Tradition zu erwecken; passend zu einer Stadt, die es vorzog, sich selbst als Neues Wien zu bezeichnen.[9] Wie angedeutet, ergeben sich jedoch Spannungen zwischen der reinen Lehre ideologischer Grundsätze, die hinter zahlreichen gestalterischen Entscheidungen steht, und dem Umstand, dass der Karl-Marx-Hof noch stark vom bürgerlichen Wiener Stil beeinflusst ist. Die äußere Ästhetik, die Gestaltung der Wohnungen und die großräumige Anlage des Karl-Marx-Hofs zeigen trotz der rhetorischen Präsentation als „ein Stück Marxismus“[10] die Handschrift der bürgerlichen Kultur und des bürgerlichen Geschmacks [→ Sathye: *Paradoxien*]. Es war daher die Aufgabe des „Marketings“, vor allem in den Printmedien (Zeitungen, Zeitschriften und Bücher), diese Spannungen zu glätten und die Ideologie der Architektur konsequent als etwas darzustellen, das sich einer neuen, sozialistischen Zukunft verpflichtet.

Die äußere Gestaltung und die Fassade des Karl-Marx-Hofs sind ikonisch und wurden oft als sofort erkennbare Bilder auf politischen Plakaten der Wiener Sozialdemokrat:innen verwendet (vgl.

7 Vgl. Eve Blau, *Rotes Wien. Architektur 1919–1934. Stadt – Raum – Politik*, Wien 2014, S. 20–22.

8 Vgl. Gaston Bachelard, *Die Poetik des Raumes*, übers. von Kurt Leonhard, München 1960.

9 Vgl. Anonym, „Zehn Jahre Neues Wien“, in: *Der Kuckuck*, 19. Mai 1929, S. 8–9.

10 Anonym, „Der steinerne Wahlaufruf“, in: *Das Kleine Blatt*, 12. Oktober 1930, S. 2.

Abb. 11 und 12 unten).[11] Dies ist jedoch bereits das erste Beispiel für die oben annoncierten Spannungen in Bezug auf Architektur als Propaganda. In der Broschüre von 1930, die die offizielle Eröffnung begleitete, wird behauptet, dass die einzigen Verzierungen an der Fassade und dem Äußeren des Gebäudes die flügelartigen Balkone sind, gemäß Otto Wagners Grundsatz, „der Kunst einzige Herrin ist die Notwendigkeit".[12] In der Broschüre werden jedoch dann auch die allegorischen Figuren beschrieben, die die Außentüren flankieren (und Tugenden wie „Freiheit" und „Körperkultur" repräsentieren), sowie die berühmte bronzene *Sämann*-Statue, die prominent im Innenhof steht. Bei diesen Kunstwerken handelt es sich um nicht-funktionale, dekorative Elemente in der etablierten, bürgerlichen Tradition der symbolischen, allegorischen Bildhauerei. Die Tatsache, dass sie im Gegensatz zu einer vermeintlich modernen Ästhetik stehen, wird jedoch rhetorisch unterdrückt. Vielmehr wird in der Broschüre schlicht apodiktisch behauptet, dass die äußere Gestaltung funktionalen, rationalen Prinzipien folgt, die angeblich im Gegensatz zur bürgerlichen Ästhetik stehen; mithin etwas Neues bieten.

Ein weiterer Schwerpunkt des „Marketings" für den Karl-Marx-Hof waren die großzügigen Innenhöfe – mehrere Zeitungen betonten, dass nur etwa ein Fünftel des gesamten Geländes bebaut worden sei, die restlichen achtzig Prozent seien Freiflächen.[13] In der Broschüre von 1930 werden die Innenhöfe nun als repräsentativ für „die hygienische Seite des Bauens" beschrieben, da dieser Sichtweise zufolge Freiflächen für Spiel, Entspannung, Sonnenlicht und Luftzirkulation für „die Volksgesundheit" entscheidend seien.[14] Die Strukturierung der Wohnungen um große Innenhöfe herum wird so fester Bestandteil der Rhetorik von Hygiene und Gesundheit,

11 Siegfried Weyr, *60.000 sind's bisher, 80.000 sollen es werden!*, Wien 1932; Ernst Paar, *Das haben WIR gebaut – wir wollen weiterbauen! Darum wähle S.P.Ö.*, Wien 1949.

12 Vgl. [Stadtverwaltung Wien], *Der Karl Marx-Hof. Die Wohnhausanlage der Gemeinde Wien auf der Hagenwiese in Heiligenstadt*, Wien 1930, S. 2.

13 Vgl. Anonym, „Die größte Wohnhausanlage der Welt in Wien", in: *Illustrierte Kronen-Zeitung*, 12. Oktober 1930, S. 2.

14 [Stadtverwaltung Wien] (1930), S. 2.

die in den politischen Botschaften der SDAP so wichtig war. Darüber hinaus ging es nicht nur um die Gesundheit, sondern auch um das „selbstverständliche Recht“ der Arbeiterklasse auf bessere Lebensbedingungen, das den Zugang zu Grün- und Freiflächen und den wichtigen Dreiklang „Luft-Licht-Sonne“ forderte.[15] Dieser Aspekt steht wiederum im Zusammenhang mit der Diskussion über die Gestaltung von Wohnungen, bei der die Notwendigkeit von natürlichem Licht betont wird, indem sichergestellt wurde, dass die Wohnungen „nach der Sonne gerichtet sind“.[16] Was bei der politisierenden Diskussion über die Innenhöfe im Karl-Marx-Hof jedoch nicht erwähnt wird, ist, dass dieser Grundriss stark auf etwas basierte, das Eve Blau generalisierend die „hier heimische[] Bauart“ Wiens nennt.[17] Das heißt, dass die Anordnung eines großen Wohnblocks um weitläufige Innenhöfe keinesfalls etwas besonders Neues darstellte.

Schließlich wurden die Gemeinschaftseinrichtungen des Karl-Marx-Hofs in dessen politischer Medialisierung als Innovation hinsichtlich der Rationalisierung der Hausarbeit und als Ausdruck der Ideale von Solidarität und gegenseitiger Hilfe beschrieben. Die Gemeinschaftseinrichtungen wurden auch als moderne, gleichsam „rationeller[e]“ Lösungen für das Problem der Hausarbeit angesehen.[18] Darüber hinaus wurden diese Einrichtungen als soziales Gut dargestellt, da sie die Frauen von der solitären und mühsamen Hausarbeit befreiten oder diese zumindest durch neue technische Innovationen (wie z.B. die elektrische Warmwasserbereitung) erleichterten.[19] Gerhardt Kapner hat jedoch gezeigt, dass dieses Phänomen vielmehr auch als eine Nachahmung des Lebensstils wohlhabender bürgerlicher Frauen verstanden werden kann. In den Wohnungen der Mittel- und Oberschicht gab es nämlich keine

15 Anonym, „Das Diesseits in feuchten Kellerwohnungen“, in: *Die Unzufriedene*, 26. Juni 1926, S. 6.

16 Franz Siegel, „Wie baut die Gemeinde? Sonnige und gesunde Wohnungen“, in: *Arbeiter-Zeitung*, 22. Februar 1924, S. 8.

17 Blau (2014), S. 23.

18 Vgl. Fritz Jahnel, „Architektur und Proletariat“, in: *Der Kampf* 23 (1930), Nr. 8, S. 348.

19 Vgl. [Stadtverwaltung Wien] (1930), S. 3.

individuellen Einrichtungen für die Hausarbeit, da die dort lebenden Frauen diese Aufgaben anderen überlassen konnten.[20] In dieser Sichtweise sind Gemeinschaftseinrichtungen weder emanzipatorisch noch fortschrittlich, sie beseitigen vielmehr die Spuren der Hausarbeit und die Sichtbarkeit der Werkzeuge, die für die individuelle weibliche Arbeit im Haushalt benötigt werden; dies durchaus in dem Wunsch, bürgerlich zu erscheinen. Diese kurzen Beispiele zeigen, wie das „Marketing" des Karl-Marx-Hofs Realitäten der architektonischen Gestaltung, die durchaus dem traditionellen Wiener Geschmack und Empfinden entsprechen, ignoriert bzw. neu deutet. In den Publikationen und im Sprachgebrauch der Linken wird das Gebäude so als etwas radikal Neues und völlig Modernes beschrieben – wodurch es sich bestens als Aushängeschild des Neuen Wien eignet.[21]

Eine andere Art und Weise, in der Architektur- und Medienpropaganda zusammenarbeiteten, betraf eines der ehrgeizigsten Ziele der SDAP für ihre Wohnungs- und Bildungsprogramme: die Schaffung eines neuen Typs von Arbeitersozialist:in, des Gemeinschaftsmenschen. Dieser Mensch ist ordentlich, handelt solidarisch gegenüber seinen Arbeitskolleg:innen, schätzt die Gemeinschaft mehr als die Individualität und engagiert sich natürlich politisch für die SDAP. Dieses Ziel passt zu dem Projekt des gemeinschaftlichen Wohnens, das selbst wiederum als ein Hauptaspekt des „neuen Wohnens" gilt. Das *Merkbüchlein für Mieter in den Volkswohnhäusern*, das 1928 veröffentlicht wurde, ist ein Destillat dieser Ziele.

Die „Wohnanleitung" spricht ausführlich über die Erwartungen an Sauberkeit und Ordnung in Gemeinschaftswohnungen und die moralische Verantwortung der Bewohner:innen für diese

20 Vgl. Gerhardt Kapner, „Rezeption der Architektur. Der kommunale Wohnbau in Wien. Urteile der Zwischen- und Nachkriegszeit", in: *Artibus et Historiae* 11(1980), Nr. 1, S. 83–98, hier: S. 95.

21 Die Lage des Gebäudes zwischen politisch gegensätzlichen Stadtvierteln – dem der Bourgeoisie, nämlich Döbling einerseits, und dem der Arbeiter:innen, nämlich Heiligenstadt andererseits – mag ein Grund gewesen sein, warum die SDAP die Spannungen in der Gestaltung des Karl-Marx-Hofs ignorierte.

Abb. 11: Siegfried Weyr, 60.000 sind's bisher, 80.000 sollen es werden! (Wien 1932).

Tugenden. Neben praktischen Dingen wie Erklärungen zur Nutzung der Gemeinschaftseinrichtungen und Haushaltsgeräte sowie Richtlinien für deren Reinigung erhalten die Mieter:innen auch auf philosophischer Ebene Ratschläge. So wird ihnen beispielsweise erklärt, dass der Auftrag der gemeinschaftlichen Wohnprojekte nur erfüllt werden kann, „wenn jeder einzelne Mieter [...] sich als Einzelner dem Gesamtinteresse unterordnet".[22] Es ist auch klar, dass die Mieter:innen, wenn ihre eigene „Selbstdisziplin" nicht ausreicht, um sich an die Hausordnung und die Verhaltenserwartungen zu halten, auf Linie gebracht werden.[23] Darüber hinaus werden die Bewohner:innen dazu angehalten, aufeinander Einfluss zu nehmen, damit sie die Einrichtungen und Gemeinschaftsräume „richtig" nutzen.[24] Hier wirkte die Architekturpropaganda vielleicht noch deutlicher als in den Zeitungen und Zeitschriften mit anderen Kommunikationsformen zusammen – das *Merkbüchlein* selbst war ein klarer Leitfaden dafür, wie man im Karl-Marx-Hof leben, d.h., wie man ihn als Bewohner:in interpretieren sollte.

Wie bereits erwähnt, war die Betonung der Gesundheit ein weiterer Aspekt des „neuen Menschen", der sich aus der Arbeiterklasse heraus entwickeln sollte. Die SDAP stellte das Vorgängermodell für kommunale Arbeiter:innenwohnungen, die Zinskasernen, bewusst als ungesund, schmutzig und verslumt dar.[25] Ebenso wurden die altmodischen Häuser, die das „barocke Wien" ausmachten, als schimmelbefallen, dunkel und muffig beschrieben, nachzulesen etwa in einem pointierten, kritischen Beitrag in *Der Kuckuck*.[26] Vor dem Hintergrund dieser Beschreibung der bestehenden Wohnungen wird der Bau der Gemeindebauten als saubere, gesündere und modernere Alternative dargestellt. Durch die Behauptung, dass es kaum bestehenden Wohnraum gebe, der den zeitgemäßen Bedürfnissen oder dem gewünschten Lebensstandard angemessen sei, ergibt sich die Notwendigkeit von etwas

22 Magistrats-Abteilung 17 (1928), S. 11.
23 Vgl. ebd., S. 19.
24 Vgl. ebd., S. 35.
25 Vgl. Gruber (1991), S. 55.
26 Vgl. Anonym, „Barockes Wien", in: *Der Kuckuck*, 5. Januar 1930, S. 15.

Abb. 12: Ernst Paar, Das haben WIR gebaut – wir wollen weiterbauen! Darum wähle S.P.Ö. (Wien 1949).

wesentlich Neuem gleichsam von selbst. Gemeindebauten sollten „ordentlich" sein und wiederum die Bewohner:innen selbst dazu bringen, ordentlich zu sein: gesund, sauber, aufgeräumt und in der Einheit der Kernfamilie agierend.[27] Dies sollte durch den Rückgriff auf Einzelwohnungen und strenge Regeln für das persönliche Verhalten in individuellen und gemeinschaftlichen Einrichtungen erreicht werden – in diesem Fall durch eine Kombination aus architektonischer und gedruckter Propaganda.

Das Privatleben der Bewohner:innen war also ein Schwerpunkt bei der Gestaltung und Verwaltung des Gemeindebaus. Neben den Vorschriften und Vorschlägen für die Wohnungen und Gemeinschaftsräume, die die Bewohner:innen zu „neuen Menschen" formen sollten, war ein weiteres Ziel natürlich ein verstärktes politisches Engagement der Bewohner:innen für den Sozialismus. Zu den zahlreichen Dienstleistungen und Einrichtungen vor Ort gehörte auch eine Parteibuchhandlung, die den Bewohner:innen Zugang zu dem wichtigsten Propagandamittel der SDAP verschaffte: dem gedruckten Wort. Darüber hinaus sollte das Gebäude selbst zu einem Ort der politischen Aktivitäten werden. Im Karl-Marx-Hof lebten Arbeiter:innenfamilien, und er diente zugleich als Ort für Versammlungen, Aufmärsche und andere politische Zusammenkünfte. Tatsächlich war dies einer der Hauptkritikpunkte der Christlich-Sozialen Partei (CS), die behauptete, der Karl-Marx-Hof sei ausdrücklich gebaut worden, „um die Massen greifbar, zum Aufmarsche bereit zu haben".[28] Die Integration von privatem und politischem Leben konnte in der Tat mit dem Gemeindebau erreicht werden, und auch spontane politische Versammlungen waren eher möglich. Interessant ist jedoch, dass auch auf der linken Seite des politischen Spektrums keine einheitliche Meinung zur Wirksamkeit des Karl-Marx-Hofs mit Blick auf dessen mögliche Konzentration politischer Aktivitäten herrschte: Von kommunis-

27 Vgl. Gruber (1991), S. 63.

28 Äußerung Adalbert Milliks (Einheitsliste) am 19. Oktober 1927 im Wiener Gemeinderat. Zitiert nach: Alfred Georg Frei, *Rotes Wien. Austromarxismus und Arbeiterkultur. Sozialdemokratische Wohnungs- und Kommunalpolitik 1919–1934*, Berlin 1984, S. 107.

tischer Seite aus wurde in einem Artikel in der *Roten Fahne* etwa kritisiert, dass im Gemeindebau kein großer Saal für Versammlungen oder Aufführungen vorhanden war.[29]

Die offizielle Eröffnung des Karl-Marx-Hofs war dann selbst ein politisches Ereignis, was angesichts des Umfangs des Projekts und der starken Politisierung des gesamten Vorhabens nicht überrascht. Den Angriffen der Christlich-Sozialen Partei, die aus Sicht ihrer politischen Gegner von Anfang an eine „gehässige und demagogische Hetze“ gegen den Bau erhoben hatte, begegneten die Sozialdemokrat:innen mit einer defensiven und schließlich triumphierenden Rhetorik.[30] Hatte bereits 1927 die CS-nahe *Reichspost* behauptet, der Baufortschritt sei „gefährdet“, und ein Ende des angeblichen Skandals und der Geldverschwendung gefordert, erinnerte die *Arbeiter-Zeitung* anlässlich der offiziellen Eröffnung am 12. Oktober 1930 ihre Leser:innen mit einer großen, ganzseitigen Fotomontage unter dem Titel „Rote Werke zeugen gegen schwarze Lügen“[31] an ihren endgültigen Triumph. Die Montage zeigt ein Bild des *Reichspost*-Artikels von 1927, überlagert von einem Foto des neu eröffneten Karl-Marx-Hofs (vgl. Abb. 28). Die Bildunterschrift vermittelt die Botschaft, dass die Kampagne der Christlich-Sozialen Partei durch die unbestreitbare Realität des vollendeten Karl-Marx-Hofs entlarvt werde: „Die Schwarzen verleumden! Die Roten bauen!“[32]

Die Eröffnungsfeier selbst spiegelt auch die feierliche Haltung der SDAP in Bezug auf ihren Erfolg mit dem Karl-Marx-Hof und die Nützlichkeit des Gebäudes als Veranstaltungsort wider. In seiner Eröffnungsrede ging Bürgermeister Seitz sowohl auf den von der Opposition aufgebauschten „Skandal“ (offenbar zur „große[n]

29 Vgl. Anonym, „Der Wahlschlager der SP. in Wien“, in: *Die Rote Fahne*, 12. Oktober 1930, S. 5.

30 Anonym, „5000 Wiener bekommen ein Heim!“, in: *Vorarlberger Wacht*, 14. Oktober 1930, S. 4.

31 Anonym, „Rote Werke zeugen gegen schwarze Lügen“, in: *Arbeiter-Zeitung*, 12. Oktober 1930, S. 3.

32 Ebd.

Heiterkeit" der Zuschauer)[33] als auch auf die wohnungspolitische Mission ein, für die das Gebäude stehen sollte. Er forderte die Versammelten auf, „mit uns zu kämpfen" für das Neue Wien und für all jene, die noch immer ohne angemessenen Wohnraum auskommen mussten.[34] Da die Mieter:innen schon vor der offiziellen Eröffnung des Gebäudes mit dem Einzug begonnen hatten, ergriffen die Bewohner:innen auch „selbst die Initiative" und organisierten am Tag vor dem offiziellen Festakt eine Demonstration zur Unterstützung des Karl-Marx-Hofs.[35] Sie koordinierten die Dekoration der nach außen gerichteten Fenster mit roten Papierlaternen und versammelten sich im Innenhof, um den gehaltenen Reden als Zuhörer:innen beizuwohnen. Das Gebäude diente dann auch nach seiner Eröffnung als Schauplatz für weitere politische Veranstaltungen und Kundgebungen, wie z.B. eine Gedenkveranstaltung zum fünften Jahrestag des Juli-Aufstands von 1927, an der etwa 5.000 Menschen teilnahmen.[36] Die Wohnanlage selbst, ihre Bewohner:innen als mögliche Demonstrationsteilnehmer:innen und die Symbolik des Namens des Karl-Marx-Hofs legten nahe, dass das Gebäude als Schauplatz politischer Veranstaltungen dienen konnte, auch wenn dies keineswegs die Befürchtungen der Christlich-Sozialen Partei rechtfertigte, dass die Bewohner:innen als Massen für politische Zwecke „eingesetzt" würden.

Die seinerzeitige Bereitschaft der Hausbewohner:innen, sich mit den politischen Aspekten ihres Hauses auseinanderzusetzen, kann durchaus als Erfolg der propagandistischen Ziele des Karl-Marx-Hofs gewertet werden. Trotz einiger kritischer Stimmen von Bewohner:innen, die sich am strengen Hausmeisterpersonal störten,[37] ist „der Effekt der positiven Vergesellschaftung" auf die Solidarität der Bewohner:innen im Sinne eines „zentralen Beitrages"

33 Anonym, „Da steht er, der ‚eingestürzte Bau'", in: *Arbeiter-Zeitung*, 13. Oktober 1930, S. 1.

34 Ebd.

35 Vgl. Frei (1984), S. 110.

36 Vgl. ebd., S. 118.

37 Vgl. Reinhard Sieder, „Housing Policy, Social Welfare, and Family Life in ‚Red Vienna', 1919–1934", in: *Oral History* 13 (1985), Nr. 2, S. 35–48, hier: S. 40.

der Wohnungspolitik des Roten Wiens unbestritten.[38] Alfred Frei zitiert hierfür Anna Seghers, die auf der Grundlage persönlicher Erinnerungen und Interviews mit ehemaligen Bewohner:innen des Hauses von häufigen Begegnungen und Gesprächen unter den Bewohner:innen sowie von Anekdoten spontaner gegenseitiger Hilfe berichtet.[39] In diesem Sinne wurde das Ziel, den neuen sozialistischen „Gemeinschaftsmenschen“ zu schaffen, der das Prinzip der Klassensolidarität im Alltag verkörpert, durch die Gestaltung des Karl-Marx-Hofs bewusst unterstützt.

Die Beantwortung der Frage, ob das Projekt des Karl-Marx-Hofs das innere und politische Leben seiner Bewohner:innen umfassend und auf Dauer erfolgreich verändert hat, sprengt den Rahmen dieses Textes. Nur wenige Jahre nach seiner Eröffnung findet sich ein Foto des Karl-Marx-Hofs auf einem politischen Plakat der SDAP aus dem Jahr 1932, auf dem der Bau von 60.000 Wohnungen und das Ziel, weitere 20.000 Wohnungen zu errichten, gefeiert werden. In einer ähnlichen Fotocollage zeigt ein Wahlplakat der Sozialdemokrat:innen aus dem Jahr 1949 ebenfalls den Karl-Marx-Hof und erklärt, dass die Partei bereit sei, den Bau von öffentlichen Wohnungen fortzusetzen.

Fast 20 Jahre nach seiner Eröffnung stand der Karl-Marx-Hof also immer noch für den Erfolg der Wohnungspolitik der SDAP. Im Jahr 1978 stellten die Architekten Otto Kapfinger und Adolf Krischanitz den Komplex als ein buchstäbliches „Flaggschiff“ des Roten Wien dar, das immer noch ein prominentes Sinnbild für diese Ära abgibt.[40] Und nach vielen Jahren ohne große bauliche Maßnahme wurde der Karl-Marx-Hof von 1989–1992 für 380 Millionen österreichische Schilling generalsaniert, wonach Susanne Reppe schreibt, er sei „wieder das, was er seit 1930 war: ein Symbol für den sozialen Wohnbau des ‚Roten Wien‘“.[41]

38 Frei (1984), S. 125.

39 Vgl. ebd., S. 117.

40 Abgebildet in: Erich Bramhas, *Der Wiener Gemeindebau. Vom Karl-Marx-Hof bis zum Hundertwasserhaus*, Basel/Boston/Stuttgart 1987, S. 69.

41 Susanne Rappé, *Der Karl-Marx-Hof. Geschichte eines Gemeindebaus und seiner Bewohner*, Wien 1993, S. 106.

Schon 1984 berichtete die *Arbeiter-Zeitung* jedoch, dass „eine gewisse Fremdheit“ zwischen den Einwohner:innen herrsche: „man hilft sich nimmer so wie früher.“[42] Gegenwärtig werden die Bewohner:innen jedenfalls nicht mehr ermutigt, Gemeinschaftseinrichtungen zu nutzen (die Wohnungen wurden umgestaltet und renoviert, so dass die ursprünglichen Anlagen weitestgehend überflüssig geworden sind), und die Hausverwaltung setzt kein Kontroll- oder gar Überwachungssystem für das Verhalten der Mieter:innen mehr durch. Erhalten bleibt jedoch der zeitgenössische symbolische Propagandawert des Karl-Marx-Hofs als eine der erkennbarsten und bekanntesten Errungenschaften des Roten Wien. Dies ist letzten Endes ein Beweis für den Erfolg seiner äußerlichen – visuellen und symbolischen – Propagandaelemente sowie für die Beständigkeit der politischen Botschaften der SDAP, die das Gebäude zum Sinnbild ihrer Wohnungspolitik gemacht hat. Eine Aktualisierung der alten Strahlkraft des Gemeindebaus für die Gegenwart streben etwa *Arbeiter.Innen.Konzerte* an.[43] Die „Pop-up“-Kammerkonzerte unter dem Motto „Traum – Musik – Utopie“ finden seit mehreren Jahren in verschiedenen Gemeindebau-Höfen statt, so am 3. Oktober 2021 auch im Karl-Marx-Hof.[44]

Während seiner Planung, seines Baus und der ersten Jahre seines Bestehens war der Karl-Marx-Hof für beide Seiten des politischen Spektrums ein Katalysator für Diskussionen über die Wirksamkeit, Stärke und Langlebigkeit des Sozialismus auf kommunaler Ebene. In den Jahren vor der austrofaschistischen Machtübernahme sollten Gebäude- und Wohnungsgestaltung die Mentalität und das Verhalten der Bewohner:innen dahingehend verändern, dass sie sich auf das Ideal der Solidarität konzentrierten und die bürgerlichen Werte des Individualismus ablehnten. Der Karl-Marx-Hof ist Ausdruck der hochgesteckten Propagandaziele im Medium der Architektur – er ist sowohl ein Symbol für die Stärke und die Möglichkeiten der sozialistischen Wohnungspolitik

42 Zitiert nach: Ebd., S. 99.
43 https://arbeiterinnenkonzerte.org/ (25.10.2023).
44 https://arbeiterinnenkonzerte.org/events/konzert-karl-marx-hof-3-oktober (25.10.2023).

als auch eine Methode zur Beeinflussung des individuellen Verhaltens und der Weltsicht in Richtung des Gemeinschaftsmenschen. Wie ausgeführt, zeigte aber der Karl-Marx-Hof in vielerlei Hinsicht eine Tendenz zu traditionellem, konservativem Wiener Geschmack, die in einem Spannungsverhältnis zur Präsentation des Gebäudes durch die SDAP stand, nämlich als Vorbote einer radikal neuen gesellschaftlichen Zukunft. So bedurfte es letzten Endes einer wirkungsvollen Kombination aus architektonischer und gedruckter Propaganda, um einzelne Widersprüche zwischen Ideologie und Design zu kaschieren und eine einheitliche, konsistente politische Botschaft des Gebäudes zu vermitteln.

Bibliografie

Anonym, „Da steht er, der ‚eingestürzte Bau'", in: Arbeiter-Zeitung, 13. Oktober 1930, S. 1.

Anonym, „Rote Werke zeugen gegen schwarze Lügen", in: Arbeiter-Zeitung, 12. Oktober 1930, S. 3.

Anonym, „Die größte Wohnhausanlage der Welt in Wien", in: Illustrierte Kronen-Zeitung, 12. Oktober 1930, S. 2.

Anonym, „Der steinerne Wahlaufruf", in: Das Kleine Blatt, 12. Oktober 1930, S. 2.

Anonym, „Barockes Wien", in: Der Kuckuck, 5. Januar 1930, S. 15.

Anonym, „Zehn Jahre Neues Wien", in: Der Kuckuck, 19. Mai 1929, S. 8–9.

Anonym, „Eröffnung des größten Wohnbaues Europas", in: Der Morgen, 13. Oktober 1930, S. 3.

Anonym, „Der Wahlschlager der SP. in Wien", in: Die Rote Fahne, 12. Oktober 1930, S. 5.

Anonym, „Das Diesseits in feuchten Kellerwohnungen", in: Die Unzufriedene, 26. Juni 1926, S. 5–6.

Anonym, „5000 Wiener bekommen ein Heim!", in: Vorarlberger Wacht, 14. Oktober 1930, S. 4.

https://arbeiterinnenkonzerte.org/ (25.10.2023).

https://arbeiterinnenkonzerte.org/events/konzert-karl-marx-hof-3-oktober (25.10.2023).

Gaston Bachelard, Die Poetik des Raumes, übers. von Kurt Leonhard, München 1960.

Eve Blau, Rotes Wien. Architektur 1919–1934. Stadt – Raum – Politik, Wien 2014.

Erich Bramhas, Der Wiener Gemeindebau. Vom Karl-Marx-Hof bis zum Hundertwasserhaus, Basel/Boston/Stuttgart 1987.

Alfred Georg Frei, Rotes Wien. Austromarxismus und Arbeiterkultur. Sozialdemokratische Wohnungs- und Kommunalpolitik 1919–1934, Berlin 1984.
Helmut Gruber, Red Vienna. Experiment in Working-Class Culture, 1919–1934, New York 1991.
Fritz Jahnel, „Architektur und Proletariat", in: Der Kampf 23 (1930), Nr. 8, S. 345–349.
Gerhardt Kapner, „Rezeption der Architektur. Der kommunale Wohnbau in Wien. Urteile der Zwischen- und Nachkriegszeit", in: Artibus et Historiae 11 (1980), Nr. 1, S. 83–98.
Magistrats-Abteilung 17 (Hg.), Merkbüchlein für Mieter in den Volkswohnhäusern, Wien 1928.
Siegfried Mattl, „Die Marke ‚Rotes Wien'. Politik aus dem Geist der Reklame", in: Wolfgang Kos (Hg.), Kampf um die Stadt. Politik, Kunst und Alltag um 1930, Wien 2010, S. 54–63.
Willi Münzenberg, Propaganda als Waffe, Basel 1937.
Ernst Paar, Das haben WIR gebaut - wir wollen weiterbauen! Darum wähle S.P.Ö., Wien 1949.
Susanne Rappé, Der Karl-Marx-Hof. Geschichte eines Gemeindebaus und seiner Bewohner, Wien 1993.
Reinhard Sieder, „Housing Policy, Social Welfare, and Family Life in ‚Red Vienna', 1919–1934", in: Oral History 13 (1985), Nr. 2, S. 35–48.
Franz Siegel, „Wie baut die Gemeinde? Sonnige und gesunde Wohnungen", in: Arbeiter-Zeitung, 22. Februar 1924, S. 8.
[Stadtverwaltung Wien], Der Karl-Marx-Hof. Die Wohnhausanlage der Gemeinde Wien auf der Hagenwiese in Heiligenstadt, Wien 1930.
Georg Vasold/Aleks Kudryashova, „Architektur", in: Rob McFarland/Georg Spitaler/Ingo Zechner (Hg.), Das Rote Wien. Schlüsseltexte der Zweiten Wiener Moderne 1919–1934, Berlin/Boston 2020, S. 517–519.
Siegfried Weyr, 60.000 sind's bisher, 80.000 sollen es werden!, Wien 1932.

Joachim Schätz

Nachbilder

Establishing Shot

Ein halbes Jahrhundert nach seiner Errichtung (1927–1933) dient der Karl-Marx-Hof zwei Kinofilmen als prominenter Schauplatz. Bei einem Gebäude, das in der Zeit seines Entstehens so sehr auch programmatische politische Aussage im Stadtkörper war, liegt die Frage nahe: Was ist in den 1970er und 1980er Jahren von dieser symbolischen Aufladung noch präsent (und wem)? Was mit ihr filmisch anzufangen?

In den ersten Einstellungen, die den Gebäudekomplex jeweils in *Il portiere di notte* (I 1974)[1] und *Obszön – Der Fall Peter Herzl* (A/D 1981; ab hier kurz: *Obszön*)[2] zeigen, stehen die langgestreckte Fassade und die wuchtigen Torbögen in Untersicht so monumental da wie zur Zeit der Fertigstellung in den Werbefotografien von Martin Gerlach Jr. Aber auf der rostroten Fassade sitzt nun ein brauner Schmutzfilm, an manchen Flecken ist diese überhaupt abgebröckelt. Der driftende westdeutsche Diplomsoziologie Peter Herzl (Volker Spengler), Protagonist von *Obszön*, zeigt sich bei seiner ersten Begehung dann auch mäßig beeindruckt: „Das ist der Karl-Marx-Hof!" – Darauf Herzl: „Wär er doch in Wuppertal geblieben." Dass aus Wuppertal freilich nicht Marx kam, sondern Engels, unterstreicht nur, was die Szene bereits suggeriert: Die Erinnerung an das sozialistische Erbe ist unsicher geworden.

Herzls Skepsis dem Wiener Wahrzeichen gegenüber ist jedenfalls ein Zeichen der Zeit. Die zwei Filme von 1974 und 1981 begegnen dem „Versailles der Arbeiter" in einer Übergangsphase des

1 *Il portiere di notte,* Italien, 1974, Regie: Liliana Cavani, 113 min.

2 *Obszön – Der Fall Peter Herzl,* Österreich/Deutschland, 1981, Regie: Hans-Christof Stenzel, 93 min.

Abb. 13: Obszön – Der Fall Peter Herzl: Establishing shot eines bröckelnden Monuments.

Abb. 14: Il portiere di notte: Der Karl-Marx-Hof als Hintergrund einer Faschismus-Allegorie.

lokalen wie internationalen Blicks auf die Gemeindebauten des Roten Wien. Einerseits wurden diese als Aushängeschilder der sozialdemokratischen Stadtpolitik auch im Wien-Tourismus positioniert, samt eigens angebotener Busrundfahrten zum „Neuen Wien".[3]

Andererseits begann erst in den 1980er Jahren ein kommunales Wohnhaussanierungsprogramm, in dessen Rahmen neben anderen Superblocks der Zwischenkriegszeit zum Ende der Dekade auch der Karl-Marx-Hof generalsaniert wurde.[4] Das Interesse von Architektur-, Stadt- und Zeitgeschichte am Wohnbauprogramm des Roten Wien hatte zwar bereits in den späten 1970er Jahren zugenommen. Die Ergebnisse dieser Forschung begannen aber eben erst, eine größere Öffentlichkeit zu erreichen, als *Obszön* im Oktober 1981 seine Weltpremiere bei den Hofer Filmtagen erlebte. Die breit wahrgenommene Wiener Ausstellung *Mit uns zieht die neue Zeit. Arbeiterkultur in Österreich 1918–1934* lag zu diesem Zeitpunkt Monate zurück, die ersten Beiträge einer Welle von architekturhistorischen Monografien (Manfredo Tafuris *Vienna Rossa,*[5] Hans und Rudolf Hautmanns *Die Gemeindebauten des Roten Wiens*[6]) waren 1980 erschienen.

Der ein wenig verwahrloste Glanz des Karl-Marx-Hofs fügt sich in beiden Filmen in einen Inszenierungsduktus, der Kunstansprüche und „Sexploitation" ineinander verschwimmen lässt. Auch darüber hinaus weisen *Il portiere di notte* und *Obszön* in der retrospektiven Zusammenschau eine verblüffende Menge ge-

3 Filmisch verewigt finden sich diese etwa in einer städtischen Auftragsproduktion von 1970: *Neues Wien. 50 Jahre sozialer Wohnbau*, Österreich, 1970, Regie: Ernst Hellebrand, 19 min., [Archivkopie, Wiener Stadt- und Landesarchiv]. Vgl. http://mediawien-film.at/film/349/ (04.04.2021).

4 Vgl. Peter Eigner/Herbert Matis/Andreas Resch, „Sozialer Wohnbau in Wien. Eine historische Bestandsaufnahme", in: Verein für Geschichte der Stadt Wien (Hg.), *Jahrbuch des Vereins für die Geschichte der Stadt,* Wien 1999, S. 49–100. Online abrufbar: https://www.demokratiezentrum.org/wp-content/uploads/2022/10/eigner_wohnbau.pdf (08.11.2023). Zum Karl-Marx-Hof siehe S. 26.

5 Manfredo Tafuri, *Vienna rossa. La politica residenziale nella Vienna socialista 1919–1933*, Milano 1980.

6 Hans Hautmann/Rudolf Hautmann, *Die Gemeindebauten des Roten Wien 1919–1934*, Wien 1980.

meinsamer Motive auf, die sich am Gemeindebau bündeln: Der Karl-Marx-Hof ist in ihnen erstens – wie in den genannten *establishing shots* – eine bröckelnde Fassade, auf die (mitunter schmutzige) Erinnerungsschichten der österreichischen und deutschen Politik- und Gewaltgeschichte aufgetragen werden. Zweitens ist er ein architektonisches Ensemble mit politischer Strahlkraft, dessen Semantik in wechselnden Verknüpfungen mit anderen Orten zum Schillern gebracht wird. Drittens fungiert der Bau abwechselnd als ein *milieurealistisch* und *psychisch* konzipiertes Innen, in dem beide Film sich zusehends zum Kleinwohnungs-Kammerspiel zusammenziehen.

EXT. Karl-Marx-Hof – Tag

Um zu klären, was die beiden Filme je mit dem Karl-Marx-Hof anstellen, und wie er in ihre Zeichenoperationen zurückwirkt, sind neben den Ähnlichkeiten aber auch die recht unterschiedlichen Öffentlichkeiten zu berücksichtigen, die beide Filme für sich reklamieren konnten. Während *Obszön* nach Festivaleinsatz und wenig erfolgreichem Kinostart in Österreich und Deutschland für Jahrzehnte in der Versenkung sporadisch wiederveröffentlichter Obskuritäten verschwand (nach wie vor existiert keine DVD mit übersetzten Untertiteln), war die italienische Produktion *Il portiere di notte* in Westeuropa wie den USA ein langlebiger Kassenerfolg und publizistischer Aufreger.[7] An der heftigen Diskussion des Films und seiner Verquickung von Sadomaso-Softcore und Holocaust-Ikonografie beteiligten sich unter anderem Primo Levi, Teresa de Lauretis und Michel Foucault.

Der Film, der die *Amour fou* zwischen der KZ-Überlebenden Lucia (Charlotte Rampling) und ihrem 1957 als Nachtportier im Wiener Hotel wiederentdeckten ehemaligen SS-Peiniger und Liebhaber Max (Dirk Bogarde) erzählt, wurde Mitte der 1970er

7 Vgl. Ryan Gilbey, „The Night Porter. Nazi porn or daring arthouse eroticism?“, in: *The Guardian*, 26. November 2020, https://www.theguardian.com/film/2020/nov/26/night-porter-nazi-porn-eroticism-dirk-bogarde-charlotte-rampling-liliana-cavani (04.04.2021); Lisa Patti, „Fascinating Fashion. Visual Pleasure in *Il portiere di notte*“, in: *Forum italicum* 40 (2006), Nr. 1, S. 118–132, hier: S. 118–121.

Jahre in diverse Debatten eingepasst. Die verhandelten Themen reichten von der Frage nach einer Holocaust-Erinnerungspolitik, die den vielschichtigen Traumata, Schuld- und Schamgefühlen von Überlenden angemessenen wäre, über die subkulturelle Glamourisierung von Faschismus und Nationalsozialismus bis hin zur neuen Charismapolitik Valéry Giscard d'Estaings in Frankreich.[8]

Indessen ist das Wien-Bild des Films damals – und in der anhaltenden kulturwissenschaftlichen Auseinandersetzung bis heute – eher unscharf geblieben. Die planvoll diffuse Rolle Wiens in dieser für die 1970er Jahre typisch internationalen Mischkalkulation von einem Film – mit italienischem Geld im Filmstudio Cinecittà in Rom gedreht, mit Außenaufnahmen in Wien, einer westeuropäisch gemischten Besetzung und einer englischsprachigen Synchronisation als nomineller „Originalfassung" – hat Bert Rebhandl pointiert benannt: „Wenn Liliana Cavani am Naschmarkt einen Nachtportier aufspürte, ging es aber weniger um eine spezifische Deutung des österreichischen Anteils am Naziterror, sondern um eine allegorische Faschismusdeutung, die im ‚morbiden' Wien den Todestrieb einer Epoche veranschaulicht sah."[9] Das morbide Wien hinfälliger Leiblichkeit – ohnehin ein Dauerbrenner in den Selbst- und Fremdbildern der Stadt – war in den 1970er Jahren im Zuge von Wiener Gruppe, Wiener Aktionismus und Wienerlied-Revival zur schicken Exportoption geworden.

Lassen sich von einer solchen Vanitas-Perspektive untergegangener Größe aus für Außenstehende die architektonischen Marker des Roten Wien – neben dem Karl-Marx-Hof rückt der Film auch die Fassade der Feuerhalle Simmering ins Bild – überhaupt deutlich unterscheiden vom opulenten Altstadtglanz von Hofburg und Stephansdom, den der Film in anderen Szenen aufbietet? Für

8 Vgl. ebd., S. 118–121; Bettina Noack, *Gedächtnis in Bewegung. Die Erinnerung an Weltkrieg und Holocaust im Kino*, München 2010, S. 200–211; Michel Foucault, „Film and popular memory. An interview with Michel Foucault", in: *Radical Philosophy* 11 (1975), S. 24–29.

9 Bert Rebhandl, „Eine Stadt im Kino sehen heißt, von ihr zu träumen", in: *Der Standard*, 2. Januar 2004, https://www.derstandard.at/story/1450743/eine-stadt-im-kino-sehen-heisst-von-ihr-zu-traeumen (04.04.2021).

einen verbindenden Gesamteindruck imperialer Wiener Pracht in der internationalen Rezeption spricht, dass es in einem der jüngeren Texte über das Stadtbild in *Il portiere di notte* generalisierend heißt: „Viennese imperial architecture serves as a backdrop to a relationship that ends in the couple's death at the hands of Max's fellow former Nazi officers." („Kaiserliche Wiener Architektur dient als Kulisse für eine Beziehung, die mit dem Tod des Liebespaars in den Händen von Maxens früheren Nazi-Offiziers-Kollegen endet" – eigene Übersetzung, JS).[10] Einer solchen Subsumierung des Roten Wien in ein Gesamtbild ehrwürdigen Kulturerbes arbeitet ein Stück weit die bewusst historisierende Formensprache der Symbolbauten des Roten Wien zu. Zugleich spielt die Geschichte der Wiener Sozialdemokratie in der allegorischen Anordnung des Films sehr wohl eine explizite Rolle: In das KZ, wo Max sie abwechselnd quälte und pflegte, war Lucia als Jugendliche deportiert worden, weil ihr Vater ein sozialdemokratischer Wiener Politiker war. Wenn sie zu Filmbeginn anno 1957 als Gattin eines tourenden Dirigenten nach Wien zurückkehrt, steht Max nicht nur an der Rezeption des Hotels in der Wienzeile (das als Otto Wagner-Bau der Jahrhundertwende quasi die Brücke zwischen den k.u.k.-Repräsentationsbauten und dem Karl-Marx-Hof bildet). Als Mieter einer Wohnung im Karl-Marx-Hof besetzt er auch ein Stück weit den Platz des Vaters. Selbst in dessen Gängen stiftet allerdings nicht das Rote Wien, sondern die NS-Zeit den sozialen Zusammenhang. Als Lucia sich bei Max einquartiert, beginnen seine alten SS-Kameraden eine Belagerung der Wohnung, weil sie Gefahr durch die Zeugin und den unberechenbar gewordenen Max fürchten. Beim Aushungern der beiden stützt sich die Bande auf die Solidarität der Nachbarschaft, die gemeinsame Kriegserfahrung und das Warten auf ausstehende Versehrten- und Hinterbliebenen-Pensionen eint.

10 Alexandra Hills, „Creatureliness and Posthumanism in Liliana Cavani's *The Night Porter* and Pier Paolo Pasolini's *Salò*", in: Deborah Amberson/Elena Past (Hg.), *Thinking Italian Animals. Human and Posthuman in Modern Italian Literature and Film*, New York 2014, S. 111–128, hier: S. 112.

Diese zugespitzte Erzählung langanhaltender Nazi-Sympathien unterstützte Hauptdarsteller Dirk Bogarde in seinen Memoiren und einem nachfolgenden Interview mit einer reißerischen Anekdote vom Dreh am Karl-Marx-Hof: Als er für die Schlusspartie des Films in SS-Uniform am Hof vorbeischritt, wären die versammelten Schaulustigen nicht in Buh-Rufe ausgebrochen, sondern hätten zu seinem Entsetzen applaudiert und das Horst-Wessel-Lied angestimmt.[11]

Mit ähnlicher Freude am Sensationellen, aber mehr Interesse an der Geschichte des Schauplatzes arrangiert *Obszön* Geschichtssplitter am Karl-Marx-Hof: Die Prostituierte Kathi (Lydia Kreibohm), die den unbeholfenen Akademiker Peter Herzl in ihre Wohnung dort aufnimmt, fühlt sich dem Gebäudekomplex über ihre Familiengeschichte eng verwoben: Ihr Vater hätte als Polier an der Errichtung des Gebäudekomplexes mitgewirkt und wäre in den Februarkämpfen 1934 bei seiner Verteidigung gegen die Angriffe der austrofaschistischen Heimwehr erschossen worden. Als sie erfährt, dass Peter wegen eines linksterroristischen Akts polizeilich gesucht wird, sieht sie die Geschichte sich wiederholen und versteckt ihn bereitwillig. Tatsächlich fällt am Ende die Staatsgewalt auf der Suche nach Peter in den begrünten Innenhof ein, woraufhin ein alter Sozialist eine Gruppe von Greisen hinter seiner roten Fahne versammelt. Die Wiederholung verkommt aber zur Farce, in der nur der grausame Zuhälter Joe (Hanno Pöschl) umkommt. Dass Kathis Analogie von Linksterrorismus um 1980 und den Februarkämpfen 1934 windschief ist, darauf will der Film hinaus. Schon ihre eigene Genealogie als „Arbeitermädel" ist zurechtgebastelt: Ihr biologischer Vater ist nicht der verehrte Held der Sozialdemokratie, sondern der Blockwart, der ihrer verwitweten Mutter im Nationalsozialismus in die Wohnung gesetzt wurde. Der Linksterror aus APO-Kreisen, der antriebslose Alt-68er Peter, Kathis Rotes-Wien-Nostalgie und die sozialdemokratische Gegenwart (für die der Sozi-Adabei und später überführte Versicherungsbetrüger und Mörder Udo Proksch in einer Kleinrolle als Polizeipräsident einsteht) sind hier nur durch ihr Ungenügen an den uneingelösten

11 Vgl. http://dirkbogarde.co.uk/magazine/interview-jan-1991/ (04.04.2021).

Utopien, für die der Karl-Marx-Hof einsteht, miteinander verbunden. Österreichs sozialdemokratische Parteizeitung *Arbeiter-Zeitung* sprach von einem Film, „dessen tiefe Melancholie sich in Zynismus zu flüchtigen versucht.“[12]

INT. Wohnung – Nacht

Wie *Il portiere di notte* löst auch *Obszön* das Politische im Erotischen auf, wobei die vielen Sexszenen in Kathis Wohnung hier weniger den Charakter einer Obsession als von Übersprungshandlungen haben. Während draußen Polizei, Politik und Zuhälter miteinander paktieren, verlegen sich drinnen der terrorverdächtige Soziologe und die stolze Proletarierin „auf eher freudloses Gerammel [...], das [...] keinen Ausweg anbietet, sondern immer nur Hilflosigkeit reproduziert.“[13] Ganz im Sinne von Kathis verdrehter Familienchronik, die keine Zukunftsperspektive mehr herstellen kann, beteiligt sich auch ihre neugierige Teenager-Tochter, die von ihr spricht, als wäre sie ihre Mutter, zunehmend an den trägen Bettspielen.

Beide Filme vollziehen eine Bewegung der Abdichtung, in der sich die Hauptfiguren in ihren Sexsessions im Karl-Marx-Hof vom bedrohlichen Außen absetzen. Der konkrete Raum der Wohnungen wird dabei zunehmend den Darstellungsregeln eines Milieurealismus entzogen: Künstliche Lichtquellen unterwerfen – nicht immer diegetisch motiviert – den Bildraum Mustern aus farbigem Licht und Schatten.[14] Ist in einer frühen Passage in *Il portiere di notte* aus dem Wohnungsfenster die Aufschrift der Zähler- und Messwerktechnik-Firma Uher zu erkennen, deren Firmengelände dem Karl-Marx-Hof benachbart war, so verlieren die Koordinaten räumlicher Orientierung allmählich ihre Verbindlichkeit: Regisseurin Liliana Cavani nutzte den Nachbau der Wohnung im Studio, um mit zunehmender Beklemmung des festgesetzten Paars

12 Zitiert nach: Gebhard Hölzl, *Hans-Christof Stenzel*, Wien 2011, S. 128.

13 Lukas Foerster, „Terror im Blick – Politik Macht Kino“, in: *critic.de*, 16. Juni 2016, https://www.critic.de/special/terror-im-blick-politik-macht-kino-4027/ (04.04.2021).

14 Vgl. Hölzl (2011), S. 52–53; Bettina Noack, *Gedächtnis in Bewegung. Die Erinnerung an Weltkrieg und Holocaust im Kino*, München 2010, S. 209.

die Wände enger zu ziehen.[15] Ob diese Stilisierung nun als Rücksturz ins Kreatürliche gefasst wird[16] oder als Verräumlichung traumatischer Dynamiken,[17] jedenfalls zieht sich hier Politik auf eine Vergangenheit zusammen, welche die Gegenwart aufzehrt: In *Il portiere di notte* geschieht dies im Nachvollzug der sadomasochistischen Sexspiele aus dem KZ bis hin zur Uniformierung; in *Obszön* wird der Angriff der politischen Vergangenheit auf die übrige Zeit anschaulich in Kathis Privatmuseum ihrer Familiengeschichte samt Marx-Schrein.

Zugleich bleiben die Wohnungsszenen trotz fortschreitender Abschottung offen gegenüber anderen Räumen. Betont der Schnitt zu Beginn vor allem Kontraste der wenig glamourösen Kleinwohnungen zu anderen Orten – zur gediegenen Hotelhalle in *Il portiere di notte*, zur gutbürgerlichen Wohnung des Ermittlungsleiters Dr. Flake (Heinz Schubert) in *Obszön* –, so werden zunehmend Übergänge herausgearbeitet. Dabei handelt es sich mal um Ähnlichkeiten im Szenenbild (einige Hotelzimmer und Max' Wohnzimmer weisen eine ähnliche graubraune Tapete auf, und Kathis wie Flakes Wohnung sind mit Nippes übersät), andere Male um Übergänge in der filmischen Gestaltung, wenn etwa in *Obszön* zwei ähnliche Bildkompositionen die Räume des Staatsschützers und des Verfolgten verbinden. In der Erinnerungsmontage von *Il portiere di notte* ist das Ineinanderfließen von KZ-Erinnerung und Gegenwart ohnehin ästhetisches Programm. Die Räume des Rückzugs sind der Außenwelt politischer Gewalt noch im Moment der Abdichtung ähnlich.

15 Vgl. Alexandra Hills, „Creatureliness and Posthumanism in Liliana Cavani's *The Night Porter* and Pier Paolo Pasolini's *Salò*", in: Deborah Amberson/Elena Past (Hg.), *Thinking Italian Animals. Human and Posthuman in Modern Italian Literature and Film*, New York 2014, S. 111–128, hier: S. 126.

16 Vgl. ebd., S. 120–126.

17 Vgl. Bettina Noack (2010), S. 209–212.

Zoom out

Ein markanter Nebenschauplatz dieser Übergänge bleibt das (so die Bezeichnung im Film) „Tschuschenquartier" in *Obszön*, in dem Joe Kathi in einer brutalen Szene im Akkord verkauft. Das Gastarbeiter:innenquartier wird in wenigen Einstellungen als enger, notdürftig zusammengebauter Wohncontainer im Ödland präsentiert. Während Männer, mutmaßlich Arbeitsmigranten aus dem Süden Europas, vor einem Tisch anstehen, auf dem Kathi entblößt liegt, beobachtet ein ugandischer Junge im Fernsehen afrikanische Tänze, die gleich darauf auch Peter auf der Mattscheibe im Karl-Marx-Hof sieht. Mehr Verbindung stellt *Obszön* nicht her. Der Idee des Proletariats als Subjekt der Geschichte, der Kathi noch anhängt, bleiben diese Männer in der Schlange und auf ihren Pritschenbetten äußerlich. Da geht der Film nicht anders vor als die Wiener Sozialdemokratie seiner Zeit, der er sich mit melancholischem Zynismus zuwendet. „Der Abstieg zum Lumpenproletariat ist das wichtigste", erklärt Peter einmal dem Marx-Porträt: „Der Rest ist gestrichen, Charly."

Zweieinhalb Jahre nach *Obszön* besucht ein Kamerateam der ORF-Jugendsendung *Ohne Maulkorb* den Karl-Marx-Hof. Anlass ist der fünfzigste Jahrestag der Februarkämpfe 1934.[18] Während Zeitzeug:innen den antifaschistischen Kampf am Ort des Geschehens erinnern, sind sich befragte Jugendliche nicht so sicher, was dieses Erbe für sie bedeuten soll. Pointiert gibt ein im Hof stehendes Grüppchen Auskunft über die Blicke, die kassiert, wer unter Gleichaltrigen angibt, im Karl-Marx-Hof zu wohnen. Das Flaggschiff des Roten Wien erscheint in ihren Berichten als Gegenstand von Klassenscham – nicht verwunderlich in Anbetracht der Tatsache, dass noch um 1989 ganze 40 Prozent der Wohnungen über keine eigene Dusch- oder Badegelegenheit verfügten.[19] Das ist inzwischen mehr als drei Jahrzehnte und eine Generalsanie-

18 Für Informationen zur Sendung, vgl. Kerstin Madner, *Themen und Werte der ORF-Jugendmagazine Okay und Ohne Maulkorb. Ein Vergleich zweier TV-Zielgruppensendungen der 1980er Jahre*, [Magisterarbeit, Universität Wien], 2011, S. 269–270.

19 Vgl. Susanne Reppé, *Der Karl-Marx-Hof. Geschichte eines Gemeindebaus und seiner Bewohner*, Wien 1993, S. 105.

rung her. Aktuelle Deklassierungserzählungen über den Wiener sozialen Wohnbau, zumal von rechtspopulistischer Seite, setzen dort an, wo Stenzels Montage aufhört und Wiens Wohnungspolitik ein wenig weitergegangen ist: beim Zugang von Wiener:innen mit Migrationshintergrund zum Gemeindebau und dessen Idee eines Gemeinsamen.[20]

Bibliografie

Andrea Affaticati, „Die zu Stein verwandelte Utopie“, in: Die Zeit, 15. Juli 2019, https://www.zeit.de/entdecken/2019-07/wien-karl-marx-hof-kommunismus-fpoe-oesterreich (04.10.2021).

http://dasrotewien.at/seite/karl-marx-hof (04.04.2021).

http://dirkbogarde.co.uk/magazine/interview-jan–1991/ (04.04.2021).

Peter Eigner/Herbert Matis/Andreas Resch, „Sozialer Wohnbau in Wien. Eine historische Bestandsaufnahme“, in: Verein für Geschichte der Stadt Wien (Hg.), Jahrbuch des Vereins für die Geschichte der Stadt, Wien 1999, S. 49–100. Online abrufbar: https://www.demokratiezentrum.org/wp-content/uploads/2022/10/eigner_wohnbau.pdf (08.11.2023).

Lukas Foerster, „Terror im Blick – Politik Macht Kino“, in: critic.de, 16. Juni 2016, https://www.critic.de/special/terror-im-blick-politik-macht-kino-4027/ (04.04.2021).

Michel Foucault, „Film and popular memory. An interview with Michel Foucault“, in: Radical Philosophy 11 (1975), S. 24–29.

Ryan Gilbey, „The Night Porter. Nazi porn or daring arthouse eroticism?“, in: The Guardian, 26. November 2020, https://www.theguardian.com/film/2020/nov/26/night-porter-nazi-porn-eroticism-dirk-bogarde-charlotte-rampling-liliana-cavani (04.04.2021).

Hans Hautmann/Rudolf Hautmann, Die Gemeindebauten des Roten Wien 1919–1934, Wien 1980.

Alexandra Hills, „Creatureliness and Posthumanism in Liliana Cavani's The Night Porter and Pier Paolo Pasolini's Salò“, in: Deborah Amberson/Elena Past (Hg.), Thinking Italian Animals. Human and Posthuman in Modern Italian Literature and Film, New York 2014, S. 111–128.

Gebhard Hölzl, Hans-Christof Stenzel, Wien 2011.

Il portiere di notte, Italien, 1974, Regie: Liliana Cavani, 113 min.

20 Vgl. Andrea Affaticati, „Die zu Stein verwandelte Utopie“, in: *Die Zeit*, 15. Juli 2019, https://www.zeit.de/entdecken/2019-07/wien-karl-marx-hof-kommunismus-fpoe-oesterreich (04.10.2021).

Kerstin Madner, Themen und Werte der ORF-Jugendmagazine Okay und Ohne Maulkorb. Ein Vergleich zweier TV-Zielgruppensendungen der 1980er Jahre [Magisterarbeit, Universität Wien], 2011.

Neues Wien. 50 Jahre sozialer Wohnbau, Österreich, 1970, Regie: Ernst Hellebrand, 19 min., [Archivkopie, Wiener Stadt- und Landesarchiv]. Vgl. http://mediawien-film.at/film/349/ (04.04.2021).

Bettina Noack, Gedächtnis in Bewegung. Die Erinnerung an Weltkrieg und Holocaust im Kino, München 2010.

Obszön – Der Fall Peter Herzl, Österreich/Deutschland, 1981, Regie: Hans-Christof Stenzel, 93 min.

Lisa Patti, „Fascinating Fashion. Visual Pleasure in Il portiere di notte“, in: Forum italicum 40 (2006), Nr. 1, S. 118–132.

Bert Rebhandl, „Eine Stadt im Kino sehen heißt, von ihr zu träumen“, in: Der Standard, 2. Januar 2004, https://www.derstandard.at/story/1450743/eine-stadt-im-kino-sehen-heisst-von-ihr-zu-traeumen (04.04.2021).

Reka, „Dr. S. Rosenblum. ‚Die sozialpolitischen Maßnahmen der Gemeinde Wien‘“ [Rezension], in: Der Kampf. Internationale Revue 2 (1935), Nr. 6, S. 286–287.

Susanne Reppé, Der Karl-Marx-Hof. Geschichte eines Gemeindebaus und seiner Bewohner, Wien 1993.

Manfredo Tafuri, Vienna rossa. La politica residenziale nella Vienna socialista 1919–1933, Milano 1980.

Rob McFarland / Sara Phenix

Heimgestaltung

(Übersetzung: Bes Bajraktarević)

Die modernistische und sozialdemokratische Zivilisierungsmission des Roten Wien beschränkte sich nicht auf die Außenräume des Karl-Marx-Hofs. Wiens Architekt:innen und Gestalter:innen hatten ganz genaue Vorstellungen von der richtigen Organisation und Einrichtung von Wohnräumen. Adolf Loos selbst hat keine Tinte gescheut, um für eine Reform der Einrichtung zu plädieren, die dem Tempo und der Realität der modernen Existenz entspricht: „Der moderne Geist verlangt vor allem, dass der Gebrauchsgegenstand praktisch sei. Für ihn bedeutet Schönheit die höchste Vollkommenheit. Und da das Unpraktische niemals vollständig ist, so kann es nicht schön sein."[1] Trotz des Aufstiegs moderner Wohnungen ringsum im Roten Wien waren sich Architekt:innen und Kulturkritiker:innen der Vorliebe der Arbeiterklasse für bürgerliche Ästhetik – wenn diese ihre eigenen Wohnungen ausstattete – und der Unbrauchbarkeit der oft gewählten Art von Möbeln schmerzlich bewusst. Der Architekt Josef Frank hat sich in seinem Artikel „Der Gschnas fürs G'müt und der Gschnas als Problem" in die Arbeiterklasse und ihre fehlgeleitete Tendenz hineinversetzt, die hochverzierten Möbel und Sammlerstücke, die in ganz Wien in preiswerten passenden „Sets" verkauft wurden, zu idealisieren. Frank behauptet, dass Arbeiter:innenfamilien in ihrem Bedürfnis gefangen seien, bürgerliche Dekorationen nachzuahmen und sich zu fühlen, als ob sie etwas Historisches und Bedeutsames besäßen, und dass sie „[...]den ganzen Plunder alter Zeiten mitschleppen, Denkmäler der Geschmackslosigkeit, Zeugen des Unvermögens,

1 Adolf Loos, „Weihnachtsausstellung im Österreichischem Museum", in: Ders., *Wie man eine Wohnung einrichten soll. Kategorisches über scheinbar Unverrückbares*, Wien 2008, S. 43–54, hier: S. 53–54.

Staubfänger usw."[2] Designer:innen, erklärte Frank, hätten die Verantwortung, die Arbeiterklasse zu verstehen und ihr eine moderne, saubere und funktionale Lebensweise zu bieten, die eher der Vision des städtischen Wohnbaus des Roten Wien entspräche.

Um Arbeiter:innenfamilien bei diesem Prozess der Heimgestaltung zu unterstützen, schlossen sich Frank und andere Architekt:innen, Designer:innen, Politiker:innen und Hauswirtschaftler:innen zusammen, um den *Österreichischen Verband für Wohnungsreform* (ÖVW) zu gründen. In den Wochen vor der offiziellen Eröffnung des Karl-Marx-Hofs kündigte der ÖVW an, gemeinsam mit anderen Organisationen eine „Beratungsstelle für Inneneinrichtung und Wohnhygiene" zu eröffnen. Die neue Beratungsstelle, die den Spitznamen „BEST" erhielt, wurde am 13. Dezember 1930 in einer abgerundet-schlanken Schaufensterfront im Karl-Marx-Hof in der Heiligenstädterstraße 82 eingerichtet, die von der Stadt Wien zur Verfügung gestellt wurde (vgl. Abb. 15).[3] Die Beratungsstelle blieb bis Dezember 1932 im Karl-Marx-Hof, als bekannt wurde, dass die „BEST" in die Wiener Messe umziehen würde.[4] Weithin sichtbar durch leuchtend rote Buchstaben auf der Fassade umfasste der Standort eine Beratungsstelle, Ausstellungsräume und einen Raum mit 200 Sitzplätzen für eine regelmäßige Vortragsreihe, die täglich um 19 Uhr und am Wochenende stattfand.[5]

2 Josef Frank, „Der Gschnas fürs G'müt und der Gschnas als Problem", in: Rob McFarland/Georg Spitaler/Ingo Zechner (Hg.), *Das Rote Wien. Schlüsseltexte der Zweiten Wiener Moderne 1919–1934*, Berlin/Boston 2020, S. 552–555, hier: S. 553.

3 Vgl. Anonym, „Die Beratungsstelle für Inneneinrichtung und Wohnungshygiene", in: *Die Österreicherin* 4 (1931), Nr. 1, S. 14.

4 Vgl. Anonym, „Verlegung der BEST", in: *Die Österreicherin* 5 (1932), Nr. 10, S. 8.

5 Vgl. Anonym, „Eine Wohnberatungsstelle im Karl-Marx-Hof", in: *Arbeiter-Zeitung*, 11. Dezember 1930, S. 7; Vgl. Ermers, „Beim Offiziellen Wohnberater. Zur Neueröffnung der ‚BEST'", in: *Der Wiener Tag*, 17. März 1932, S. 5; Vgl. Marianne Pollak, „Wer ist die ‚BEST'?", in: *Arbeiter-Zeitung*, 15. Dezember 1930, S. 3; Vgl. Rita Holfeld, „Die ‚Best' im Karl-Marx-Hof. Wie richte ich meine Wohnung einfach und schön ein?", in: *Das Kleine Blatt*, 27. Dezember 1930, S. 12.

Abb. 15: „BEST"-Beratungsstelle im Karl-Marx-Hof (historische Aufnahme).

Die Exponate an Haushaltseinrichtung erstreckten sich auf eine dreistöckige Ausstellungsfläche: Auf der Hauptebene befanden sich eine maßstabsgetreue Modellwohnung für eine vierköpfige Familie (von Architekt Ernst Brandl entworfen) sowie mehrere Einraumwohnungen.[6] Auf der unteren Ebene befanden sich verschiedene Ausstellungen für Badezimmer und Küchen, zu denen regelmäßig stattfindende praktische Vorführungen von Maschinen, Werkzeugen und Geräten gehörten. Die obere Ebene war einer breiten Auswahl an Sitz- und Schlafmöglichkeiten sowie einer großen Sammlung von Allzweckklapptischen gewidmet.

Der Prozess der *Heimgestaltung*, wie ihn die „BEST"-Beratungsstelle modellierte, umfasste jedoch viel mehr als den Stil der Inneneinrichtung. Nicht nur die neu gebauten Räume der Arbeiterklasse mussten reformiert werden, sondern auch die Art und Weise, wie die Arbeiter:innen – insbesondere die Frauen – ihre täglichen Aufgaben der Haushaltsführung in diesen Räumen erledigten. Die Beratungsstelle wurde für Frauen geschaffen, weil Frauen, wie ein Zeitungsartikel es ausdrückt, die Mund-zu-Mund-Propaganda und das fundierte Feedback für den erfolgreichen Betrieb der „BEST" liefern würden:

> So darf der Entwicklung der „BEST" [...] ein gutes Prognostikon gestellt werden. An den Frauen ist es vor allem, daß die Erwartungen sich erfüllen. Sie müssen für den Besuch der „BEST" werben, und sie müssen aus eigensten Wahrnehmungen und Wünschen zu ihrer Vervolkommenung Anregungen geben.[7]

Die Öffnungszeiten spiegeln wider, dass speziell berufstätige Frauen die Zielgruppe waren: Die „BEST" war wochentags abends von 16 bis 20, samstags von 14 bis 18 und sonntags von 10 bis 13 Uhr geöffnet. Alle Exponate, Vorführungen und Vorträge waren kos-

6 Vgl. Anonym, „Wie sollen wir unsere Wohnung einrichten?", in: *Der Abend*, 12. Dezember 1930, S. 4.

7 Anonym, „Die Beratungsstelle für Inneneinrichtung und Wohnungshygiene", in: *Die Österreicherin* 4 (1931), Nr. 1, S. 14.

tenlos.[8] Die anvisierten Besucher:innen waren nicht irgendwelche berufstätigen Frauen, sondern Arbeiterklassefrauen, wie eine Rezension der Ausstellung am Eröffnungstag beschrieb: „Die Rücksichtnahme auf [...] den schmalen Geldbeutel der Ratsuchenden verlangt, dass die heutige Wohnung wirtschaftlich, gesund und zweckentsprechend eingerichtet sein muss, und das mit dem geringsten Geldaufwand."[9] Alle „Besucherinnen der ‚BEST'" waren eingeladen, nicht nur die Exponate zu erkunden, sondern auch der Ausstellung besondere Aufmerksamkeit zu schenken, welche die siegreichen Entwürfe der „BEST"-Innenarchitekturwettbewerbe zeigte, darunter die von Karl Panigl,[10] einem Schüler Josef Hoffmanns und Josef Franks, der auch Innenräume für die Werkbundsiedlung entwarf.[11] Die Medienberichte zur Mission der „BEST"-Beratungsstelle schaffen so eine geschlechtsspezifische, bevormundende Interaktion: Männliche Star-Architekten, Designer und Theoretiker schufen Innenräume und Ausstattungen, die Arbeiterfrauen inspirieren, erheben und verändern sollten.

Notwendigerweise berieten sich diese Männer mit Frauen, die traditionell weibliche Arbeiten als Mütter, Hausfrauen, Köchinnen, Wäscherinnen usw. erfüllten. Aber auch in Absprache mit Frauen behielten männliche Designer starre geschlechtliche Trennlinien bei, die die Beiträge von Frauen abwerteten, wie an einem Aphorismus des deutschen Architekten Bruno Taut zu sehen ist, der gleichzeitig an ähnlichen Projekten in Berlin und anderswo arbeitete: „Der Architekt denkt, die Hausfrau lenkt."[12] Frauen mochten ihr Leben und ihre Energie auf die Küche verwenden, aber es scheint, dass nur der männliche Designer über den theoretischen und intellektuellen Scharfsinn verfügen könnte, der erforderlich

8 Vgl. Anonym, „BEST", in: *Der Abend*, 21. Januar 1931, S. 12.

9 Anonym, „Wie sollen wir unsere Wohnung einrichten?", in: *Der Abend*, 12. Dezember 1930, S. 4.

10 Vgl. Anonym, „Die Beratungsstelle für Inneneinrichtung und Wohnungshygiene", in: *Die Österreicherin* 4 (1931), Nr. 1, S. 14.

11 Vgl. Iris Meder, *Offene Welten. Die Wiener Schule im Einfamilienhausbau 1910–1938*, [Dissertation, Universität Stuttgart] 2004, S. 671.

12 Bruno Taut, *Die neue Wohnung. Die Frau als Schöpferin*, Leipzig 1926, S. 10.

ist, um die Räume zu revolutionieren, in denen Frauen versiert ihre tägliche Arbeit erledigten.

Während viele der österreichischen Star-Architekten und Designer sicherlich die Innenräume von Wiens städtischen Wohnbauprojekten prägten, war die reformerische Mission der *Heimgestaltung* im Karl-Marx-Hof und in der „BEST"-Beratungsstelle nicht vollständig von Männern dominiert. Die „BEST" war auch der Ort einer notwendigen Überschneidung zwischen österreichischen Architekten und Österreichs Frauenbewegungen, zwischen führenden Stimmen der Moderne und des Feminismus. Die meisten der an der „BEST" beteiligten Frauen waren weder Architekt:innen noch Designer:innen wie Margarete Schütte-Lihotzky und Liane Zimbler, sondern Expert:innen und Aktivist:innen im Bereich *Heimgestaltung* und Innenarchitektur. Eine der einflussreichsten Frauen, die mit dem „BEST"-Programm in Verbindung stand, war das ÖVW-Gründungsmitglied Gisela Urban. Als Vizepräsidentin des *Bunds österreichischer Frauenvereine* (BöFV)[13] fungierte Urban als Dreh- und Angelpunkt zwischen Österreichs Frauenbewegungen und vielen anderen Speerspitzen der Kultur der damaligen Zeit, darunter die sozialdemokratische Stadtregierung, Wohnungsreformbewegungen, Fürsprecher:innen der Haushaltstechnik und Organisation, die Kunst, Mode, Kultur, Bildung und wirtschaftliche Entwicklung unterstützten.[14] Von Beginn der Planung der „BEST"-Ausstellung an schloss sich Urban männlichen Architekten und Designern in der Prüfungskommission an, die für die Grundrisse und die Planung der Ausstellungen der Organisation verantwortlich war.[15] Sie war auch Jurorin im Expert:innengremium, das einen Wettbewerb für die Gestaltung von Mö-

13 Vgl. Anonym, „Gründung einer Beratungsstelle für Inneneinrichtung und Wohnhygiene", in: *Die Österreicherin* 3 (1930), Nr. 7, S. 8.

14 Vgl. die folgenden Artikel von oder über Gisela Urban: Dies., „Österreichische Gesellschaft für Technik im Haushalt", in: *Neue Freie Presse*, 8. Juli 1926, S. 6; Anonym, „Frauen in modernen Industrien" in: *Neues Wiener Journal*, 5. September 1926, S. 15; Anonym, „Österreichs erste Universitätsprofessorin", in: *Neues Wiener Journal*, 8. April 1933, S. 5.

15 Vgl. Anonym, „Gründung einer Beratungsstelle für Inneneinrichtung und Wohnhygiene", in: *Die Österreicherin* 3 (1930), Nr. 7, S. 8.

beln und Innenräumen für eine „Volkswohnung" betreute.[16] Urban war nach ihrer eigenen Zusammenarbeit mit der Architektin und Ingenieurin Lilia Polack-Sofer, die für die Hygieneausstellung 1925 im Wiener Messepalast eine Musterwohnung geschaffen hatte, mit der Ausstellung von Musterinnenräumen bestens vertraut.[17] Urban und der BöFV förderten auch die Schaffung einer Musterwohnung und einer Ausstellungsreihe mit dem Titel „Der moderne Haushalt" am selben Ort im Jahr 1927.[18] Laut der Wiener Zeitschrift *Die moderne Frau* hat die Ausstellung der Organisation „es in ihren vorbildlichen Wohnungs- und Zimmereinrichtungen [...] vermocht, ein Bild der Wohnkulturbestrebungen der Zeit in sich zu vereinen."[19] Urbans langjährige Erfahrung mit den praktischen Fragen der „Wohnkultur" versetzte sie in eine einzigartige Position, die Zukunft der *Heimgestaltung* zu beeinflussen.

Ein konkretes Thema verband Urbans Positionen in Frauenorganisationen, in der ÖVW und in der „BEST"-Beratungsstelle: Für Urban war durchdachte und effiziente *Heimgestaltung* keine altmodische weibliche Tugend, sondern eine legitime und exakte Wissenschaft, die die beste Arbeit internationaler Soziolog:innen, Arbeitswissenschaftler:innen und Designer:innen verlangte.[20] Der BöFV bemühte sich unter Urbans Führung um Bildung und Integration von Frauen – auch von Arbeiterklassefrauen – in den

16 Vgl. Anonym, „Die Beratungsstelle für Inneneinrichtung und Wohnungshygiene", in: *Die Österreicherin* 4 (1931), Nr. 1, S. 14.

17 Vgl. *„Da ist eine Frau unter den Teilnehmern!". Zur Rolle der Frauen im Wiener Wohnbau*, [Dossier der Stadt Wien – Wiener Wohnen], ohne Jahr, https://www.wienerwohnen.at/dms/workspace/SpacesStore/b91ba9d7-639c-450e-92dd-0aefod753f75/9DossierFrauenZeitfenster.pdf (07.11.2023).

18 Vgl. Gisela Urban, „Die Wienerin. Was die Frauen in der Ausstellung ‚Wien und die Wiener' zur Schau stellen werden", in: *Neues Wiener Journal*, 21. April 1927, S. 6; Vgl. Anonym, „Führungen in die Ausstellung ‚Wien und die Wiener'", in: *Die Hausfrau* 7 (1927), Nr. 7, S. 3.

19 Anonym, „Wien und die Wiener" in: *Die Moderne Frau* 2 (1927), Nr. 11, S. 7.

20 Vgl. Gisela Urban, „Heimgestaltung. Zum Suchen nach einer neuen Lösung eines uralten Problems", in: *Neues Wiener Journal*, 22. Juli 1926, S. 6–7.

Prozess der *Heimgestaltung*. In einem Artikel in *Die Österreicherin* lobte der Architekt Otto R. Hellwig Urbans Führung des BöFV bei ihren Bemühungen, die Haushaltsführung zu rationalisieren:

> Wollen die Frauen nicht nur bei Gestaltung ihres Heims beratend und fördernd mitarbeiten, sondern auch auf die *öffentliche Wohnungsbautätigkeit* Einfluss gewinnen [...] dann müssen sie um so mehr darauf dringen, daß ein gewisses Mindestmaß von wohntechnischem Wissen Allgemeingut wird.[21]

Mit anderen Worten: Die Einrichtung eines Haushalts wurde als fortgeschrittene Fähigkeit angesehen, die von den klügsten und fähigsten Frauen gemeistert wurde. Urban und ihre Organisation waren unmissverständlich in ihren Forderungen nach der Einbeziehung von Frauen in den Prozess der Wohnungsreform und nach der Art von Beratung, die solche Frauen benötigen würden, um daran teilzunehmen:

> Schon seit Jahren fordern die Frauenorganisationen die Zuziehung sachverständiger Hausfrauen zur Beratung beim Haus- und Wohnungsbau [...] und wenn auch da und dort ein kleiner Erfolg erzielt wurde und wenn auch einige Behörden bereits die Wichtigkeit der Hausfrauenberatung anerkennen, im großen und ganzen ist diese Frauenforderung noch wenig berücksichtigt worden.[22]

Obwohl im viel größeren Bereich der österreichischen Architektur und des österreichischen Designs marginalisiert, so argumentiert Hellwig, wäre die Schaffung von Wohnräumen ohne den Beitrag von „sachverständigen Hausfrauen“ unvollständig geblieben – nicht aus Gründen der Gleichberechtigung der Geschlechter, sondern aus Gründen der technischen Kompetenz. In enger An-

21 Otto R. Hellwig, „Die Neue Wohnung“, in: *Die Österreicherin* 3 (1930), Nr. 2, S. 4, [Hervorhebung im Original].

22 Gisela Urban, „Hausfrauen beraten einen öffentlichen Wohnungsbau“, in: *Mitteilungen der Österr. Gesellschaft für Technik im Haushalt* 4 (1930), Nr. 9, S. 6.

lehnung an die Ideen internationaler Expert:innen für Raumaufteilung und Rationalisierung wie derjenigen der amerikanischen Hauswirtschaftlerin Christine Fredricks und der deutschen Expertin für Bewegungsstudien Irene Witte versuchten Urban und der BöFV, österreichische Frauen in die sich entwickelnde Disziplin der wissenschaftlichen Heimgestaltung einzubeziehen.[23]

Um Frauen bei diesem Übergang in das moderne Leben zu helfen, stellte Urban ihrem weiblichen Publikum zahlreiche Ressourcen zur Verfügung. In der BöFV-Publikation *Die Österreicherin* rezensierte Urban eine umfassende Familienstudie der deutschen Soziologin Alice Salomon. In ihrer Besprechung verbindet Urban das Überleben der Familie direkt mit deren Fähigkeit, sich an die Moderne anzupassen: „Diese Wandlung bereitet nicht etwa einer Auflösung des Familienlebens die Bahn, sondern nur einer Veränderung, einer Neugestaltung ihrer Funktionen in Anpassung an das veränderte, moderne Leben."[24] Der Übergang zur Moderne erforderte eine praktische, umfassende Ausbildung, die Urban gerne bis ins kleinste Detail vermittelte. Mehr als ein Jahrzehnt lang war sie Herausgeberin des *Tagebuchs der Hausfrau*, das vom *Wiener Consum-Verein* veröffentlicht wurde.[25] Urban war auch regelmäßige Beiträgerin der Kolumne von *Die Österreicherin* mit dem Titel „Der neue Haushalt".[26]

Urban half Frauen, ihre Existenz weiter zu modernisieren und sich über ihre üblichen häuslichen Rollen zu erheben, indem sie ein besonderes Projekt ins Leben rief, um erfahrene Hausfrauen mit den hellsten Sternen am modernen Architekturhimmel Wiens zu verbinden. Um den Internationalen Frauenkongress 1930 zu finanzieren, organisierten Urban und der BöFV eine Benefizveran-

23 Vgl. Gisela Urban, „Der neue Haushalt", in: *Die Frau und ihre Interessen* 1 (1927), Nr. 4, S. 6–7.

24 Gisela Urban, „Das Familienleben in der Gegenwart", in: *Die Österreicherin* 3 (1930), Nr. 7, S. 4–5, hier: S. 4.

25 Vgl. Th. Venus, „Urban, Gisela (geb. Stern) (1871–1943)", in: *Österreichisches Biographisches Lexikon* [ÖBL] 1815–1950, Bd. 15 (Lfg. 67, 2016), S. 125–126.

26 Vgl. Gisela Urban, „Geschmack und Mode", in: *Die Österreicherin* 5 (1932), Nr. 3, [Beilage: „Der neue Haushalt"], S. 6.

staltung mit dem Titel „Modernes Wohnen": eine Reihe von Führungen, die von Star-Architekt:innen und Inneneinrichter:innen wie Adolf Loos, Josef Frank, Ernst Lichtblau, Liane Zimbler und anderen geleitet wurden.[27] Sie führten Frauengruppen durch die „mustergültige[n] Wohnungen", oft Privatwohnungen, in denen sie die zukunftsweisenden Architektur- und Designprojekte realisiert hatten. Durch das Zusammenbringen von „neuzeitlich denkende[n] Hausfrauen" mit bedeutenden Architekt:innen wollte der BöFV zeigen, dass „[…] einwandfreie Lösungen nur durch technisches Können und künstlerische Zucht denkbar sind."[28] Anzeigen für die „Modernes Wohnen"-Tour erschienen wiederholt in Ausgaben von *Die Österreicherin*, an denen nicht nur sozialdemokratische Architekt:innen, sondern auch andere Architekt:innen und Innenarchitekt:innen aus vielen hochkarätigen Bauprojekten rund um die Stadt Wien beteiligt waren.[29]

Obwohl Urban aktiv versuchte, Frauen aus der Arbeiterklasse in die aufkommende Wissenschaft der Heimgestaltung einzubeziehen, offenbaren ihre eigenen Schriften in etwa die gleiche Art von bürgerlicher Bevormundung, die in den Texten der männlichen Wiener Architekten, Designer und Befürworter des modernen Wohnbaus zu finden war. In einem Beitrag über die Mission der „BEST" beschwert sich Marianne Pollak darüber, dass Möbelfirmen eine Gebühr für die Nutzung der Ausstellungsfläche gezahlt haben, was sie als Untergrabung und Kommerzialisierung der „Erziehungsaufgabe"[30] der „BEST" ansieht. Dieser Bildungsauftrag,

27 Vgl. Anonym, „Voranzeige. Modernes Wohnen", in: *Die Österreicherin* 3 (1930), Nr. 1, S. 2.

28 Otto R. Hellwig, „Die Neue Wohnung", in: *Die Österreicherin* 3 (1930), Nr. 2, S. 4.

29 So z.B. erscheinen Siegfried Theiss und Hans Jaksch, die Architekten des „Hochhaus Herrengasse"-Projekts, das aus bürgerlichen Quellen finanziert wurde, in der „Modernes Wohnen"-Tour, angekündigt in Gisela Urban, „Modernes Wohnen", in: *Die Österreicherin* 6 (1933), Nr. 5, S. 3.

30 Marianne Pollak, „Wer ist die ‚BEST'?", in: *Arbeiter-Zeitung*, 15. Dezember 1930, S. 3.

wie ihn ein anderer Artikel aus *Die Österreicherin* beschreibt, bildete das Herzstück des „BEST"-Projekts:

> Wenn auch seit Jahr und Tag die Gedanken zur Erneuerung der Wohnkultur, zur Anpassung des Wohnens [...] an den Fortschritt unserer Zeit gepredigt, wenn gegen alles Verlogene, Kitschige, Minderbrauchbare und insbesondere dagegen Sturm gelaufen wird, daß die Hausfrauen ihre Zeit und Kraft [...] in einem unrationellen Wirtschaftsbetrieb verschwenden, die breiten Schichten des Volkes sind noch nicht zu dem auf Wahrheit, Klarheit und Sachlichkeit beruhenden Schönheitsbegriff bekehrt worden. Deshalb ist es zu begrüßen, dass eine autoritative Stelle ins Leben gerufen wurde, die [...] durch eine Art Anschauungsunterricht für die Verbreitung und Festigung der neuen Wohnideen wirken wird.[31]

Die (mutmaßliche) Autorin argumentiert – unter der Herausgeberin Gisela Urban – ähnlich wie Josef Frank, dass ganze sozioökonomische Bevölkerungsgruppen noch nicht zur „Wahrheit" „bekehrt" worden seien: einem modernistischen Evangelium von schmucklosen und praktischen Haushalten. Aber indem sie ihren Fokus vom Kampf gegen archaische Ziermöbel auf den wichtigeren Kampf gegen den „unrationellen Wirtschaftsbetrieb" verlagert, verbindet Urban die „BEST" mit der lebendigen Bewegung, um die Hausarbeit von Frauen in eine angesehene, wissenschaftliche und politisch anerkannte Nebenbeschäftigung zu verwandeln. Die Verbindung von Küchendesign, Innenarchitektur und Architektur zeigt die Grenzen eines männlich dominierten Konzepts der Moderne und zugleich die Notwendigkeit auf, den Wurzeln der Moderne über die Grenzen jener Werke, Namen und Ideen hinaus zu folgen, die in den modernistischen Kanon aufgenommen wurden.[32] Obwohl Gisela Urban und die vielen anderen Schöpfer:innen

31 Anonym, „Gründung einer Beratungsstelle für Inneneinrichtung und Wohnhygiene", in: *Die Österreicherin* 3 (1930), Nr. 7, S. 8.

32 Für das Beispiel einer Forschung, die versucht, die Geschichtsschreibung der Moderne über ihren selbstmythologisierenden patriarchalischen Fokus hinaus zu erweitern, vgl. Nicola Behrmann, *Geburt der Avantgarde – Emmy Hennings*, Göttingen 2018.

der „BEST“ die paternalistische Zivilisierungsmission von Adolf Loos in ihrer Annäherung an die Arbeiterklasse fortsetzten, gelang es ihnen doch, die Aufmerksamkeit der größten Architekt:innen Wiens auf die unterschiedlichen Kenntnisse und Fähigkeiten von Frauen zu lenken.

Bibliografie

Anonym, „BEST“, in: Der Abend, 21. Januar 1931, S. 12.

Anonym, „Wie sollen wir unsere Wohnung einrichten?“, in: Der Abend, 12. Dezember 1930, S. 4.

Anonym, „Eine Wohnberatungsstelle im Karl-Marx-Hof“, in: Arbeiter-Zeitung, 11. Dezember 1930, S. 7.

Anonym, „Führungen in die Ausstellung ‚Wien und die Wiener‘“, in: Die Hausfrau 7 (1927), Nr. 7, S. 3.

Anonym, „Wien und die Wiener“, in: Die Moderne Frau 2 (1927), Nr. 11, S. 7.

Anonym, „Frauen in modernen Industrien“ in: Neues Wiener Journal, 5. September 1926, S. 15.

Anonym, „Österreichs erste Universitätsprofessorin“, in: Neues Wiener Journal, 8. April 1933, S. 5.

Anonym, „Die Beratungsstelle für Inneneinrichtung und Wohnungshygiene“, in: Die Österreicherin 4 (1931), Nr. 1, S. 14.

Anonym, „Gründung einer Beratungsstelle für Inneneinrichtung und Wohnhygiene“, in: Die Österreicherin 3 (1930), Nr. 7, S. 8.

Anonym, „Verlegung der BEST“, in: Die Österreicherin 5 (1932), Nr. 10. S. 8.

Anonym, „Voranzeige. Modernes Wohnen“, in: Die Österreicherin 3 (1930), Nr. 1, S. 2.

Nicola Behrmann, Geburt der Avantgarde – Emmy Hennings, Göttingen 2018.

„Da ist eine Frau unter den Teilnehmern!“. Zur Rolle der Frauen im Wiener Wohnbau, [Dossier der Stadt Wien – Wiener Wohnen], ohne Jahr, https://www.wienerwohnen.at/dms/workspace/SpacesStore/b91ba9d7-639c-450e-92dd-0aef0d753f75/9DossierFrauenZeitfenster.pdf (07.11.2023).

Ermers, „Beim Offiziellen Wohnberater. Zur Neueröffnung der ‚BEST‘“, in: Der Wiener Tag, 17. März 1932, S. 5.

Josef Frank, „Der Gschnas fürs G’müt und der Gschnas als Problem“, in: Rob McFarland/Georg Spitaler/Ingo Zechner (Hg.), Das Rote Wien. Schlüsseltexte der Zweiten Wiener Moderne 1919–1934, Berlin/Boston 2020, S. 552–555.

Otto R. Hellwig, „Die Neue Wohnung“, in: Die Österreicherin 3 (1930), Nr. 2, S. 4.

Rita Holfeld, „Die ‚Best' im Karl-Marx-Hof. Wie richte ich meine Wohnung einfach und schön ein?", in: Das Kleine Blatt, 27. Dezember 1930, S. 12.
Adolf Loos, „Weihnachtsausstellung im Österreichischem Museum", in: Adolf Loos, Wie man eine Wohnung einrichten soll. Kategorisches über scheinbar Unverrückbares, Wien 2008, S. 43–54.
Iris Meder, Offene Welten. Die Wiener Schule im Einfamilienhausbau 1910–1938, [Dissertation, Universität Stuttgart] 2004.
Marianne Pollak, „Wer ist die ‚BEST'?", in: Arbeiter-Zeitung, 15. Dezember 1930, S. 3.
Bruno Taut, Die neue Wohnung. Die Frau als Schöpferin, Leipzig 1926.
Gisela Urban, „Der neue Haushalt", in: Die Frau und ihre Interessen 1 (1927), Nr. 4, S. 6–7.
Gisela Urban, „Die Wienerin. Was die Frauen in der Ausstellung ‚Wien und die Wiener' zur Schau stellen werden", in: Neues Wiener Journal, 21. April 1927, S. 6.
Gisela Urban, „Das Familienleben in der Gegenwart", in: Die Österreicherin 3 (1930), Nr. 7, S. 4–5.
Gisela Urban, „Geschmack und Mode" in: Die Österreicherin 5 (1932), Nr. 3, [Beilage: „Der neue Haushalt"], S. 6.
Gisela Urban, „Hausfrauen beraten einen öffentlichen Wohnungsbau", in: Mitteilungen der Österr. Gesellschaft für Technik im Haushalt 4 (1930), Nr. 9, S. 6.
Gisela Urban, „Heimgestaltung: Zum Suchen nach einer neuen Lösung eines uralten Problems", in: Neues Wiener Journal, 22. Juli 1926, S. 6–7.
Gisela Urban, „Modernes Wohnen", in: Die Österreicherin 6 (1933), Nr. 5, S. 3.
Gisela Urban, „Österreichische Gesellschaft für Technik im Haushalt", in: Neue Freie Presse, 8. Juli 1926, S. 6.
Th. Venus, „Urban, Gisela (geb. Stern) (1871–1943)", in: Österreichisches Biographisches Lexikon [ÖBL] 1815–1950, Bd. 15 (Lfg. 67, 2016), S. 125–126.

Teil III
LEBENSWELTEN

Frauen

Abb. 16: Die Stadt der kurzen Wege: Kindergarten und Wäscherei im Karl-Marx-Hof, fotografiert von Martin Gerlach Jr. (1930). Quelle: WStLA/Foto Gerlach.

Abb. 17: Der Große Waschsaal in der Zentralwäscherei, fotografiert von Martin Gerlach Jr. (1930). Quelle: WStLA/Foto Gerlach.

Vier historische Bilder des Karl-Marx-Hofs, zwei zeigen Gemeinschaftseinrichtungen, die anderen beiden Privaträume: Das erste ist eine Fotografie, die uns durch einen Bogen in einen der Höfe blicken lässt, links vorne ist ein Teil des südlichen Kindergartens zu sehen, gleich gegenüber, in der rechten Bildhälfte, angeschnitten die zweite Wäscherei. Das zweite Foto führt ins Innere der Anlage und präsentiert den großen Saal der Wäscherei. Die beiden Farbzeichnungen – Wohnküche und Schlafzimmer – erlauben den Blick in eine Wohnung (vgl. Abb. 18 und 19). Während die Fotografien in der von der Gemeinde produzierten Broschüre zur Baudokumentation des Karl-Marx-Hofs abgedruckt sind[1] und damit offizielle Bilder darstellen, die die Leistungen des Roten Wien bewerben, handelt es sich bei den Zeichnungen um private Dokumente. Angefertigt hat sie der Architekt und Verfasser von Wohnungsratgebern Fritz Czuczka, der mit seiner Familie seit etwa 1930 bis zum Hinauswurf durch die Nationalsozialist:innen 1938 im Karl-Marx-Hof lebte.[2] Gemeinsam ist den vier Bildern, dass sie Räume des Karl-Marx-Hofs zeigen. Von ihnen ausgehend setzt sich dieser Beitrag mit Geschlechterverhältnissen und den Rollen und Aufgaben, die im Roten Wien Frauen zugedacht wurden, auseinander: Welche Konzepte von „neuen Menschen", „neuen Frauen", von der zu errichtenden gerechten Gesellschaft wurden mit Wohnung, Waschküche und Kindergarten verknüpft, und inwiefern wurden sie zu „gendered spaces", d.h. zu geschlechtlich codierten Räumen? Wie diskutierten die sozialdemokratischen Reformer:innen mit Bezugnahme auf diese Räume die Mehrfachbelastung und die Aufteilung von Care- und Reproduktionsarbeit? Welche konkreten Maßnahmen wurden gesetzt, und welche Vorstellungen von Geschlechterrollen zeigen sich darin?

1 Vgl. [Stadtverwaltung Wien], *Der Karl Marx-Hof. Die Wohnhausanlage der Gemeinde Wien auf der Hagenwiese in Heiligenstadt*, Wien 1930, S. 18–19.

2 Die Familie flüchtete 1939 in die USA. Vgl. George Czuczka/Philipp Rohrbach, „Wien ist eine Stadt, die einem unter die Haut geht, da will man nicht weg", in: Werner Michael Schwarz/Georg Spitaler/Elke Wikidal (Hg.), *Das Rote Wien 1919–1934. Ideen, Debatten, Praxis*, Basel 2019, S. 406–411.

Abb. 18: Die Wohnküche der Familie Czuczka, gezeichnet von Fritz Czuczka.

Abb. 19: Der Schlafraum der Familie Czuczka, gezeichnet von Fritz Czuczka.

Kindergarten und Wäscherei (vgl. Abb. 16) sowie die zahlreichen weiteren Kollektiveinrichtungen der Gemeindebauten – Badeanlagen, Bibliotheken, Geschäfte, Wohn- und Mutterberatungsstellen – erweiterten den privaten Raum und verlängerten ihn in die Stadt bzw. in den halböffentlichen Raum des gesamten Gemeindebaus [→ Klinner: *Enklave*]. Die bereits damals kritisierte geringe Größe der Wohnungen ist nicht nur mit dem wirtschaftlichen Mangel und der Notwendigkeit, schnell möglichst viel billigen Wohnraum zu schaffen, zu erklären, sondern auch mit der Überzeugung, dass die einzelne Wohnung nicht der ganze Lebensbereich sei, sondern die Bibliotheken, Kindergärten usw. einen Teil davon ausmachten.[3]

Die Frage „Wie wohnen?" hängt eng mit Vorstellungen von Gesellschaft, von Geschlechterverhältnissen und -rollen zusammen. Sie war im Roten Wien zentral und Kernthema der sozialdemokratischen Reformer:innen: Die (Neu-)Gestaltung von Lebens-, Arbeits- und Wohnräumen sollte egalitäre(re) Formen des Zusammenlebens schaffen und die gesellschaftliche Erneuerung ermöglichen. Bereits für die Frauenbewegung im ausgehenden 19. Jahrhundert war die Wohnungsfrage – und damit zusammenhängend die Organisation von Hausarbeit – neben der Gleichberechtigung in Politik und Bildung sowie Berufsmöglichkeiten das zentrale Thema gewesen.[4] Die Sozialdemokratinnen knüpften an

3 Vgl. Eve Blau/Gabu Heindl/Monika Platzer, „Architektur und Politik lernen vom Roten Wien", in: Werner Michael Schwarz/Georg Spitaler/Elke Wikidal (Hg.), *Das Rote Wien 1919–1934. Ideen, Debatten, Praxis*, Basel 2019, S. 146–153, hier: S. 151. Debatten um das Verhältnis von Individuum und Gemeinschaft, Familie und Gesellschaft hängen damit zusammen. Mit Fokus auf Erziehung z.B. Sofie Lazarsfeld, „Familien- oder Gemeinschaftserziehung", in: Erewin Wexberg (Hg.), *Handbuch der Individualpsychologie* Bd. 1, München 1926, S. 323–335.

4 Mit Schwerpunkt Deutschland, vgl. Ulla Terlinden/Susanne van Oertzen, *Die Wohnungsfrage ist Frauensache! Frauenbewegung und Wohnreform 1870 bis 1933*, Berlin 2006. Zeitgenössische Texte von Aktivistinnen der österreichischen Frauenbewegung vor 1918 sind z.B. Therese Schlesinger, „Eine Aufgabe der Arbeiter-Baugenossenschaften", in: *Der Kampf* 6 (1912), Nr. 3, S. 131–135; und „Krieg und Einzelhaushalt", in: *Der Kampf*

diese Debatten und Überlegungen an. Den Frauen zugeschriebene Aufgaben sollten an öffentliche Einrichtungen ausgelagert, das Angebot an Kindergärten und -horts, Fürsorge- und Freizeiteinrichtungen ausgebaut werden.[5]

Waschküche und Kindergarten auf dem ersten Foto funktionierten demnach als „gendered spaces". Wie die nach Kriterien der Effizienz geplanten Küchen sollten sie die Mehrfachbelastung der berufstätigen Arbeiterinnen (Lohn-, Haus- und Reproduktionsarbeit) verringern. Ihre bauliche Anordnung im Karl-Marx-Hof entspricht der von und in der Stadtplanung etwa seit den 1980ern geforderten „Stadt der kurzen Wege", die es u.a. Frauen erleichtern soll, Beruf und Leben zu vereinbaren und ihren Tagesablauf zu organisieren.[6] Die Notwendigkeit einer alltags- und frauengerechten Planung, d.h. der schnellen Erreichbarkeit und räumlichen Nähe wichtiger Orte, thematisierte bereits die empirische Studie *So leben wir* (1932) der kritischen Sozialistin, Sozialwissenschaftlerin und Leiterin der Frauenabteilung der Arbeiterkammer Käthe Leichter. Sie beruht auf 1320 ausgewerteten Fragebögen und qualitativen Interviews und erhebt die Arbeitsverhältnisse, Lebensgestaltung, Ängste und Wünsche von Wiener Industriearbeiterinnen: Obschon die Beaufsichtigung der Kinder für die Arbeiterinnen ein Problem darstellte und viele der Befragten Kollektiveinrichtungen wie jene im Karl-Marx-Hof stark befürworteten, bemerkte Leichter eine geringe Inanspruchnahme des Angebots an Kindergärten und Horten. Nicht nur pragmatische Gründe und Vorurteile, auch tatsächliche Schwierigkeiten seien die Ursache dafür. Als wesentlichste nannten die befragten Frauen eine fehlende Abstimmung der Kindergarten- und Hort-Öffnungszeiten auf ihre Arbeitszeiten sowie deren zu große Entfernung von Wohn- bzw. Arbeits-

8 (1915), Nr. 11/12, S. 403–411; sowie vom späteren Mitglied der Vaterländischen Front Gisela Urban, „Zur Wohnungsfrage der berufstätigen alleinstehenden Frau", in: *Die Österreicherin* 1 (1928), Nr. 8, S. 4–5.

5 Vgl. z.B. Robert Danneberg, *Das neue Wien*, Wien 1930, insbesondere S. 39–69.

6 Vgl. Christiane Droste/Carina Diesenreiter/Sabina Riss, *Frauen-Wohnbauprojekte in Wien in der Perspektive der Nutzerinnen und Nutzer*, Wien 2019.

ort.[7] Denn obwohl die Kinder teils von älteren Geschwistern oder anderen Verwandten in den Kindergarten gebracht wurden, fiel diese Aufgabe mehrheitlich den (lohn-)arbeitenden Müttern zu.

Dies vermittelt *So leben wir* ebenso wie der von den sozialdemokratischen Gewerkschafterinnen Anna Boschek und Wilhelmine Moik mit Unterstützung Leichters produzierte, semidokumentarische Film *Frauenleben – Frauenlos* (A 1931/32),[8] der den gehetzten Tagesablauf einer Arbeiterin zwischen Fabrik, Familie, Haushalt und politischem Engagement darstellt. Im Dreischritt aufgebaut (Care-Arbeit, Lohnarbeit, Kampf um Frauen- und Arbeiterinnenrechte) übersetzt er Leichters Studie in filmische Bilder und gilt als eines der wichtigsten Filmdokumente zur Frauenarbeit im Europa der 1930er Jahre.[9] In den letzten Jahren des Roten Wien entstanden, übt der Film starke Kritik an den geschlechterspezifischen Auswirkungen der konservativ-autoritären Krisenpolitik der Bundesregierung Dollfuß. Zugleich verweist er darauf, dass bei weitem nicht alle Arbeiterinnen das Wohnbauprogramm der Gemeinde Wien in Anspruch nehmen konnten – die Mehrheit lebte nach wie vor in engen, dunklen Bassenawohnungen, was bei Leichter ebenfalls ersichtlich wird.

Zentralwäscherei

Das Foto des *großen Waschsaals der Zentralwäscherei* (vgl. Abb. 17) zeigt einen hellen Raum: Glasfliesen an Decke und Türen im Hintergrund lassen Licht herein, die Wände und halbhohen gekachelten Zwischenwände sind weiß. Der Raum wirkt modern, vermittelt Sauberkeit und Funktionalität, entspricht also den architektonischen und programmatischen Vorgaben. Auf der linken und rechten Seite sind einige der in der Broschüre zum Karl-Marx-Hof

7 Vgl. Käthe Leichter, *So leben wir … 1320 Industriearbeiterinnen berichten über ihr Leben*, Wien 1932, S. 94–98. Die Erhebung ist eine grundlegende frühe soziologische Arbeit sowie ein Beispiel für Leichters Frauennetzwerk.

8 *Frauenleben – Frauenlos*, Österreich, 1931/1932, Regie: Anna Boschek/Wilhelmine Moik, 33 min.

9 Vgl. Elisabeth Büttner/Christian Dewald, „Proletarisches Kino in Österreich", in: *Filmhimmel* 29 (2006), S. 10.

gepriesenen modernen Maschinen zu entdecken, beispielsweise die Zentrifugen zum Schleudern der Wäsche. Waschtröge und weitere Geräte befanden sich hinter den Zwischenwänden sowie in einem separaten Raum. Die Wäscherei war elektrisch beheizt, technologisch modern ausgestattet und ermöglichte eine Teilmechanisierung und Rationalisierung des Waschvorgangs. Dieser wurde in einzelne, räumlich voneinander getrennte Arbeitsschritte unterteilt, die den Frauen die kraftraubende Tätigkeit des Waschens erleichtern und sie entlasten sollten. Doch da pro Wohnung monatlich nur ein Tag, der im Vorhinein fixiert war und an dem die ganze Wäsche gereinigt werden musste, zur Verfügung stand und ein flexibles Ausverhandeln der Nutzung der Räume nicht vorgesehen war, empfanden viele trotz der arbeitserleichternden Maschinen den auf diese Weise vorstrukturierten und zeitlich knapp organisierten Waschtag auch als Belastung.[10] Übrigens verlegten viele Frauen ihn auf den Samstagnachmittag – das Wochenende bedeutete für die Mehrheit von ihnen nicht Freizeit, sondern Hausarbeit.[11]

Im Bild sind mehrere Frauen zu sehen, die für den Fotografen Martin Gerlach Jr. posieren. Sie blicken frontal in die Kamera, einige scheinen an den am rechten und linken Bildrand aufgereihten Maschinen zu hantieren. Der Kamerablick fokussiert drei Frauen am rechten mittleren Rand, besonders die beiden an der dritten Zentrifuge ziehen die Aufmerksamkeit der Betrachter:innen auf sich: Sie sind jung, eine lehnt lässig an der Maschine, die zweite ist modisch gekleidet, trägt gerollte Söckchen und Bubikopf. Nicht nur aufgrund ihres Stils, auch ihr direkter Blick und ihre Körperhaltung erinnern an das Bild der „neuen Frau". Der (sozialdemokratischen) Idealvorstellung zufolge war diese offen, selbstbestimmt, hygienebewusst und sportlich. Ihre Erscheinung charakterisierten Jugendlichkeit, eine schlanke Figur, Bubikopf und bewegungsfreundliche Kleidung. Zugleich wurde sie mehr-

10 Vgl. Reinhard Sieder, „Housing Policy, Social Welfare, and Family Life in ‚Red Vienna', 1919-34" in: *Oral History* 13 (1985), Nr. 2, S. 35–48, hier: S. 39–40. Nur 3,3 % der Befragten stand eine Waschküche zur Verfügung, vgl. Käthe Leichter, *So leben wir … 1320 Industriearbeiterinnen berichten über ihr Leben*, Wien 1932, S. 82, S. 86.

11 Vgl. ebd., S. 109–110.

heitlich als Mutter einer Kleinfamilie imaginiert, die ihrem Partner eine Kameradin und ihren Kindern eine Freundin sein sollte[12] – und damit die idealtypische Bewohnerin einer Gemeindewohnung verkörperte.

Nicht im Bild zu finden sind Männer. Realiter waren diese in den Wäschereien der Gemeindebauten ebenso weitgehend abwesend, denn außer den Waschmeistern hatten Männer hier keinen Zugang. Das Wäschewaschen wurde so ausschließlich zu einer von Frauen zu verrichtenden Tätigkeit und die Mitarbeit von Männern von vornherein ausgeschlossen. In den Zinshäusern dagegen waren die Grenzen weniger rigide gezogen, dort konnten Männer oder ältere Söhne zumindest theoretisch mithelfen, indem sie z.B. die schweren Wäschekörbe trugen.[13] Darüber hinaus wurden die Frauen mit der Person des Waschmeisters, der die Abläufe beaufsichtigte und für regelkonformes Verhalten sorgte, einem männlichen Disziplinarregime unterworfen. Dies verwehrte ihnen nicht nur die Möglichkeit zur Selbstorganisation, sondern versteckte darüber hinaus einen relevanten Teil der Hausarbeit, statt sie, wie von Leichter u.a. gefordert, sichtbar zu machen. Die Zentralwäscherei stellte damit (fast) ausschließlich einen weiblich besetzten Raum dar, wodurch sich traditionelle Geschlechterrollen verstärkten.

Wohnküche

Die *Zeichnungen der Wohnküche und des Schlafzimmers* (vgl. Abb. 18 und 19) fertigte Fritz Czuczka im New Yorker Exil aus der Erinnerung für seinen Sohn George an. Die Betrachter:in-

12 Vgl. Marie-Noëlle Yazdanpanah/Veronika Duma, „Die neue Frau und Frauenrechte“, in: Rob McFarland/Georg Spitaler/Ingo Zechner (Hg.), *Das Rote Wien. Schlüsseltexte der Zweiten Wiener Moderne 1919–1934*, Berlin/Boston 2020, S. 293–315, hier: S. 294; vgl. auch Helmut Gruber, „The ‚New Woman‘. Realities and Illusions of Gender Equality in Red Vienna“, in: Helmut Gruber/Pamela M. Graves (Hg.), *Women and Socialism – Socialism and Women*, New York 1998, S. 56–94.

13 Vgl. Reinhard Sieder, „Wohnen und Haushalten im Gemeindebau. Politischer Diskurs, Repräsentation, Praxis, kulturelle Folgen“, in: Werner Michael Schwarz/Georg Spitaler/Elke Wikidal (Hg.), *Das Rote Wien 1919–1934. Ideen, Debatten, Praxis*, Basel 2019, S. 234–241, hier: S. 239.

nen könnten an der Tür bzw. bei der Wohnküche hinter dem angeschnitten zu sehenden Esstisch positioniert sein, jedenfalls befinden sie sich eher außerhalb und scheinen auf ein Modell zu schauen. Denn sie blicken – jeweils aus einer leicht schrägen Perspektive – auf einen aufgeräumten, sterilen Raum, in dem persönliche Gegenstände weitgehend fehlen. Die Möbel sind hell, modern, sachlich und entsprechen dem Wohnideal, das die im Karl-Marx-Hof angesiedelte „Beratungsstelle für Inneneinrichtung und Wohnungshygiene" und Wohnratgeber, wie sie Czuczka selbst verfasste, vermittelten.[14] Die Zeichnung der Wohnküche zeigt zusätzlich zu Tisch und Sessel im perspektivisch im Zentrum stehenden hinteren Teil des Zimmers neben Kredenz, Kästchen und Herd eine Spüle. Wie in den Zinshäusern bildete im Gemeindebau die Küche den wichtigsten Aufenthaltsort und oftmals einzigen beheizten Raum der Wohnung. Im Unterschied zu den Gangküchen der Zinshäuser aber hatten sie Fenster ins Freie, elektrisches Licht und fließendes Wasser.

Die Küche war auch jener Raum, um den die Debatten um Modernisierung, Frauenemanzipation und die Reform der Hausarbeit ausgetragen wurden: „Alle Erleichterungen der Hauswirtschaft müssen von der Küche ihren Ausgang nehmen", brachte die sozialdemokratische Politikerin und Schriftstellerin Emmy Freundlich dies auf den Punkt.[15] Ziel waren die Vereinfachung und Verkürzung des „zweite[n] Arbeitstag[s] […] Kochen, nähen, aufräumen, waschen, einkaufen, Kinder versorgen"[16] der erwerbstätigen Frauen durch Platz-, Zeit- und Raumersparnis und eine möglichst moderne, wenn auch einfache Ausstattung. Hausarbeit sollte als Arbeit anerkannt werden – eine Forderung, die die Sozialdemokratinnen mit der ersten Frauenbewegung ebenso wie mit christlich-sozialen Frauenvereinigungen teilten.[17] Sie müsse entlohnt

14 Fritz Czuczka, *Aus Alt mach' Neu. Umbau alter Möbel und Umstellen*, Leipzig 1934; *Wie richte ich meine Wohnung ein*, Wien 1936.

15 Emmy Freundlich, „Was sieht die Hausfrau in der Ausstellung Der neue Haushalt?", in: *Arbeiter-Zeitung*, 12. Mai 1925, S. 7.

16 Leichter (1932), S. 78.

17 Vgl. Marie-Noëlle Yazdanpanah, „Gleichberechtigt? Frauen als Wählerinnen und politische Akteurinnen in Wien und Niederösterreich nach

werden und Hausfrauen wurden aufgefordert, sich als Gruppe zu organisieren. Der Haushalt sollte rationalisiert, zentral verwaltet oder gemeinschaftlich besorgt werden.[18]

Neben den Wohn- wurden reine Arbeitsküchen in die Wohnanlagen eingebaut (vgl. Margarete Schütte-Lihotzkys Frankfurter Küche). Eine dritte Variante stellt das um 1900 von der Frauenbewegung entwickelte Kollektivmodell Einküchenhaus dar, in dem eine Zentralküche die Einzelküchen in den Wohnungen ersetzte und Hausarbeit ausgelagert wurde, um berufstätige Frauen zu entlasten. In Wien gab es zwei solcher Häuser: eines für alleinlebende Frauen (1911) und das Familien-Einküchenhaus (1921/22, 1926 erweitert). Sozialdemokratische Akteurinnen unterstützten das Konzept: Therese Schlesinger beispielsweise befürwortete es schon vor 1918 als Alternative zum „zwerghafte[n] Einzelhaushalt",[19] da die Frauen sich ihrer Rolle als Ehefrau und Mutter und ihren Aufgaben in Politik und Gewerkschaft widmen könnten. Emmy Freundlich schlug das Modell einer „Arbeitsgemeinschaft der Hausfrauen"[20] vor. Reformerinnen wie Käthe Leichter oder Marianne Pollak kritisierten die geschlechtsspezifische Arbeitsteilung, die Frauen Haus- und Care-Arbeit zuschrieb, und dachten Alternativen an. Doch kaum jemand stellte sie grundsätzlich infrage: Für die meisten – Männer wie Frauen – galten Haushalt und Care-Arbeit als der „‚natürliche' Beruf der Frau".[21]

der Trennung", in: Bernhard Hachleitner/Christian Mertens (Hg.), *Wien wird Bundesland*, Salzburg/Wien 2020, S. 114–127, hier: S. 122.

18 Vgl. z.B. Marianne Pollak, „Beruf und Haushalt", in: Kammer für Arbeiter und Angestellte in Wien/Käthe Leichter (Hg.), *Handbuch der Frauenarbeit in Österreich*, Wien 1930, S. 413–428; Grete Lihotzky, „Rationalisierung im Haushalt", in: *Das neue Frankfurt* 1 (1926/27), Nr. 5, S. 120–123.

19 Therese Schlesinger, „Krieg und Einzelhaushalt", in: *Der Kampf* 8 (1915), Nr. 11/12, S. 403–411. Die Frauenrechtlerin war eine der acht ersten Frauen im österreichischen Parlament 1919.

20 Emmy Freundlich, „Arbeitsgemeinschaft der Hausfrauen", in: *Arbeiter-Zeitung*, 11. April 1925, S. 9.

21 Anonym, „Ersparung", in: *Arbeiter-Zeitung*, 10. Februar 1930, S. 3.

Schlafzimmer

Die *Zeichnung des Schlafzimmers* (Abb. 19) erinnert daran, dass die Kleinfamilie nicht nur die ideale Bewohnerschaft der Gemeindebauten, sondern für viele die Idealform der neu zu schaffenden Gesellschaft verkörperte. Es konnten sich zwar Unverheiratete, Geschwister oder Alleinlebende um eine Gemeindewohnung bewerben, (verheiratete) Paare mit (Klein-)Kindern erhielten aber mehr Punkte im Wohnungsvergabesystem. Doch anders als die Einrichtung auf der Zeichnung Cuczkas es nahelegt, belegten auch in den Gemeindewohnungen häufig statt zweien mehrere Personen – z.B. Eltern und Kind(er) – die Doppelbetten, denn der Wohnraum war knapp und die Vormerklisten waren lang. So wurden die wenigen, meist in Restflächen der Wohnanlagen eingebauten Ledigenzimmer, statt Einzelpersonen oft Paaren zugesprochen.

Der Bedarf an diesen Kleinstwohnungen für Einpersonenhaushalte war weit höher, als es die 88 von insgesamt 1382 Wohnungen im Karl-Marx-Hof nahelegen; die Zahl der Ledigen, die selbständig anstatt im Familienverband leben wollten, war groß. Viele davon waren erwerbstätige Frauen, für die es sich besonders schwierig gestaltete, Wohnraum zu finden.[22] Architekt:innen reagierten darauf und entwickelten Kleinstwohnungen sowie Wohntypen mit Gemeinschaftseinrichtungen wie Boarding Houses, Kommunehäuser oder (moderne) Ledigenheime für Einzelpersonen, manche explizit für arbeitende Frauen: Oskar Haerdtl entwarf Mustereinrichtungen für Ledigenzimmer in Wiener Gemeindebauten. Die Ausstellung „Wohnung und Siedlung“ in Linz (1929) präsentierte die „Einraumwohnung für die werktätige Frau“; Margarete Schütte-Lihotzky stellte 1927 die „Wohnung für die berufstätige Frau“ vor – vier Kleinwohnungstypen mit Wohn-/Schlafraum sowie Koch- und Waschnische, multifunktionalen Möbeln und gemeinschaftlich genutzten Nebenräumen. Die Entwürfe orientierten sich am Beruf und der angenommenen Kaufkraft: Die

22 Vgl. Leichter (1932); vgl. auch Otto F., „Mehr Ledigen-Wohnungen in den städtischen Wohnhausbauten“, in: *Der Tag*, 2. Mai 1927 [Leserbrief], S. 3.

kleinsten Wohnungen mit 13 m² richteten sich an Arbeiter:innen, die größten (45,5 m²) an Akademiker:innen.[23]

Die Zahl der errichteten Kleinstwohnungen und Kollektivwohnformen konnte den Bedarf nicht decken, zudem blieben sie für viele, insbesondere für Arbeiter:innen, unerschwinglich. Vor allem aber entsprachen sie nicht dem mehrheitstauglichen gesellschaftlichen Ideal. In Übereinstimmung mit diesem orientierten sich Bauträger wie die Stadt Wien und die meisten Architekt(:inn)en – insbesondere beim (sozialen, leistbaren) Wohnbau – an der Systemeinheit Familie.[24] Mit Projekten wie dem Karl-Marx-Hof half das Rote Wien auch mit, die Familialisierung[25] voranzutreiben und die Kernfamilie als ideale Lebensform à la longue in der Arbeiterschicht durchzusetzen. Zugleich aber funktionierte das Rote Wien als Möglichkeitsraum, in dem zahlreiche Akteur:innen Ideen und Maßnahmen zu gerechten und egalitäre(re)n Formen des Wohnens, Lebens und Arbeitens anstellten und umsetzten – viele davon sind noch oder wieder aktuell und werden von Aktivist:innen, Soziolog:innen, Architekt:innen, Baugruppen, Stadtplaner:innen debattiert, aufgegriffen und weiterentwickelt. Im Zentrum der Überlegungen um Raumnutzung, Care-Arbeit, das Verhältnis von Individuum und Gemeinschaft, von Wohnung

23 Zu Wohnungen und Genossenschaften für berufstätige Frauen vgl. Terlinden/van Oertzen (2006), S. 187–254; Erin Eckold Sassin, *Single People and Mass Housing in Germany 1850–1930. (No)Home away from Home*, London 2021, S. 201–246; Die Pläne Schütte-Lihotzkys sind online einzusehen: Gabu Heindl, *Working. Women. Wohnen. Wohn-, Arbeits- und Alltagsraum-Konzept für Frauen*. solidarisch, leistbar, leiwand* [Studie im Auftrag der Stadt Wien, Magistratsabteilung 50, Referat Wohnbauforschung und internationale Beziehungen], S. 54–55; https://www.wohnbauforschung.at/index.php?inc=download&id=6008 (07.11.2023).

24 Eine Studie von 2007 stellt hingegen fest, dass 78 % der Wohnungen im Karl-Marx-Hof Ein- oder Zweipersonen-Haushalte seien und 30 % Alleinerziehende hier lebten. Vgl. Redaktion, „Karl-Marx-Hof, die Single-Burg", in: *Der Standard*, 13. November 2007, https://www.derstandard.at/story/2485164/karl-marx-hof-die-single-burg (12.08.2021).

25 Vgl. Gabriella Hauch, „… Da war Wien und da war das restliche Österreich", in: Helmut Konrad/Gabriella Hauch (Hg.), *Hundert Jahre Rotes Wien*, Wien 2019, S. 53–77, hier: S. 57.

und Umgebungsraum stehen dabei abermals jene Räume, die auf den Fotografien Martin Gerlach Jr.s und den Zeichnungen Fritz Czuczkas abgebildet sind.

Bibliografie

Anonym, „Ersparung“, in: Arbeiter-Zeitung, 10. Februar 1930, S. 3.

Eve Blau/Gabu Heindl/Monika Platzer, „Architektur und Politik lernen vom Roten Wien“, in: Werner Michael Schwarz/Georg Spitaler/Elke Wikidal (Hg.), Das Rote Wien 1919–1934. Ideen, Debatten, Praxis, Basel 2019, S. 146–153.

Elisabeth Büttner/Christian Dewald, „Proletarisches Kino in Österreich“, in: Filmhimmel 29 (2006), S. 10.

Fritz Czuczka, Aus Alt mach’ Neu. Umbau alter Möbel und Umstellen, Leipzig 1934.

Fritz Czuczka, Wie richte ich meine Wohnung ein, Wien 1936.

George Czuczka/Philipp Rohrbach, „Wien ist eine Stadt, die einem unter die Haut geht, da will man nicht weg“, in: Werner Michael Schwarz/Georg Spitaler/Elke Wikidal (Hg.), Das Rote Wien 1919–1934. Ideen, Debatten, Praxis, Basel 2019, S. 406–411.

Robert Danneberg, Das neue Wien, Wien 1930.

Christiane Droste/Carina Diesenreiter/Sabina Riss, Frauen-Wohnbauprojekte in Wien in der Perspektive der Nutzerinnen und Nutzer, Wien 2019.

Otto F., „Mehr Ledigen-Wohnungen in den städtischen Wohnhausbauten“, in: Der Tag, 2. Mai 1927 [Leserbrief], S. 3.

Frauenleben – Frauenlos, Österreich, 1931/1932, Regie: Anna Boschek/Wilhelmine Moik, 33 min.

Emmy Freundlich, „Arbeitsgemeinschaft der Hausfrauen“, in: Arbeiter-Zeitung, 11. April 1925, S. 9.

Emmy Freundlich, „Was sieht die Hausfrau in der Ausstellung Der neue Haushalt?“, in: Arbeiter-Zeitung, 12. Mai 1925, S. 7.

Helmut Gruber, „The ‚New Woman‘. Realities and Illusions of Gender Equality in Red Vienna“, in: Helmut Gruber/Pamela M. Graves (Hg.), Women and Socialism – Socialism and Women, New York 1998, S. 56–94.

Gabriella Hauch, „… Da war Wien und da war das restliche Österreich“, in: Helmut Konrad/Gabriella Hauch (Hg.), Hundert Jahre Rotes Wien, Wien 2019, S. 53–77.

Gabu Heindl, Working. Women. Wohnen. Wohn-, Arbeits- und Alltagsraum-Konzept für Frauen*. solidarisch, leistbar, leiwand [Studie im Auftrag der Stadt Wien, Magistratsabteilung 50, Referat Wohnbauforschung und internationale Beziehungen], S. 54–55, https://www.wohnbauforschung.at/index.php?inc=download&id=6008 (07.11.2023).

Sofie Lazarsfeld, „Familien- oder Gemeinschaftserziehung“, in: Erwin Wexberg (Hg.), Handbuch der Individualpsychologie, Bd. 1, München 1926, S. 323–335.
Käthe Leichter, So leben wir … 1320 Industriearbeiterinnen berichten über ihr Leben, Wien 1932.
Grete Lihotzky, „Rationalisierung im Haushalt“, in: Das neue Frankfurt 1 (1926/27), Nr. 5, S. 120–123.
Marianne Pollak, „Beruf und Haushalt“, in: Kammer für Arbeiter und Angestellte in Wien/Käthe Leichter (Hg.), Handbuch der Frauenarbeit in Österreich, Wien 1930, S. 413–428.
Redaktion, „Karl-Marx-Hof, die Single-Burg“, in: Der Standard, 13. November 2007, https://www.derstandard.at/story/2485164/karl-marx-hof-die-single-burg (12.08.2021).
Erin Eckhold Sassin, Single People and Mass Housing in Germany 1850–1930. (No)Home away from Home, London 2021.
Therese Schlesinger, „Frauenarbeit und proletarische Lebenshaltung“, in: Arbeiter-Zeitung, 3. Februar 1925, S. 8.
Therese Schlesinger, „Eine Aufgabe der Arbeiter-Baugenossenschaften“, in: Der Kampf 6 (1912), Nr. 3, S. 131–135.
Therese Schlesinger, „Krieg und Einzelhaushalt“, in: Der Kampf 8 (1915), Nr. 11/12, S. 403–411.
Reinhard Sieder, „Housing Policy, Social Welfare, and Family Life in ‚Red Vienna‘, 1919–1934“ in: Oral History 13 (1985), Nr. 2, S. 35–48.
Reinhard Sieder, „Wohnen und Haushalten im Gemeindebau. Politischer Diskurs, Repräsentation, Praxis, kulturelle Folgen“, in: Werner Michael Schwarz/Georg Spitaler/Elke Wikidal (Hg.), Das Rote Wien 1919–1934. Ideen, Debatten, Praxis, Basel 2019, S. 234–241.
[Stadtverwaltung Wien], Der Karl Marx-Hof. Die Wohnhausanlage der Gemeinde Wien auf der Hagenwiese in Heiligenstadt, Wien 1930, S. 18–19.
Ulla Terlinden/Susanne van Oertzen, Die Wohnungsfrage ist Frauensache! Frauenbewegung und Wohnreform 1870 bis 1933, Berlin 2006.
Gisela Urban, „Zur Wohnungsfrage der berufstätigen alleinstehenden Frau“, in: Die Österreicherin 1 (1928), Nr. 8, S. 4–5.
Marie-Noëlle Yazdanpanah/Veronika Duma, „Die neue Frau und Frauenrechte“, in: Rob McFarland/Georg Spitaler/Ingo Zechner (Hg.), Das Rote Wien. Schlüsseltexte der Zweiten Wiener Moderne 1919–1934, Berlin/Boston 2020, S. 293–315.
Marie-Noëlle Yazdanpanah, „Gleichberechtigt? Frauen als Wählerinnen und politische Akteurinnen in Wien und Niederösterreich nach der Trennung“, in: Bernhard Hachleitner/Christian Mertens (Hg.), Wien wird Bundesland, Salzburg/Wien 2020, S. 114–127.

Georg Spitaler / Cara Tovey

Sport

Als sich die sozialdemokratische Bildillustrierte *Der Kuckuck* im Juli 1931 der Arbeiterolympiade in Wien widmet, verwendet sie für ihr Titelbild ein ungewöhnliches Motiv: eine Großaufnahme der Statue *Der Sämann*, jenem von Otto Hofner geschaffenen „lyrisch sportlichen Jünglingsakt“,[1] der nach dem Bau des Karl-Marx-Hofs im Zentralhof aufgestellt wurde (vgl. Abb. 24). Der Sämann ist aber nicht das einzige Kunstwerk, das sich in der Anlage auf Sport und verwandte körperliche Praktiken bezieht. Eingebunden in die ästhetische Gestaltung des Karl-Marx-Hofs war eine Vision für den gesunden Körper innerhalb und außerhalb der Grenzen des riesigen Gebäudes: Eine der vier Plastiken von Josef Riedl, die die vier Ideale des Gebäudes darstellen und an der Fassade im selben Hof zu sehen sind, steht für „Körperkultur“. Andere indirekte Bezugspunkte sind im Fußball zu finden: Die unmittelbare Nähe des Stadions *Hohe Warte* zum Karl-Marx-Hof und der Verbandskapitän des „Fußball-Wunderteams“ Hugo Meisl als prominenter Bewohner des Hofs verfestigen die Bedeutung von Körper und Sport für die vom Gebäude repräsentierten umfassenden Lebensformen. Diese Beispiele zeigen, dass *Neues Bauen* mehr als ein architektonischer Stil oder ein ästhetisches Ideal war; es war ein neues Modell für das Leben, ein Konzept dafür, wie Bewohner:innen und gebaute Umwelt aufeinander einwirken sollten.

Obwohl der Karl-Marx-Hof ein demokratisches Programm für Sport und Körperlichkeit der Arbeiter:innenschaft im Roten Wien vertritt, gibt es eine Spannung zwischen dem, was das Ge-

1 Berthold Ecker, „Ein Mittelweg. Das Rote Wien und die bildende Kunst“, in: Werner Michael Schwarz/Georg Spitaler/Elke Wikidal (Hg.), *Das Rote Wien 1919–1934. Ideen, Debatten, Praxis*, Basel 2019, S. 378–385, hier: S. 381.

bäude als Produkt politischer Konzepte der Sozialdemokratie repräsentiert, und der alltäglichen Realität der Arbeiter:innen – wie sie sich etwa im Begriffspaar von Körperkultur und Sport ausdrückt. *Körperkultur* steht dabei für einen sehr breiten, umfassenden Begriff, der viele verschiedene Arten von körperlichen Übungen umfasst, darunter sowohl Sport und Turnen als auch Tanz. Die Körperkulturbewegung war eng mit der Lebensreformbewegung verbunden, wobei die Bewegung des ganzen Menschen (d.h. Körper, Geist und Seele), nicht nur der Körper als wichtig angesehen wurde. Mit ihrem lebensreformerischen Hintergrund umfasste Körperkultur allgemeine, ältere bürgerliche Vorstellungen von körperlicher Leistungsfähigkeit und Gesundheit, die von utopischen Ideen begleitet wurden.[2] *Sport* steht auf der anderen Seite für eine moderne Massenkultur, die auch die Arbeiter:innenschaft eroberte und von ihr mitgetragen wurde. Im Rahmen des organisierten Arbeitersports sollten Sport und Körperkultur – als Teil politischer Mobilisierung – wenn möglich verbunden werden, wie sich etwa an der Namensgebung der 1924 gegründeten sozialdemokratischen Dachorganisation des „Arbeiterbunds für Sport und Körperkultur in Österreich" (ASKÖ) zeigt. Zusammen deuten diese zwei Strömungen auf eine breitere Tendenz nicht nur im Roten Wien, sondern auch in der Moderne hin. Hier liegt, einfach gesagt, eine Spannung zwischen Vergangenheit, Gegenwart und Modellen der Zukunft vor. Wir nehmen diese Aspekte von alt und neu, pädagogischem Modell und gelebter Praxis, die in den Karl-Marx-Hof eingeschrieben sind, nicht als einen unauflösbaren Widerspruch, sondern als produktive Spannung wahr.[3] In dieser Sicht kann das Gebäude selbst – in Verbindung mit seiner unmittelbaren räumlichen Umgebung – als Beleg für ein lebendiges Zusammenspiel der körperlichen Vorstellungen und Praktiken der Moderne angesehen werden.

2 Vgl. Bernd Wedemeyer-Kolwe, *„Der neue Mensch". Körperkultur im Kaiserreich und in der Weimarer Republik*, Würzburg 2004.

3 Vgl. Georg Spitaler, „Ein Match um den Sport. Politische Bewegungskonzepte vs. populäre Massenkultur", in: Werner Michael Schwarz/Georg Spitaler/Elke Wikidal (Hg.), *Das Rote Wien 1919–1934. Ideen, Debatten, Praxis*, Basel 2019, S. 358–365, hier: S. 364.

Die Figuren an der Fassade des Karl-Marx-Hofs und *Der Sämann* mitten im Hof sind typische Beispiele für die Verwendung von Kunst im Roten Wien. Der Stadtverwaltung war es wichtig, dass die Arbeiter:innen bzw. die Bevölkerung Kontakt zur Kunst im alltäglichen Leben erhalten sollten. Obwohl diese Initiative prinzipiell progressiv war, gehören die Statuen nicht zur künstlerischen Avantgarde, im Speziellen nicht zur *Neuen Sachlichkeit*, dem dominierenden Kunststil in der Malerei der Zeit. Im Gegensatz zu Musikkonzepten des Roten Wien, die Avantgardeströmungen der *Neuen Musik* aufgriffen, blieb die Bildende Kunst „ausgleichend mäßigend", um die Arbeiter:innen bzw. den *Neuen Menschen* nicht zu überfordern.[4] Es ist deswegen auch kein Zufall, dass sowohl die Statuen von Riedl als auch jene von Hofner an ältere Kunststile erinnern, so wurde *Der Sämann* eigentlich schon 1915 für ein Denkmal des liberalen Bürgermeisters Johann Nepomuk Prix entworfen und erst später im Karl-Marx-Hof aufgestellt.[5] Obwohl also *Der Sämann* für einen anderen Zweck geschaffen worden war, ist seine Verbindung zur sozialdemokratischen Ideologie des Karl-Marx-Hofs evident – er wurde Teil der Ikonographie des Hofs, wie am erwähnten Titelblatt des *Kuckuck* von Juli 1931 deutlich wird.

Der Begriff Körperkultur steht nach Bernd Wedemeyer-Kolwe irgendwo zwischen Lebensreform und Sport.[6] Debatten zum Unterschied von Körperkultur und Sport setzten nicht zuletzt an der alten Konfliktlinie zwischen der deutschen Turnbewegung und den modernen *english sports* an.[7] Eine der wichtigsten Differenzierungen aus der Perspektive der Körperkultur war, dass der Sport ein einseitiges Verhältnis zum Körper herstelle, der Körper nur als Mittel zum Zweck genutzt werde. Im Gegensatz zur Körperkultur

4 Ecker (2019), S. 380.

5 Vgl. ebd., S. 381.

6 Vgl. Wedemeyer-Kolwe (2004), S. 423.

7 Vgl. dazu z.B. Matthias Marschik, „Moderne und Sport. Transformationen der Bewegungskultur", in: Matthias Marschik/Rudolf Müllner/Otto Penz/Georg Spitaler (Hg.), *Sport Studies*, Wien 2009, S. 23–34, hier: S. 27.

habe der Sport daher keinen unmittelbaren kulturellen Wert.[8] Dagegen beinhaltete die Körperkulturbewegung bürgerliche Vorstellungen[9] wie Individualismus, Gesundheitsbewusstsein, Mäßigung und auch ästhetische Ideale, die u.a. auf die klassische griechische Antike Bezug nahmen. Einige dieser Werte und Ästhetiken übernahm auch der Arbeitersport. Man traf sich in der Kritik entfremdeter städtischer Lebens- und Arbeitsformen, die durch eine freie Entfaltung der Körper verbessert werden sollten, der Ablehnung von Rekord und einseitiger Spitzenleistung, und teilweise in der Ablehnung des Professionalismus.

Deutliche Unterschiede gab es aber im ideologischen Fundament, das mit der jeweiligen Bewegungskultur verbunden war: So hatte Körperkultur etwa im Sinne der deutschen Turnvereine nationalistische Wurzeln, wohingegen der Arbeitersport mit den Zielen des Sozialismus verknüpft war. Sehr gut lassen sich Ästhetiken von Körperkultur und die Vielfalt von Aktivitäten, die unter diesen Begriff fallen, am Beispiel des Films *Wege zu Kraft und Schönheit* (1925) von Wilhelm Prager und Nicholas Kaufmann nachvollziehen.[10] Der Film stellt das Argument auf, dass der Mensch der Gegenwart körperlich weniger gesund und leistungsfähig sei als jener der Antike, diesem Zweck dient die szenische Darstellung der körperorientierten Lebensform im Alten Griechenland. Ähnlich wie später Riefenstahls *Olympia* dokumentiert der Film durch die Verwendung von Zeitlupenaufnahmen,[11] vor allem im fünften Teil „Sport", die erstaunliche Schönheit der Leistung des Körpers. Obwohl es in diesem Teil um Sport geht, gleicht die Ästhetik hier mehr jener der anderen Teile des Films als der Darstellung von Arbeitersport in einem sozialistischen Film wie *Kuhle Kampe, oder:*

8 Vgl. Ursula Westphal, „Körperkultur", in: *Kraft und Schönheit* 26 (1927), Nr. 1, S. 2–4, hier: S. 3.

9 Vgl. Michael Hau, *The Cult of Health and Beauty. A Social History 1890–1930*, Chicago 2003, S. 10–11.

10 *Wege zu Kraft und Schönheit – Ein Film über moderne Körperkultur*, Deutschland, 1925, Regie: Wilhelm Prager/Nicholas Kaufmann, 89 min.

11 *Olympia, 1. Teil. Fest der Völker*, Deutschland, 1938, Regie: Leni Riefenstahl, 95 min.

Abb. 20: Die Keramikskulpturen von Josef Franz Riedel an der Fassade des Karl-Marx-Hofs. Von links nach rechts: *Körperkultur, Freiheit, Aufklärung und Fürsorge* (2004).

Wem gehört die Welt?, der Solidarität statt Schönheit und körperliche Fähigkeiten betont.[12]

Die Spannung zwischen Körperkultur und Sport sowie zwischen ideologischen Konzepten und gelebter Praxis der Arbeiter:innenschaft im Roten Wien, wie sie sich in die Topografie des Karl-Marx-Hofs und des ihn umgebenden Bezirks Döbling einschreibt, lässt sich gut darstellen, wenn die Wohnhausanlage in Bezug zu einem weiteren charakteristischen Bauwerk in ihrer Nachbarschaft gestellt wird. Zu Fuß nur wenige Minuten vom Karl-Marx-Hof entfernt, auf halbem Weg zum großbürgerlichen Villenviertel rund um die *Hohe Warte* gelegen, befand sich seit 1921 das gleichnamige und – bis zum Bau des Praterstadions 1931 – größte Fußballstadion der Stadt.[13] Schon seit der Jahrhundertwende war die Gegend rund um die Hohe Warte der Spielort des ältesten Fußballvereins Wiens, des bürgerlichen *First Vienna Football Club,* gewesen.

Auf der Hohen Warte wurden in den 1920er und 1930er Jahren zahlreiche sportliche Großveranstaltungen ausgetragen, das Stadion war ein zentraler Ort des boomenden Zuschauersports – in einer Metropole, die zu dieser Zeit als die „Fußballstadt Europas" galt.[14] Um 1932 setzte eine berühmte Bildserie des Sportfotografen Lothar Rübelt das Stadion und den Karl-Marx-Hof in Beziehung – und verband sie mit einem dritten für das Wien jener Jahre charakteristischen Raum, den „Gstätten", jenen unverbauten, wilden Brachflächen, die sich in den Vorstadtbezirken und an den Rändern der Stadt zwischen Mietskasernen, Industrieanlagen und

12 *Kuhle Wampe, oder Wem gehört die Welt?*, Deutschland, 1932, Regie: Slatan Dudow, 68 min.

13 Vgl. z.B. Andreas Tröscher, „Antike Arena einer längst versunkenen Fußballwelt", in: Peter Eppel/Bernhard Hachleitner/Werner Michael Schwarz/Georg Spitaler (Hg.), *Wo die Wuchtel fliegt. Legendäre Orte des Wiener Fußballs*, Wien 2008, S. 19–25.

14 Vgl. Georg Spitaler, „Sport und Körperkultur", in: Rob McFarland/Georg Spitaler/Ingo Zechner (Hg.), *Das Rote Wien. Schlüsseltexte der Zweiten Wiener Moderne 1919–1934*, Berlin/Boston 2020, S. 447–468, hier: S. 447.

landwirtschaftlichen Flächen befanden – und die als mythischer Urgrund der Wiener Fußballleidenschaft galten.[15]

Rübelt porträtierte eine Gruppe spielender Buben bei einem „‚wilden' Fußballmatch", auf einer schlecht gepflegten Wiese, einem „Krautacker", in unmittelbarer Nachbarschaft des Fußballstadions und vor dem Hintergrund des mächtigen Karl-Marx-Hofs. Die „Gstätten" und die auf dieser Freifläche spielenden Kinder gehörten in der zeitgenössischen kulturellen Topografie des Wiener Sports zum Raum der ungezähmten *Vorstadt*,[16] jener vornehmlich proletarisch geprägten Zone, die sich außerhalb des Stadtzentrums befand und – zumindest im Sport – der *City*, dem kulturellen und politischen Zentrum des Landes, Konkurrenz machte. Werner Michael Schwarz verortet die von Rübelt dargestellte Szene gleichzeitig als Erzählung an einer „Schwelle zwischen zwei Orten, die in der ideologischen Landschaft der Stadt fest verankert waren".[17] Stand der Karl-Marx-Hof für die politisierte und von der Stadt architektonisch eingehegte Arbeiterbewegung, deren bewegungskulturelle Repräsentation der *organisierte Arbeitersport* darstellte und deren Körperkonzepte des Neuen Menschen durch Skulpturen wie Höfners *Sämann* und Riedls keramische Plastik der *Körperkultur* versinnbildlicht wurden, so war die Hohe Warte mit dem kommerziell organisierten Massensport verbunden: Ein Stadion mit Werbebanden, ein Schauplatz der in Konkurrenz zum Arbeitersport organisierten Professional-Liga, die ab 1924 in Wien ausgetragen wurde. Anlässlich des Fußballländerspiels Österreich-Italien, das 1923 – noch vor dem Bau des Karl-Marx-Hofs – vor mindestens 80.000 Zuschauer:innen auf der Hohen Warte stattfand, beschrieb ein Beobachter die Rolle, die das Stadion für den Rhythmus der Gegend spielte. An Spieltagen verwandle der „geruhsame Bezirk" Döbling sein Gesicht: Der ruhige und vornehme Villen-

15 Vgl. dazu Werner Michael Schwarz, „Wilder Fußball", in: Peter Eppel/Bernhard Hachleitner/Werner Michael Schwarz/Georg Spitaler (Hg.), *Wo die Wuchtel fliegt. Legendäre Orte des Wiener Fußballs*, Wien 2008, S. 8–10.

16 Vgl. dazu allgemein: Wolfgang Maderthaner/Lutz Musner, *Die Anarchie der Vorstadt. Das andere Wien um 1900*, Frankfurt/New York 1999.

17 Schwarz (2008), S. 10.

Abb. 21: Fußball spielende Kinder bei der Hohen Warte, fotografiert von Lothar Rübelt (ca. 1932).

ort sei „zur *Großstadt* geworden und brausend wogt durch ihn der Menschenstrom."[18] Der kommerzielle Massensport war gleichzeitig jener Bereich der Bewegungskultur, der in den 1920er und 1930er Jahren auch in Wien als Ausdruck von Modernität und Amerikanismus betrachtet wurde, wobei diese Eigenschaft im Geist der Neuen Sachlichkeit, ähnlich wie in der Kunst, durchaus auch gefeiert wurde.[19]

Rübelts Fotoserie verknüpft also drei auf den ersten Blick antagonistische kulturelle Entwürfe der Stadt zu einem überdeterminierten Ensemble: Das *Neue Wien* des Karl-Marx-Hofs, die temporäre *Großstadt* des kommerziellen Fußballstadions und die freie Zone der *Vorstadt*. Wie eingangs angesprochen, wurden aber in der Lebenswelt vieler Bewohner:innen des Karl-Marx-Hofs alle diese Ebenen im Rahmen gelebter Arbeiter:innenkultur verbunden: Pädagogische Modelle sozialdemokratischer Bewegungskultur, die ihre ästhetischen Wurzeln in der bürgerlichen Turn- und Sportbewegung nicht verbergen konnten, trafen auf die Anziehungskraft der modernen populären Massenkultur des Zuschauersports. Diese Anziehung führte aber, trotz oft formulierter Befürchtungen der Sozialdemokratischen Arbeiterpartei, nicht zwingend zur einfachen Verführung der Arbeiter:innenschaft durch die Werte bürgerlich-kapitalistischer Vergnügungen. In ihrer Aneignung dieser Massenkultur, in der Zelebrierung lokalen Stolzes blieb immer jener Aspekt von Selbstbehauptung und Autonomie erhalten, der mit der *Anarchie der Vorstadt* verbunden war.

Eine Verschiebung der Balance dieser drei Ebenen, der Räume und ihrer sozialen Nutzung bringt erst der Februar 1934, als mit der Niederschlagung des Arbeiter:innenaufstandes durch die autoritäre Regierung Dollfuß die Ära des Roten Wien und damit die

18 Anonym, „Glossen zum Länderspiel", in: *Illustriertes Sportblatt*, 21. April 1923, S. 8; zitiert nach Tröscher (2008), S. 20.

19 So etwa in dem Essay-Sammelband *Der Sport am Scheidewege* (1928) des Sportjournalisten Willy Meisl, des Bruders von Hugo Meisl, vgl. dazu Spitaler (2020), S. 449–451; Frank Becker, *Amerikanismus in Weimar. Sportsymbole und politische Kultur 1918-1933*, Wiesbaden 1993.

Zweite Wiener Moderne[20] gewaltsam beendet wird. Von der Anhöhe der Hohen Warte beim Stadion werden Kanonen den Karl-Marx-Hof beschießen und die verschanzten Bewohner:innen zur Aufgabe zwingen. Selbst die Wohnung des Wunderteam-Managers Hugo Meisl wird beschädigt. Der Profisport läuft bald weiter, und die Hohe Warte bleibt ein wichtiger Schauplatz der populären Massenkultur. Der Arbeitersport hingehen hat die machtpolitische Auseinandersetzung verloren, in Mitteleuropa dominieren nun faschistische Sportkonzepte. Die Arbeiter:innenkultur des Roten Wien wird nach dem Bruch des Nationalsozialismus in derselben Form nie wieder entstehen, trotzdem bleibt der Karl-Marx-Hof ein Ort, an dem Diskurse über die körperliche Gesundheit der Arbeiter:innen und ihren Umgang mit der Umgebung immer noch lebendig sind.

Bibliografie

Anonym, „Glossen zum Länderspiel", in: Illustriertes Sportblatt, 21. April 1923, S. 8.

Frank Becker, Amerikanismus in Weimar. Sportsymbole und politische Kultur 1918–1933, Wiesbaden 1993.

Berthold Ecker, „Ein Mittelweg. Das Rote Wien und die bildende Kunst", in: Werner Michael Schwarz/Georg Spitaler/Elke Wikidal (Hg.), Das Rote Wien 1919–1934. Ideen, Debatten, Praxis, Basel 2019, S. 378–385.

Michael Hau, The Cult of Health and Beauty. A Social History 1890–1930, Chicago 2003.

Kuhle Wampe, oder Wem gehört die Welt?, Deutschland, 1932, Regie: Slatan Dudow, 68 min.

Wolfgang Maderthaner/Lutz Musner, Die Anarchie der Vorstadt. Das andere Wien um 1900, Frankfurt/New York 1999.

Matthias Marschik, „Moderne und Sport. Transformationen der Bewegungskultur", in: Matthias Marschik/Rudolf Müllner/Otto Penz/Georg Spitaler (Hg.), Sport Studies, Wien 2009, S. 23–34.

20 Vgl. Rob McFarland/Georg Spitaler/Ingo Zechner, „Einleitung", in: Rob McFarland/Georg Spitaler/Ingo Zechner (Hg.), *Das Rote Wien. Schlüsseltexte der Zweiten Wiener Moderne 1919–1934*, Berlin/Boston 2020, S. 3–16, hier: S. 7–10.

Rob McFarland/Georg Spitaler/Ingo Zechner, „Einleitung", in: Rob McFarland/Georg Spitaler/Ingo Zechner (Hg.), Das Rote Wien. Schlüsseltexte der Zweiten Wiener Moderne 1919–1934, Berlin/Boston 2020, S. 3–16.
Olympia, 1. Teil. Fest der Völker, Deutschland, 1938, Regie: Leni Riefenstahl, 95 min.
Werner Michael Schwarz, „Wilder Fußball", in: Peter Eppel/Bernhard Hachleitner/Werner Michael Schwarz/Georg Spitaler (Hg.), Wo die Wuchtel fliegt. Legendäre Orte des Wiener Fußballs, Wien 2008, S. 8–10.
Georg Spitaler, „Ein Match um den Sport. Politische Bewegungskonzepte vs. populäre Massenkultur", in: Werner Michael Schwarz/Georg Spitaler/Elke Wikidal (Hg.), Das Rote Wien 1919–1934. Ideen, Debatten, Praxis, Basel 2019, S. 358–365.
Georg Spitaler, „Sport und Körperkultur", in: Rob McFarland/Georg Spitaler/Ingo Zechner (Hg.), Das Rote Wien. Schlüsseltexte der Zweiten Wiener Moderne 1919–1934, Berlin/Boston 2020, S. 447–468.
Andreas Tröscher, „Antike Arena einer längst versunkenen Fußballwelt", in: Peter Eppel/Bernhard Hachleitner/Werner Michael Schwarz/Georg Spitaler (Hg.), Wo die Wuchtel fliegt. Legendäre Orte des Wiener Fußballs, Wien 2008, S. 19–25.
Bernd Wedemeyer-Kolwe, „Der neue Mensch". Körperkultur im Kaiserreich und in der Weimarer Republik, Würzburg 2004.
Wege zu Kraft und Schönheit – Ein Film über moderne Körperkultur, Deutschland, 1925, Regie: Wilhelm Prager/Nicholas Kaufmann, 89 min.
Ursula Westphal, „Körperkultur", in: Kraft und Schönheit 26 (1927), Nr. 1, S. 2–4.

Sara Phenix / Rob McFarland

Mode

(Übersetzung: Marcel Kübler)

Indem die „BEST“ (Beratungsstelle für Inneneinrichtung und Wohnhygiene) im Karl-Marx-Hof die innovativen Ideen von Wiens führenden Künstler:innen mit der praktischen Expertise von Frauenaktivist:innen aus dem gesamten politischen Spektrum verband, strebte sie danach, die berufstätigen Frauen von der Überlegenheit moderner Haushaltsführung zu überzeugen [→ McFarland / Phenix: *Heimgestaltung*]. Einer großen Aufgabe sahen sich diese progressiv denkenden Wiener Designer:innen und „Techniker:innen des Sozialen“ jedoch gegenüber: Wie konnten Intellektuelle Arbeiterfrauen über ein Angebot von Vorträgen, Führungen und Ausstellungen, die glatte und gut durchdachte Modelle moderner Einrichtung präsentierten, hinaus davon überzeugen, die Art und Weise, wie sie in ihren Wohnungen lebten, zu verändern? Genauer: Wie konnten Frauen, die in den Karl-Marx-Hof und andere kommunale Wohnkomplexe zogen, dazu inspiriert werden, jene sentimentale und ideologische Verbundenheit abzulegen, die sie an der ornamentalen historischen Einrichtung und an veralteten Lebensweisen, welche sie von ihren Müttern und Großmüttern übernommen hatten, festhalten ließ?

Anhand der Publizistik von Gisela Urban, ihres Zeichens Vorstandsmitglied der „BEST“, lässt sich die Bedeutung nachvollziehen, die dem Siegeszug der progressiven Frauenmode seit den 1920er Jahren zugewiesen wurde – auch und speziell bei der Popularisierung der neuen Wohnkonzepte des Roten Wien. Wie wir sehen werden, griffen diverse Autor:innen auf die kontroversen und politisch aufgeladenen Debatten um die moderne Mode zurück, um für die Emanzipation zu werben, die in ihren Augen auch die von der „BEST“ angepriesenen Möbelstücke versprachen.

In einem Artikel, der etwa zur Zeit des Umzugs der „BEST"-Beratungsstelle vom Karl-Marx-Hof in die Wiener Messehallen 1932 entstand, berichtete Gisela Urban von einer mitgehörten Unterhaltung zwischen zwei Frauen, die soeben einen Gastredner der „BEST" gehört hatten, der einen Vortrag über moderne Einrichtung gehalten hatte. Während beide Frauen ihre Bewunderung für die gerade gehörten neuartigen Ideen bekundeten, waren sie noch nicht davon überzeugt, dass sie sich ihrer alten Gewohnheiten und Möbel entledigen mussten:

> Nachspiel. Ein Dialog zwischen zwei Zuhörerinnen: „Wenn man nur das Geld hätte, alles in der Wohnung neu anzuschaffen", sagte die eine, worauf die andere entgegnete: „selbst dann würde ich es nicht tun. Ich würde mich sicherlich von manchem Stück trennen und an seine Stelle etwas Praktischeres stellen. Besonders gern würde ich meine riesige Kredenz gegen einen handlichen Geschirrkasten eintauschen [...] Aber mein gutes Bett weggeben und auf einer Couch schlafen – nein, das würde mir nicht einfallen. Und dann, ich hab' meine alten Möbel gern, sie stammen noch aus meinem Elternhause."[1]

Dieser von Urban dokumentierte „Epilog" zeigt die Ausmaße der Aufgabe, die Wohngewohnheiten der Frauen aus Wiens kommunalen Siedlungsprojekten zu modernisieren: Während beide Protagonistinnen von dem Gedanken, bestimmte individuelle Dinge in ihrem Haushalt zu ersetzen, fasziniert sind, assoziieren sie ihre eigene Einrichtung stark mit einem Gefühl der Nostalgie, das sie für ihre eigene familiäre Vergangenheit hegen. Urban betrachtet dieses Bedürfnis, die Einrichtung wie ein Museum zu behandeln, als materielle Verbindung zu einer verlorenen Vergangenheit: „Ist [...] nicht zu behaupten, daß als Gegenpol zum Streben nach neuen Dingen im Menschen die Anhänglichkeit an alte Dinge wirkt? Auch Dinge haben ein Leben, das wir ihnen durch den Umgang mit ihnen einhauchen."[2] Die alten Einrichtungs-

1 Gisela Urban, „Geschmack und Mode", in: *Die Österreicherin* 5 (1932), Nr. 3, S. 10.
2 Ebd.

gegenstände besitzen einen unheimlichen Charakter, ein Eigenleben, das die Frauen erhalten möchten. Wie kann dieser museale Lebensmodus überwunden werden, sodass eine Frau ihre Energie auf eine rationale Haushaltsführung statt auf eine irrationale Reminiszenz ausrichten kann?

Obwohl Gisela Urban über Jahre hinweg versuchte, Frauen durch die glänzende, moderne Einrichtung in den Ausstellungsräumen der „BEST“-Beratungsstelle zu inspirieren, schlägt sie letztlich eine völlig andere Taktik vor, um Frauen dabei zu unterstützen, ihre Tendenz zum Festhalten an überkommenen Einrichtungsgegenständen und Lebensweisen zu überwinden. Statt die Vorteile moderner Einrichtung anzupreisen, erinnert Urban an einen anderen Kampf – nämlich den um Mode –, den die berufstätigen Frauen vor Kurzem für sich entschieden hatten: In den 1920er Jahren hatten Frauen endlich eine bequeme, praktische neue Kleidermode errungen, die einem modernen Leben zuträglich war. Nachdem sie die Freiheit des Kurzhaarschnitts, bequemer Kleider und natürlicher Körper erlebt hatten, so argumentiert Urban, sollten Frauen sich nicht zu unkomfortablen Lebensweisen verlocken lassen. Urban evoziert das Bild von Großeltern und den lächerlichen Anblick von Enkeln, die in unzeitgemäßer Einrichtung gefangen sind:

> Die meisten von uns leben noch in den Wohnvorstellungen, die einst unsere Groß- und Urgroßeltern zur Gestaltung ihres Heims veranlaßten. Wie lächerlich käme jetzt eine Frau sich in den Kleidern aus diesen Jahrzehnten vor, wie selbstverständlich hingegen findet sie es in Räumen zu herrschen, die noch immer dem Lebenszuschnitt von anno dazumal angepasst sind.[3]

Ebenso wie sich Frauen von einengender Kleidung befreit haben, so argumentiert Urban, müssten sie ihrem Modeinstinkt folgen und aus den „Geschmackstraditionen im Heim“ ausbrechen. Je mehr eine Frau „das Alte“ durch neue, moderne Einrichtungsstücke ersetzen könne, desto mehr werde sie ein „Wachstum in-

3 Ebd.

nerer Freiheit"[4] erfahren. Während Frauen hin- und hergerissen sind zwischen dem Verlangen, alte Dinge zu bewahren, und dem Verlangen, die Dinge zum Besseren zu verändern, müssten sie dazu inspiriert werden, ihren Weg in die Zukunft zu finden. Eben weil Frauen in diesem Kampf im Bereich der Mode aber erfolgreich waren, existiere bereits ein Präzedenzfall, sodass sie denselben Weg auf dem Gebiet der Einrichtung beschreiten können.

Aus Gisela Urbans Vorstellung heraus sollte es nicht überraschen, dass Frauen sich an der Speerspitze des modernen Kampfes für die Überwindung der ornamentalen Impulse vergangener Jahrhunderte wiederfanden, insbesondere im Bereich der Mode. Urban hatte lange als Herausgeberin und Autorin für das Magazin *Wiener Mode* fungiert und trug die redaktionelle Verantwortung für die Rubrik „Im Boudoir".[5] In ihrem 1926 in der *Linzer Tagespost* erschienenen Artikel „Die Frauenmode muß sich ändern" vertritt Urban die Auffassung, dass das Vorhaben der Befreiung des weiblichen Arbeitsplatzes von überflüssigen Ornamenten und unnötigen Bewegungen eng mit den Entwicklungen in der Frauenmode verknüpft ist. In ihrem Artikel beklagt Urban eine zu jener Zeit aufkommende Bewegung, die von einem französischen Handelsminister angeführt wurde, welcher kürzlich „die Wiederherstellung der Eleganz in der Frauenkleidung" gefordert hatte. Der Grund für diese neue Bewegung: Der Minister klagte: „die Kleider sind zu kurz und zu einfach...Für die Frauenkleider braucht man zu geringe Stoffmengen, zu wenig Aufputzmaterial. Sie sind zu billig...dabei veröden volkswirtschaftlich wichtige Modezweige und tausende Arbeiterinnen müssen feiern."[6] Urban versichert ihren Leser:innen, dass die „Masse der Weiblichkeit" es einer solch rückschrittlichen Mode niemals erlauben würde, sie von ihren „praktischen, bequemen und billigen Kleidchen" zu befreien. Mit der Realität der Moderne konfrontiert, verfüge eine Frau nicht mehr

4 Ebd.

5 Vgl. Th. Venus, „Urban, Gisela (geb. Stern) (1871–1943)", in: *Österreichisches Biographisches Lexikon* [ÖBL] 1815–1950, Bd. 15 (Lfg. 67, 2016), S. 125–126.

6 Gisela Urban, „Die Frauenmode muß sich ändern. Fromme Wünsche in Paris und anderwärts", in: *Linzer Tages-Post*, 12. Dezember 1926, S. 16.

über den Luxus, ihre Arbeit und ihren Körper durch überflüssige Ornamente einzuschränken:

> Kann die Frau von heute, wie einst ihre Ahnin, eine Tonnenkrinoline oder auch nur ein bauschig gefaltetes Kleid um ihren sportgestählten Körper wallen lassen, wenn sie in ein Auto steigt? Darf sie das Risiko wagen, in einer dicht gefüllten Elektrischen die liebe Nachbarschaft mit einer weit abstehenden Feder zu kitzeln? Eine Schleppe im Büro- oder im Schreibmaschinenmilieu – wäre sie nicht lächerlich? Auch die Frauen müssen heute schnell angezogen sein und Wert darauf legen, nicht zerdrückt und zerknüllt auszusehen. Sie müssen möglichst praktische Kleider tragen.[7]

Fernab der frivolen populärkünstlerischen Bestrebungen, unter die sie meist abschätzig eingeordnet wurde, verdeutlicht die Frauenmode nun die unumkehrbare Notwendigkeit der Modernisierung. Gisela Urbans ökonomische und historische Kritik verweist darauf, dass Frauenkörper lange Schauplatz des Kampfes gegen das Ornament waren. Die „BEST"-Ausstellung im Karl-Marx-Hof orientiert sich an der Logik und der Infrastruktur der Modewelt: Fortschrittlich denkende Designer:innen entwerfen als Vermittler des guten Geschmacks Modellstücke für eine auf Öffentlichkeit angelegte Ausstellung und stellen in einer Ladenfront aus, die dafür konzipiert ist, Frauen anzusprechen. Schließlich nehmen Designer:innen Einfluss auf Hersteller:innen und Händler:innen, um deren Praktiken so zu verändern, dass sie dem neuen modernen Geschmack entsprechen.

Wenn die „BEST"-Ausstellung einen ähnlichen, das Ornament verbannenden Effekt auf die Wohnungseinrichtung und das Design haben sollte wie der Kampf zwischen praktischer Mode und dekorativer Mode, welche Praktiken wären wohl am nützlichsten? Eine kurze Geschichte des „Modekampfes" sollte zeigen, wie viel nützliches Wissen die Frauen der „BEST" mitbrachten, als sie sich mit Wiens männlichen Architekten und Innenarchitekten – und,

7 Ebd.

wie zur Genüge aufgezeigt worden ist, weiblichen[8] – zu dem Versuch zusammenschlossen, Bruno Tauts idealisierte (unverkennbar paternalistische) Zusammenarbeit der Geschlechter im Design zu realisieren: „Der Architekt denkt, die Hausfrau lenkt."[9] Über Urbans Wunsch hinaus, Frauen um des Wohls der Gesellschaft willen von der Mode zu befreien, stützen sich die von Urban und ihren internationalen Kolleg:innen geförderten Initiativen zur Kleiderreform auf eine tragische Binsenweisheit: Ornamente führten im Bereich der Frauenkleidung oft zu unmittelbaren, grausamen Konsequenzen für Frauenkörper. Während Urban die Absurdität aus der Mode gekommener Designs in einer modernen Welt evoziert, hatten die Jahrzehnte um die Mitte des 19. Jahrhunderts bereits gezeigt, dass Mode, speziell in ihren besonders extravaganten Formen, existenzielle Risiken mit sich brachte. Die österreichische Erzherzogin Mathilde beispielsweise starb 1867 im Zuge einer unabsichtlichen Selbstverbrennung, als ihr Kleid Feuer fing, nachdem sie versucht hatte, eine angezündete Zigarette vor ihrem Vater zu verstecken; die extrem leichte Entflammbarkeit des Stoffes und die komplexen Schichten ihres Reifrocks machten es unmöglich, sie vor einem qualvollen Tod zu retten.[10] Die modischen Rüschen forderten noch über das 19. Jahrhundert hinaus Opfer. Urbans Referenz auf Automobile deutet vorausschauend auf ein sensationelles Ereignis voraus: Isadora Duncans brutaler Tod von

8 Vgl. Doris Ingrisch/Ilse Korotin/Charlotte Zwiauer (Hg.), Die Revolutionierung des Alltags. Zur intellektuellen Kultur von Frauen im Wien der Zwischenkriegszeit, Frankfurt a.M. 2004, S. 243–251; Vgl. Wojciech Czaja/Sabine Riss, „Frauen im Bauen. Wer hat Angst vor Frau Architekt?", in: Der Standard, 2. Februar 2016, https://www.derstandard.at/story/2000097388466/frauen-im-bauen-wer-hat-angst-vor-frau-architekt (04.11.2022); Vgl. Edith Friedl, „Nicht immer folgen die Frauen dem Einfluss der Männer. Über Bau-Pionierinnen und ihre Nachhut", in: Christina Altenstraßer (Hg.), Gender housing. Geschlechtergerechtes bauen, wohnen, leben, Innsbruck/Wien 2007, S. 85–116.

9 Bruno Taut, *Die neue Wohnung. Die Frau als Schöpferin*, Leipzig 1926, S. 10.

10 Vgl. Anonym, „*Erzherzogin Mathilde*", in: *Morgenpost*, 24. Mai 1867, S. 2–3; Vgl. Alison Matthews David, *Fashion Victims. The Dangers of Dress Past and Present*, London 2017, S. 163.

1927 bleibt ein erschreckendes Beispiel für das Zusammentreffen von Maschinen und *la mode*, als der lange Schal, den Duncan trug, sich in der Hinterachse ihres Wagens verfing, sie von dem Fahrzeug herabzog und ihr dabei das Genick brach. Gertrude Steins Galgenhumor in Reaktion auf den Unfall spiegelt dabei ein modernistisches, antiornamentales Ethos wider: „Affectations can be dangerous." („Anhänglichkeiten können gefährlich sein" – eigene Übersetzung, MK).[11]

Gisela Urbans Evokation des Modernismus in der Modeindustrie verbindet das Vorhaben der „BEST"-Beratungsstelle mit einer Revolution im Bereich der Kleidung, die östlich (in der Sowjetunion) und westlich (in Paris) des Roten Wien stattfand. Die russischen Konstruktivist:innen waren diejenigen Kleidungsdesigner:innen, die ideologisch am engsten mit der modernistischen Ablehnung des Ornaments verbunden waren.[12] Kleidung musste eine völlig neue Bedeutung erhalten – eine Möglichkeit, um Nützlichkeit und Gemeinschaft statt Schönheit und Individualität auszudrücken. Konstruktivistische Designer:innen sprachen sich daher für Einfachheit in ihren Designs aus, obwohl ihre Zielsetzung eher ideologischer denn ästhetischer Art war. Radu Stern merkt an, dass Vladimir Tatlin, einer der Begründer des Konstruktivismus, „Antimode" als „Ausgangspunkt für den kreativen Prozess" verstand und Pragmatismus an die erste Stelle setzte: Kleidung sollte „komfortabel, langlebig und einfach zu reinigen"[13] sein. Varvara Stepanova, eine Kollegin Tatlins und ein wichtiger Einfluss auf die konstruktivistische Designästhetik, strebte danach, das Kleid seiner Ornamente zu berauben, die es als frivol oder aus der Mode gekommen kennzeichnen konnten; *Funktion*, nicht Mode, hatte Vorrang.[14] Sie verurteilte Ornamente in der Kleidung, da sie keinen praktischen Zweck verfolgen, aber auch, weil Ornamente Lau-

11 Ebd., S. 128.
12 Vgl. Radu Stern, *Against Fashion. Clothing as Art, 1850-1930*, Cambridge 2004, S. 45.
13 Ebd., S. 49.
14 Vgl. Olga Vainshtein, „Designing the Future. Constructivist Laboratory of Fashion", in: Louise Wallenberg/Andrea Kollnitz (Hg.), *Fashion and Modernism*, London 2019, S. 101–126, hier: S. 103.

nen produzieren, die wiederum die kapitalistische Modemaschinerie befeuern. Olga Vainshtein erklärt Stepanovas wegweisende Einstellung zu athletischen Uniformen folgendermaßen: „Much in tune with the efforts of Coco Chanel to allow a woman more freedom of movement, Stepanova's designs were very thoughtful about the wearer's unobstructed body." („Stark im Einklang mit Coco Chanels Bemühungen, einer Frau mehr Bewegungsfreiheit zu erlauben, waren Stepanovas Designs sehr auf den uneingeengten Körper der Trägerinnen bedacht" – eigene Übersetzung, MK).[15]

Obwohl die russischen konstruktivistischen Designprojekte mit der Ideologie und Ästhetik des Roten Wien vereinbar waren, schenkten Urban und ihre Wiener Kolleg:innen den Entwicklungen des Pariser Stils deutlich mehr Aufmerksamkeit. Frankreichs globale Hegemonie in der Mode war seit der Herrschaft Ludwigs XIV. unbestritten, und nichts deutete darauf hin, dass sie im frühen 20. Jahrhundert nachlassen würde. Inspiriert durch einen Besuch bei Josef Hoffmann und der Wiener Werkstätte strebte Paul Poiret, der „König der Mode", danach, die Art und Weise, wie Frauen Kleidung trugen und mit der Welt um sie herum interagierten, zu verändern.[16] Poirets Innovationen verdrängten die Unterwäsche, die die Frauenmode in der einen oder anderen Form über beinahe 100 Jahre dominiert hatte. Anstatt der Sanduhrform des späten 19. Jahrhunderts, die durch das Korsett und die Tournüre geschaffen worden war, entschied sich Poiret in seiner „Directoire Revival-Kollektion" anfangs für klare Linien und einfache Formen – eine Form, die der Garçonne-Silhouette den Weg bereitete, welche später Gabrielle „Coco" Chanels Designs bestimmen würde. Eine Zeitgenossin Poirets, Madeleine Vionnet, galt als der „Geometer der Couture",[17] deren Ansatz in der Mode den intel-

15 Ebd., S. 104.

16 Vgl. Hamish Bowles, „Fashioning the Century", in: *Vogue*, 1. Mai 2007, S. 239.

17 André Fréchet, „Une grande maison de couture moderne: Madeleine Vionnet, Décorateur: Georges de Feure", in: *Mobilier et Décoration d'intérieur*, August–September 1923, S. 3–11, hier: S. 4. Vgl. Pamela Golbin, „Fashion Purist", in: Dies. (Hg.), *Madeleine Vionnet*, New York 2009, S. 22–31, hier: S. 24.

lektuellen Ambitionen modernistischer Architekten „wie Adolf Loos und Le Corbusier mit ihren puristischen Interesse an geometrischen Wahrheiten“[18] entsprach. So wegweisend ihre Designs auch waren, so bestand Vionetts revolutionärster Beitrag zur Mode vielleicht in den sozialen Einrichtungen, die sie ihren Angestellten zur Verfügung stellte: Die Mission des Karl-Marx-Hofs widerspiegelnd, sorgte sie für Kinderbetreuung, Zugang zu medizinischer Versorgung vor Ort und Sparkonten für die Kinder der Angestellten.[19] Niemand popularisierte die von Urban angepriesenen einfachen Silhouetten und die Ökonomie des Stils besser als Coco Chanel. Obwohl Chanel das sozialistische Ethos Gisela Urbans (und des Roten Wien) nicht teilte, hatten beide eine Priorität gemein: Kleidung zu kreieren, die es Frauen erlauben würde, sich in der modernen Welt ungehindert zu bewegen.[20]

Als die revolutionären kurzen, einfachen Kleider der frühen 1920er Jahre in den letzten Jahren des Jahrzehnts aus der Mode kamen, beteiligten sich einige von Wiens strahlendsten Schriftsteller:innen und Designer:innen an einem aufgeregten Diskurs[21] über den Niedergang der befreienden, modernen „Frauenmode“ und die kommende Rückkehr einer repressiven „Damenmode“.[22]

18 Christopher Breward, *Fashion*, Oxford 2003, S. 77–78.

19 Vgl. Golbin (2009), S. 29.

20 Obwohl Chanels Design darauf aus war, die Bewegungen von Frauenkörpern zu erleichtern, wäre es zu einfach, zu behaupten, dass diese vollständig von Einschränkungen durch Kleidung befreit gewesen wären. Wie Valerie Steele aufzeigt, setzt moderne Mode einen schlanken Körper voraus; heutzutage setzen sich Frauen durch Ernährung und Bewegung auf ähnliche Weise Schranken, wie es ihre Vorgängerinnen im 19. Jahrhundert durch das Korsett taten. Vgl. Valerie Steele, *The Corset. A Cultural History*, New Haven 2001, S. 143.

21 Vgl. die polemischen Diskussionen über „Modefragen“ und „Modeterror“: Antoinette Tinti, „Modefragen“, in: *Die Österreicherin* 2 (1929), Nr. 9, S. 9–10; Illy Kjäer, „Modeterror“, in: *Die Österreicherin* 2 (1929) Nr. 10, S. 9; Grete Trapp, „Modefragen“, in: *Die Österreicherin* 3 (1930) Nr. 1, S. 10; Vgl. Elsa Tauber, „Frauenbewegung und Mode“, in: *Die Österreicherin* 1 (1928), Nr. 3, S. 1; Vgl. Anna Siemsen, „Kleider machen Leute“, in: *Die Frau* 40 (1931), Nr. 8, S. 11.

22 Vgl. Paul Szende, „Frauenmode, Damenmode und die Wirtschaftskrise“, in: *Die Frau* 41 (1932), Nr. 2, S. 6–8.

Die *Wiener Werkstätte*, einst eine Inspirationsquelle für Poiret, veranstaltete 1928 ihre eigene Modenschau, um der Pariser Mode eine eigene Mission entgegenzusetzen: „[…] die Kleidermode von schneiderischem Firlefanz zu befreien."[23] Eine Woche vor Gisela Urbans lautstarker Polemik gegen die französische Modeindustrie 1926 schlug Marianne Pollak, Mitherausgeberin und regelmäßige Beiträgerin von Wiens offizieller sozialdemokratischer *Arbeiter-Zeitung*, Alarm. In einem Artikel unter der Überschrift „Vom Reifrock zum Bubikopf. Revolution und Mode" lobte sie die revolutionären neuen Kleider, die die Körper der Frauen befreit hatten, sodass sie arbeiten, sich am Sport beteiligen und moderne Verkehrsmittel nutzen konnten.[24] Pollak erkennt jedoch das kurzlebige Wesen der Mode und warnt ihre Leser:innen: „Diese Errungenschaften der Freiheit des menschlichen Körpers soll uns keine Reaktion, die die Frauen zurück in Kirche, Küche und Mieder pressen will, mehr rauben!"[25] In einem späteren Essay in der *Arbeiter-Zeitung* mit dem Untertitel „Klasse und Kleid" beklagt der Kulturkritiker Ernst Fischer die Bemühungen des „Modekönigs" Poiret und all der „Modepropheten", die diesem in seinen Bestrebungen folgen, berufstätigen Frauen die Wahlmöglichkeiten zu nehmen und die Mode an die Bourgeoisie zurückzugeben. Sobald moderne arbeitende Frauen Freiheit erfahren haben, so argumentiert er, werde jede modische Beschränkung dieser Freiheit im Klassenkampf enden:

> Die Trennungslinie wird gezogen. Die arbeitende Frau wird weiter kurze Haare und kurze Röcke tragen, weil das für sie keine Laune, sondern eine ungeheuere Lebenserleichterung ist […] weil das für sie keine Frage der Aesthetik, sondern eine Notwendigkeit ist. […] Wir werden auf einmal auch in der Mode zwei Klassen sehen […]. Mode

23 Alba, „Die Wiener Werkstätte und die Mode", in: *Moderne Welt* 9 (1928), Nr. 26, S. 20.

24 Vgl. Marianne Pollak, „Vom Reifrock zum Bubikopf. Revolution und Mode", in: *Arbeiter-Zeitung*, 5. Dezember 1926, S. 10.

25 Ebd.

gegen Mode – das wird nichts anderes sein als Klasse gegen Klasse, Zukunft gegen Vergangenheit.[26]

Die Entwicklungen in der Mode in den 1920er Jahren sind folglich mehr als nur ein Trend – sie avancieren zum Schauplatz der Frauenbefreiung, und die neuen Launen bürgerlicher, reaktionärer Kräfte dienen als Symbol für den gelungenen Aufstieg gewisser Schichten.

Genauso wie es Marianne Pollak und Ernst Fischer vorausgesagt hatten, wurde der Konflikt zwischen der modernen „Frauenmode" und der nostalgischen „Damenmode" von bürgerlichen Autor:innen politisiert, unterstützt von Stimmen des österreichischen Klerus und der faschistischen Reaktion. Im Januar 1928 berichtete Ann Tizia Leitich, die Amerika-Korrespondentin der bürgerlichen *Neuen Freien Presse*, ihren Wiener Leser:innen, dass sie momentan Zeugin von New Yorks „Girldämmerung" werde, dem Ende mädchenhafter Moden und kurzer Röcke. Leitich zelebriert die Rückkehr der „Dame" mit ihren wallenden Kleidern und herabhängenden Stoffenden: „Ha, eine Schleppe! Das geschieht ihm recht, dem Girl."[27] Einerseits schreibt Paul Szende in *Die Frau* die Schuld an der „Modekrise" französischen Fashionistas und amerikanischen Kapitalisten zu,[28] andererseits in der *Arbeiter-Zeitung* auch der „heiligen Allianz" zwischen Mussolinis Faschisten und dem Papst, die in Italien ihre Kräfte zum Angriff auf „unanständige" kurze Röcke vereinen würden.[29] In der Tat ging Papst Pius XI. einige Monate, bevor der Karl-Marx-Hof eingeweiht wurde, hart gegen „Unmoral in der Frauenmode" vor, indem er Priester dazu anhielt, unangemessen gekleideten Frauen die Kommunion zu verwehren, und indem er Eltern dazu aufrief, ihre Töchter von

26 Ernst Fischer, „Wiedergeburt der Dame. Rückkehr zur Vergangenheit. Klasse und Kleid", in: *Arbeiter-Zeitung*, 11. März 1928, S. 9.

27 Ann Tizia Leitich, „Girldämmerung. Das neue Ideal. Die wissende junge Dame", in: *Neue Freie Presse*, 22. Januar 1928, S. 30.

28 Vgl. Paul Szende, „Frauenmode, Damenmode und die Wirtschaftskrise", in: *Die Frau* 41 (1932), Nr. 2, S. 6–8.

29 Vgl. Paul Szende, „Der neue Marsch auf Rom. Mussolinis Offensive gegen die kurzen Röcke", in: *Arbeiter-Zeitung*, 20. März 1929, S. 2.

der Teilnahme an Sportarten abzuhalten, die ihre Körper entblößen würden.[30] Publikationen der sozialdemokratischen Partei berichten, dass österreichische Bischöfe einen offiziellen Hirtenbrief entwarfen, um ein Ende unmoralischer Kleidung in ihren Gemeinden zu fordern,[31] und Kommentator:innen fragten ironisch, wann ein weiterer Hirtenbrief die „Girldämmerung" befürworten und katholische Unterstützung für die neue, schlichte und refeminisierte Mode der „Dame" formulieren würde.[32] Zur Zeit der Einweihung des Karl-Marx-Hofs war die Rocklänge einer Frau demnach Bestandteil eines andauernden Kulturkampfes geworden, der Feminist:innen und die sozialdemokratische Bewegung gegen die reaktionären Kräfte der Kirche, faschistische Kräfte und das antisozialistische Bürgertum aufbrachte.

Der sozialdemokratische Kampf gegen die Rückkehr alter ornamentaler Praktiken befindet sich stark im Einklang mit den architektonischen und innenarchitektonischen Diskursen, die die Tätigkeit der „BEST"-Beratungsstelle umgaben, insbesondere mit Loos' Beobachtung, dass einige Einwohner:innen einer Stadt in einem völlig anderen Jahrhundert leben könnten als andere und dass es die Aufgabe von Architekt:innen und Inneneinrichtungsdesigner:innen sei, die Menschen zu ihrem je eigenen Prozess der Modernisierung zu überreden. Einige Monate vor der Einweihung des Karl-Marx-Hofs erschien in *Die Frau* ein Brief, in dem die Verfasserin, eine Großmutter, ihrer Enkelin von den Schrecken der Mode erzählt, die ihr früheres Leben ruiniert hatten: das enge, gesundheitsraubende Korsett und die massiven, unter schwerem Stoff versteckten Reifröcke. Nach dem Krieg brachte eine Revolution die Freiheit von den „Ketten" der Mode: In ihren fortgeschrittenen Fünfzigern legte sich die Großmutter einen Bob zu und begann, einfache, komfortable Strickkleider mit kurzem Saum zu tragen. Nachdem sie die Schönheit ihres „weichen, na-

30 Hierüber berichtete: Anonym, „Gegen die Unmoral in der Frauenmode", in: *Reichspost*, 2. März 1930, S. 9.

31 Vgl. Anonym, „Antwortlich eines Hirtenbriefs", in: *Arbeiter-Zeitung*, 15. Juli 1928, S. 11.

32 Vgl. Anonym, „Kleine Chronik. Man zieht sich wieder an", in: *Neue Freie Presse*, 24. Februar 1928, S. 9.

Abb. 22: „Verkehrte Welt", in: Die Frau 39 (1930), Nr. 1, S. 5.

türlichen Frauenkörpers“ entdeckt hat, sorgt sich die Großmutter, dass die freie, gesunde Mode vorübergehen wird und die Übel der Vergangenheit zurückkehren werden: „Und nun soll das alles auch nur eine Mode sein, wie tausend andere vorher schon? Ich habe so eine Angst, du könntest dich zum Wahnsinn des langen Rocks, der langen Haare, des Mieders verleiten lassen, nur weil du nie erlebt hast, was Kleiderketten sind.“[33] Am Ende des Briefes findet sich ein Cartoon, der eine „Verkehrte Welt“ darstellt: Eines der Bilder zeigt eine Gruppe von Mädchen mit kurzen Röcken und Bobfrisuren, die über ein Gemälde einer Großmutter in einem altmodischen Kleid mit Korsett und Reifrock lachen.

Das folgende Bild illustriert die Angst der Großmutter: Eine Gruppe älterer Frauen mit kurzen Haaren und einfachen, komfortablen Kleidern lacht über eine Enkelin in einem langen, wallenden Kleid, welches ihre Fähigkeit, zu gehen, beeinträchtigt.[34] Wie sich zuletzt herausstellt, wurde der 1930 in *Die Frau* erschienene Brief nicht von einer besorgten Großmutter geschrieben, sondern von Marianne Pollak, die damit ihre Verteidigung moderner Frauenmode gegen die Rückkehr unzeitgemäßer Ornamente von 1926 fortführte. Genauso wie Adolf Loos die unterschiedlichen Temporalitäten beschrieb, die innerhalb einer Stadt existieren können, präsentiert Pollak eine Zeitschleife in der Mode: Die Enkelin hat einen Schritt zurück in die unkomfortable, restriktive Mode einer früheren Ära getan und lebt im Grunde in einem anderen Jahrhundert als ihre modern gewordene Großmutter. Pollak war auf breiter Front an dem Vorhaben interessiert, rückwärtsgewandte Bürger:innen sowohl im Bereich der Mode als auch der Einrichtung vorwärts in die Moderne zu bringen: Einige Monate nachdem sie den Brief der „Großmutter“ verfasst hatte, schrieb sie in der *Arbeiter-Zeitung* einen umfassenden Artikel über die „BEST“-Beratungsstelle, in dem sie die „Geschmackserziehung“ lobte, die für die Massen zur Verfügung gestellt wurde, und

33 Marianne Pollak, „Modebrief einer Großmutter an ihre Enkelin“, in: *Die Frau* 39 (1930), Nr. 1, S. 4–5, hier: S. 4.

34 Vgl. ebd.

das Projekt zum Höhepunkt der von Loos begonnenen Modernisierungsbemühungen erklärte.[35]

Genauso wie Marianne Pollak und Gisela Urban die modernen Erfahrungen des Sports, des Automobils und der Lohnarbeit nutzten, um die Notwendigkeit einer modernen, befreienden Frauenmode zu verteidigen, importierte das Rote Wien moderne Modeästhetiken auf eine Art und Weise, die mit der Ästhetik der Wiener Architekturschule im Einklang standen. Die Ornament-Frage geht im Karl-Marx-Hof folglich weit hinaus über Karl Ehns Fassaden in Gelb und Terrakotta, die Skulpturen im Außenbereich von Josef Riedl und Otto Hafner und die weiteren Designelemente, die den Gebäudekomplex zu einer Ikone des Modernismus des Roten Wien gemacht haben [→ McFarland / Phenix: *Ornament*]. Der Status des Karl-Marx-Hofs als eine radikal neue Form des Wohnraums machte die Beteiligung der Expertise von Frauen erforderlich. Frauen wie Marianne Pollak und Gisela Urban kritisierten die Überkommenheit der neuesten „feminisierten" ornamentalen Moden aus Paris, sie wollten nicht, dass die Mode statisch blieb. Stattdessen riefen sie die Mode dazu auf, sich auf eine Art und Weise zu entwickeln, die den Frauen helfen würde, inmitten der Herausforderungen einer modernen Existenz zu gedeihen.

Bibliografie

Alba, „Die Wiener Werkstätte und die Mode", in: Moderne Welt 9 (1928), Nr. 26, S. 20.

Anonym, „Antwortlich eines Hirtenbriefs", in: Arbeiter-Zeitung, 15. Juli 1928, S. 11.

Anonym, „Erzherzogin Mathilde", in: Morgenpost, 24. Mai 1867, S. 2–3.

Anonym, „Kleine Chronik. Man zieht sich wieder an", in: Neue Freie Presse, 24. Februar 1928, S. 9.

Anonym, „Gegen die Unmoral in der Frauenmode", in: Reichspost, 2. März 1930, S. 9.

Hamish Bowles, „Fashioning the Century", in: Vogue, Mai 2007, S. 239.

Christopher Breward, Fashion, Oxford 2003.

35 Vgl. Marianne Pollak, „Wer ist die ‚BEST?'", in: *Arbeiter-Zeitung*, 15. Dezember 1930, S. 3.

Wojciech Czaja/Sabine Riss, „Frauen im Bauen. Wer hat Angst vor Frau Architekt?“, in: Der Standard, 2. Februar 2016, https://www.derstandard.at/story/2000097388466/frauen-im-bauen-wer-hat-angst-vor-frau-architekt (04.11.2022).
Alison Matthews David, Fashion Victims: The Dangers of Dress Past and Present, London 2017.
Ernst Fischer, „Wiedergeburt der Dame. Rückkehr zur Vergangenheit. Klasse und Kleid“, in: Arbeiter-Zeitung, 11. März 1928, S. 9.
André Fréchet, “Une grande maison de couture moderne: Madeleine Vionnet, Décorateur: Georges de Feure“, in: Mobilier et Décoration d’intérieur, August–September 1923, S. 3–11.
Edith Friedl, „Nicht immer folgen die Frauen dem Einfluss der Männer. Über Bau-Pionierinnen und ihre Nachhut“, in: Christina Altenstraßer (Hg.), Gender housing. Geschlechtergerechtes bauen, wohnen, leben, Innsbruck/Wien 2007, S. 85–116.
Pamela Golbin, „Fashion Purist“, in: Pamela Golbin (Hg.), Madeleine Vionnet, New York 2009, S. 22–31.
Doris Ingrisch/Ilse Korotin/Charlotte Zwiauer (Hg.), Die Revolutionierung des Alltags. Zur intellektuellen Kultur von Frauen im Wien der Zwischenkriegszeit, Frankfurt a.M. 2004, S. 243–251.
Illy Kjäer, „Modeterror“, in: Die Österreicherin 2 (1929) Nr. 10, S. 9.
Ann Tizia Leitich, „Girldämmerung. Das neue Ideal. Die wissende junge Dame“, in: Neue Freie Presse, 22. Januar 1928, S. 30.
Marianne Pollak, „Modebrief einer Großmutter an ihre Enkelin“, in: Die Frau 39 (1930), Nr. 1, S. 4–5.
Marianne Pollak, „Vom Reifrock zum Bubikopf. Revolution und Mode“, in: Arbeiter-Zeitung, 5. Dezember 1926, S. 10.
Marianne Pollak, „Wer ist die ‚BEST?‘“, in: Arbeiter-Zeitung, 15. Dezember 1930, S. 3.
Anna Siemsen, „Kleider machen Leute“, in: Die Frau 40 (1931), Nr. 8, S. 11.
Valerie Steele, The Corset. A Cultural History, New Haven 2001.
Radu Stern, Against Fashion. Clothing as Art, 1850–1930, Cambridge 2004.
Paul Szende, „Der neue Marsch auf Rom. Mussolinis Offensive gegen die kurzen Röcke“, in: Arbeiter-Zeitung, 20. März 1929, S. 2.
Paul Szende, „Frauenmode, Damenmode und die Wirtschaftskrise“, in: Die Frau 41 (1932), Nr. 2, S. 6–8.
Elsa Tauber, „Frauenbewegung und Mode“, in: Die Österreicherin 1 (1928), Nr. 3, S. 1.
Bruno Taut, Die neue Wohnung. Die Frau als Schöpferin, Leipzig 1926.
Antoinette Tinti, „Modefragen“, in: Die Österreicherin 2 (1929), Nr. 9, S. 9–10.
Grete Trapp, „Modefragen“, in: Die Österreicherin 3 (1930) Nr. 1, S. 10.
Gisela Urban, „Die Frauenmode muß sich ändern. Fromme Wünsche in Paris und anderwärts“, in: Linzer Tages-Post, 12. Dezember 1926, S. 16.

Gisela Urban, „Geschmack und Mode“, in: Die Österreicherin 5 (1932), Nr. 3, S. 10.
Olga Vainshtein, „Designing the Future. Constructivist Laboratory of Fashion“, in: Louise Wallenberg/Andrea Kollnitz (Hg.), Fashion and Modernism, London 2019, S. 101–126.
Th. Venus, „Urban, Gisela (geb. Stern) (1871–1943)“ in: Österreichisches Biographisches Lexikon [ÖBL] 1815–1950, Bd. 15 (Lfg. 67, 2016), S. 125–126.

Teil IV
VERGANGENHEIT UND GEGENWART

Lilli Bauer / Werner T. Bauer

Erzählung

Wenn wir einst nicht mehr sind, werden diese Steine für uns sprechen.

Dieser dem Wiener Bürgermeister Karl Seitz anlässlich der Eröffnung des Karl-Marx-Hofes zugeschriebene und oft zitierte Ausspruch[1] steht gewissermaßen am Beginn der Mythologisierung dieses Wohnbaus und seiner inhaltlichen „Aufladung" als Erinnerungs- und Gedächtnisort der Wiener Sozialdemokratie. Die über einen Kilometer lange Wohnhausanlage in Heiligenstadt gilt zwar als „Vorzeigeprojekt des kommunalen Wohnbaus im Roten Wien", doch eigentlich fällt der am 12. Oktober 1930, nur wenige Tage vor der letzten Nationalratswahl der Ersten Republik, eröffnete Hof bereits in die Spätphase des Wiener Wohnbauprogramms, das per Gemeinderatsbeschluss vom 21. September 1923 ins Leben gerufen worden war.

Die meisten großen Gemeindebauten der Ersten Republik sind gegen Ende des Jahres 1930, als die Auswirkungen der Weltwirtschaftskrise die politische Dauerkrise Österreichs noch weiter befeuern, bereits fertiggestellt und bezogen: der Reumannhof, die Wohnhausanlage am Fuchsenfeld und der Lassallehof (1926), der Matteottihof und Sandleiten (1928) oder der Rabenhof (1929). Doch es ist der Karl-Marx-Hof, der zum Symbol des Roten Wien werden wird.

Ob das dem Architekten Karl Ehn, der das Projekt eigentlich nur „geerbt" hatte, bereits in der Planungsphase bewusst war? Den Auftrag zur Verbauung der bis dahin vor allem gärtnerisch genutzten Hagenwiese erhält zunächst der Architekt Clemens Holzmeis-

1 Beispielsweise im Nachruf auf Seitz: Anonym, „Karl Seitz gestorben", in: *Arbeiter-Zeitung*, 4. Februar 1950, S. 1.

ter, der bereits 1922 mit dem Krematorium beim Zentralfriedhof ein bemerkenswertes bauliches Statement in einer von Kulturkampfrhetorik geprägten Auseinandersetzung geschaffen hatte. Der für den Wohnbau zuständige Stadtrat Franz Siegel, dem das Verdienst zukommt, bei der Planung großer kommunaler Bauvorhaben eine Vielzahl selbständiger Architekten eingeladen und somit ganz wesentlich zur stilistischen Vielfalt der Wiener Gemeindebauten beigetragen zu haben, soll Holzmeisters Entwurf angeblich mit den Worten kommentiert haben, „diesmal, Herr Professor, waren Sie eindeutig uninspiriert".[2] Der Auftrag geht nun an den Otto-Wagner-Schüler Karl Ehn, der als beamteter Architekt seit 1909 im Dienst des Wiener Stadtbauamtes steht und hier als „Diener vieler Herren" bis zu seiner Pensionierung im Jahr 1950 in führender Funktion tätig sein wird.

„Geradezu monumental"

Ehn orientiert sich an den gründerzeitlichen Idealen seines Lehrers und verbindet die architektonischen Vorlagen der abendländischen Klöster und der barocken Wohnhöfe, wie etwa dem Freihaus auf der Wieden, mit jener der europäischen Schlossarchitektur. Er entwirft einen durchgehenden Komplex mit wenigen Querstraßen, die den Bau durch breite, rundbogige Öffnungen durchbrechen. An den Kreuzungspunken, markiert durch die sogenannten Blauen Bögen, konzentrieren sich die wichtigen Infrastruktureinrichtungen wie Waschsalons und Kindergärten.

Der direkt am Bahnhof in Heiligenstadt gelegene fünfstöckige Mitteltrakt mit seinen sechs monumentalen Turmaufbauten wird zum symbolträchtigen Zeichen des Roten Wien, die in der Achse des Bahnhofs zum Sportplatz Hohe Warte gelegenen viaduktartigen Durchgänge sind als regelrechte „Triumphbögen" für die fußballbegeisterten Massen konzipiert, die an den Wochenenden zum Stadion strömen. Das Zusammenspiel von Balkonen, Torbögen und Fahnentürmen verselbständigt sich rasch zu einem eigenen ikonographischen Motiv, das bereits das Cover jener Broschüre

2 Zitiert nach: *Eve Blau, Rotes Wien. Architektur 1919–1934. Stadt – Raum – Politik*, Wien 2014, S. 391.

ziert, die anlässlich der Eröffnung der Anlage publiziert wird (vgl. Abb. 27).[3] Die Architektur der Wiener „Superblocks",[4] mit ihrer „Neigung zum Prunkvollen und Spektakulären",[5] folgt einer klaren Strategie – einen ästhetischen Gegenentwurf zum imperialen Wien, einen bewussten Kontrast auch zur innerstädtischen bürgerlichen Repräsentation, kurz: ein „Neues Wien" zu errichten. Der Präsident des Wiener Stadtschulrates Otto Glöckel bringt es in seiner Ansprache anlässlich der Vorfeier zur Eröffnung des Karl-Marx-Hofes auf den Punkt: „Früher wurden Schlösser und Burgen gebaut für die Unterdrücker des Volkes, es waren Adels- und Ritterburgen; heute entstehen Burgen des Volkes […]".[6]

„Ein bleibender häßlicher Klecks"

Der Karl-Marx-Hof ist bereits während seiner Errichtung Gegenstand heftiger politischer und medialer Auseinandersetzungen. Dem „bürgerlichen" Lager ist die Werbewirksamkeit der kommunalen Wohnbauten zugunsten der Sozialdemokratie ohnedies ein Dorn im Auge; unablässig warnen die Antimarxist:innen vor den strategisch über die Stadt verteilten „roten Festungen", in denen der bewaffnete Aufstand der Arbeiter:innenschaft geplant würde. In seinem Romanfragment *So starb eine Partei* (1934) karikiert der linke Dichter Jura Soyfer diesen an Verfolgungswahn grenzenden Hass in der Person des rabiaten Wutbürgers Zehetner: „Wenn er in der Stadtperipherie an den riesenhaften Gemeindebauten vorbeikam, die Namen trugen wie ‚Karl Marx' – ‚Friedrich Engels' –

3 Vgl. [Stadtverwaltung Wien], *Der Karl Marx-Hof. Die Wohnhausanlage der Gemeinde Wien auf der Hagenwiese in Heiligenstadt*, Wien 1930.

4 Helmut Weihsmann, Das Rote Wien. Sozialdemokratische Architektur und Kommunalpolitik 1919–1934, Wien 2002, S. 114–115. Weihsmann definiert den „Superblock" im Roten Wien als „sowohl […] zentralistisch architektonische Einheit als auch relativ autarkes Gemeinschaftshaus, weitgehend unabhängig von der restlichen Stadt." Die Superblocks der Gemeinde Wien sind mit infrastrukturellen Einrichtungen ausgestattet und dadurch so etwas wie eine autonome „Stadt in der Stadt".

5 Zitiert nach: Eve Blau (2014), S. 423.

6 Anonym, „Heute wird der Karl-Marx-Hof eröffnet", in: *Arbeiter-Zeitung*, 12. Oktober 1930, S. 11.

Abb. 23: Fotografie der Eröffnung des Karl-Marx-Hofs am 12. Oktober 1930.

‚Matteotti' – ‚Lassalle', sah er keine Volkswohnhäuser vor sich, sondern Bürgerkriegsforts des roten Schutzbundes. Die kommunalen Mistabfuhrautos waren Tanks, die Kindergärten Waffenarsenale, die Spielplätze Exerzierplätze. Sie hatten Wien zu einer getarnten Festung der Weltrevolution gemacht."[7]

Am 21. Oktober 1927 verkündet eine „Extra-Ausgabe" der christlich-sozialen *Reichspost* in riesigen Lettern: „Große städtische Neubauten gefährdet!" Bei dem „Riesenbau in der Heiligenstädterstraße" seien „katastrophale Baugebrechen festgestellt" worden.[8] Tags darauf ist gar vom „Fluch der bösen Tat" die Rede: „Ueber die Mietkasernenbauten der Gemeinde Wien senken sich die Schatten des Todes." „Riesige Summen der Steuerzahler" stünden auf dem Spiel, „die Kommunalmarxisten sind zu Gefangenen ihres Vorhabens geworden, die Hausbesitzer zu enteignen, das Mietwesen zu kommunalisieren und Monopolherren auf dem Wohnungsmarkte zu werden." Der soziale Wohnbau sei „eine wohnpolitische Ungeheuerlichkeit, ein soziales Unglück."[9]

Das den Heimwehren nahestehende *Neue Wiener Tagblatt* wiederum beklagt den Verlust der biedermeierlichen Vorstadtidylle: „Hier, wo die Stadt in die gefälligen und freundlichen Konturen der Landschaft überzugehen beginnt, wo der Wienerwald mit dem Kahlenberg und dem Leopoldsberg ganz nahe herübergrüßt, ist auf einmal und unvermittelt eine grobe Zäsur mit Mauerkolossen gemacht, ist ein bleibender häßlicher Klecks in das reizende Landschaftsbild gepatzt worden …"[10]

7 Jura Soyfer, „So starb eine Partei" (1934), In: Ders., *Das Gesamtwerk*, hg. von Horst Jarka, Wien 1980, S. 324–451, hier: S. 333–334.

8 Anonym, „Große städtische Neubauten gefährdet!", in: *Reichspost*, 21. Oktober 1927, [Extra-Ausgabe], S. 1.

9 Anonym, „Der Fluch der bösen Tat", in: *Reichspost*, 22. Oktober 1927, S. 1–2.

10 Zitiert nach: Anonym, „Der ‚Mammutbau' in Heiligenstadt", in: *Arbeiter-Zeitung*, 20. Juni 1928, S. 8.

Ist es der Mythos des Namens?

Noch in der Ersten Republik wird Karl Marx in der gesamten Arbeiterbewegung heiß verehrt. Anlässlich seines Todestages veranstaltet die Sozialdemokratische Arbeiterpartei regelmäßige Gedenkfeiern, und Otto Bauer entwickelt unter dem Begriff „Austromarxismus" Marx' Lehre innerhalb der Sozialdemokratie weiter. 1929 fasst der Wohnungsausschuss des Wiener Gemeinderates, in dem die Sozialdemokrat:innen seit 1919 eine komfortable absolute Mehrheit besitzen, folgerichtig den Beschluss, den in Arbeit befindlichen „Riesenbau in der Heiligenstädterstraße"[11] nach dem Gottseibeiuns der Konservativen zu benennen. Vielleicht auch als Trotzreaktion auf die rechte Polemik …

Die *Reichspost* reagiert mit Häme: „Auch ist der Hof im Sumpfgelände und auf Sand gebaut. Dies alles läßt ihn als ein geeignetes und weithin sichtbares Symbol für die Karl-Marx-Lehre erscheinen".[12] Und: „Zwischen dem städtischen Neubau und dem Marxismus bestehen innige Beziehungen. Beide wanken in ihren Fundamenten."[13]

„Da steht er, der ‚eingestürzte Bau'"[14]

Anlässlich der feierlichen Eröffnung ist den Sozialdemokrat:innen die Erleichterung darüber, die anfänglichen technischen Probleme bei der Fundierung in den Griff bekommen zu haben, deutlich anzumerken. *Das Kleine Blatt* schwelgt bereits vorab: „In gesundheitlicher Beziehung kann es jede Wohnung im Karl-Marx-Hof mit einer der als Sommeraufenthalt benützten Wohnungen

11 Anonym, „Schwere Bauschäden bei städtischen Neubauten", in: *Illustrierte Kronen-Zeitung*, 22. Oktober 1927, S. 5; Anonym, „Große städtische Neubauten gefährdet", in: *Reichspost*, 22. Oktober 1927, S. 8.

12 Anonym, „Der Karl-Marx-Hof", in: *Reichspost*, 21. Januar 1929, S. 3.

13 Anonym, „Der Heiligenstädter Bau wird ‚Karl-Marx-Hof' heißen", in: *Reichspost*, 11. Juli 1929, S. 6.

14 Titel eines Artikels, veröffentlicht einen Tag nach der Eröffnung: Anonym, „Da steht er, der ‚eingestürzte Bau'", in: *Arbeiter-Zeitung*, 13. Oktober 1930, S. 1.

in Grinzing und Sievering aufnehmen."[15] Und: „Auch die Kunst hat ihren Ehrenplatz im neuen Wien, aber diese Kunst verherrlicht nicht mehr wie in früherer Zeit die Wappen ausbeuterischer Aristokraten, sie liefert nicht mehr die Sinnbilder der Herrschaft einzelner über das ganze Volk. Die vier Riesenfiguren an der Hauptfassade des Karl-Marx-Hofes sind Sinnbilder des Geistes unserer Zeit, sie führen die Bezeichnungen: die Freiheit, die Fürsorge, die Aufklärung und die Körperkultur." Zwei Tage später legt das linke Boulevardblatt noch eines drauf: „Wiener, geht heute nach Heiligenstadt und schaut euch dieses ‚eingestürzte Gebäude' mit euren eigenen Augen an! [...] Marxismus – seht! –, das ist die Befreiung der Wohnung, der Sonne, der Luft und des Lichtes von der Spekulation und Ausbeutung. [...] Der Karl-Marx-Hof – schaut! –, das ist ein Stück Marxismus!"[16]

Eine „verpasste Gelegenheit"

Von linken Architekt:innen und fortschrittlichen Städteplaner:innen werden die Wiener Gemeindebauten bereits zum Zeitpunkt ihrer Entstehung als „Spiegelbilder kleinbürgerlicher Ideologie" massiv kritisiert, ihre Monumentalität als pseudomodern und „eskapistisch" verunglimpft. Vor allem die Vertreter des Siedlungsgedankens, wie Adolf Loos, Josef Frank oder Franz Schuster, stehen dem Wohnbauprogramm des Roten Wien ohnedies skeptisch, wenn nicht sogar ablehnend gegenüber. Frank etwa ätzt in einer „Rede, die nicht gehalten wurde", dass sich hinter dem Wort „Volkswohnungspalast" die Gesinnung eines „gesinnungslos gewordenen Kleinbürgertums" verberge. „Eine Gesinnung, die vom Stützpunkt des Palastes ausgehend, ihren ganzen Drang nach Repräsentation auf Kosten der Wohnkultur auf unsere Zeit gerettet hat. [...] Es fehlen nur die Spiegel an den Wänden – sonst wäre es wie in Versailles".[17] Auch der deutsche Architekturkritiker Wer-

15 Anonym, „Die größte Wohnanlage Wiens", in: *Das Kleine Blatt*, 10. Oktober 1930, S. 4.

16 Anonym, „Der steinerne Wahlaufruf", in: *Das Kleine Blatt*, 12. Oktober 1930, S. 2.

17 Josef Frank, „Der Volkswohnungspalast. Eine Rede, anläßlich der Grundsteinlegung, die nicht gehalten wurde", in: *Der Aufbau. Österrei-*

Abb. 24: Die Plastik *Der Sämann* von Otto Hofner (historische Aufnahme).

ner Hegemann beklagt die „verpasste städtebauliche Gelegenheit" und prangert das „architektonische Formenchaos" in Wien an, wo „Paläste" gebaut würden, „die in der überwiegenden Mehrzahl Ein-Zimmer-Wohnungen mit Küche aufweisen ..."[18] Und der dem „Neuen Bauen" verpflichtete sozialdemokratische Stadtbauamtsdirektor von Berlin, Martin Wagner, vermisst im Wiener Gemeindebau gar „den eigentlichen Charakter [des Sozialismus], der in Einheit und Gleichheit liegt".[19]

„Die rote Bastille ist erstürmt"

Die Mär von den „roten Festungen" hält sich bis heute hartnäckig – ein Relikt der austrofaschistischen Propaganda, genährt durch den kurzen Bürgerkrieg im Februar 1934, als sich die wenigen Verteidiger der Demokratie auch in den großen Gemeindebauten verschanzten. Dass diese keinerlei militärischen Nutzen besitzen, erweist sich allerdings rasch. Nachdem das Militär auch den Karl-Marx-Hof mit Artillerie sturmreif geschossen hat, wird der Fall „des roten Festungsgürtels von Wien" ausgiebig gefeiert. „Die rote Bastille ist erstürmt, das Vorwerk des Bolschewismus in Mitteleuropa...", frohlockt die *Reichspost* am 14. Februar 1934.[20] Und die *Illustrierte Kronen-Zeitung*, die den Karl-Marx-Hof anlässlich seiner Eröffnung noch als „Die größte Wohnhausanlage der Welt in Wien"[21] bejubelte, lässt nun „militärische Sachverständige" zu Wort kommen: „Kleine Fenster unterhalb der Bodenabteile sind nichts anderes als Schießscharten, auch die Bodenluken wurden

chische Monatshefte für Siedlung und Städtebau 1 (1926), Nr. 7, S. 107–11, hier: S. 107–108.

18 Werner Hegemann, „Kritisches zu den Wohnbauten der Stadt Wien", in: *Wasmuths Monatshefte für Baukunst* 10 (1926), Nr. 9, S. 362–367, hier: S. 365–366.

19 Martin Wagner, „Der internationale Wohnungs- und Städtebaukongreß in Wien", in: *Wohnungswirtschaft* 18/19 (1926), S. 149–156.

20 Anonym, „Der Wandel im Wiener Rathause", in: *Reichspost*, 14. Februar 1934, S. 1

21 Anonym, „Die größte Wohnhausanlage der Welt in Wien" in: *Illustrierte Kronen-Zeitung*, 12. Oktober 1930, S. 2.

so angelegt, daß von dort aus Maschinengewehre einen größeren Abschnitt unter Feuer nehmen können".[22]

Ein „tragisches Heldenepos"

Bei der internationalen (Neu-)Bewertung des Roten Wien nach 1945 kommt dem italienischen Architekturhistoriker Manfredo Tafuri und seiner 1980 erschienenen Studie *Vienna Rossa* eine besondere Rolle zu. Zwar unterzieht auch Tafuri den Wiener Gemeindebau und seine Schöpfer einer harten Ideologiekritik, doch was von der lange Zeit nur im italienischen Original (und einer französischen Übersetzung) vorliegenden und auch inhaltlich zum Teil schwer lesbaren Studie vor allem bleibt, ist das Foto des Karl-Marx-Hofes am Cover, den der Autor als den „gelungensten ‚Zauberberg' des Roten Wien" bezeichnet.[23] Das Rote Wien sei ein „tragisches Heldenepos", eine „Kriegserklärung ohne jede Hoffnung auf den Sieg",[24] wegen seines inneren Widerspruches zwischen revolutionären Zielen und reformistischer Politik von vornherein zum Scheitern verurteilt. „Das Rote Wien", so Tafuri weiter, „interessiert uns wegen seiner Widersprüche, nicht wegen seiner Lösungen."[25]

Nach all diesen überstandenen Kultur- und realen Kämpfen wird der Karl-Marx-Hof endgültig zu *der* Ikone des Roten Wien und damit auch zum Symbol seiner Illusionen, seiner Versprechungen für eine bessere Zukunft, aber auch seines tragischen Scheiterns und seines gewaltsamen Endes. Für die Wiener Sozialdemokratie, die sich mehrheitlich nicht mehr auf den Namensgeber beruft, stellen der Karl-Marx-Hof und seine einprägsame Silhouette deshalb einen Kristallisationspunkt ihrer historischen Identität, ja geradezu einen Sehnsuchtsort dar. Obwohl Bauten wie das Wiener Rathaus, das Vorwärtshaus an der Rechten Wien-

22 Anonym, „An den Stätten des Kampfes", in: *Illustrierte Kronen-Zeitung.* 17. Februar 1934, S. 5.

23 Manfredo Tafuri: *Vienne la rouge. La politique immobilière de la Vienne socialiste 1919–1933*, Bruxelles 1981, S. 93–94; ital. Original: Ders., *Vienna rossa. La politica residenziale nella Vienna socialista 1919–1933*, Milano 1980.

24 Vgl. ebd., S. 7.

25 Vgl. ebd., S. 17.

zeile – lange Zeit Sitz der Partei und des parteieigenen Verlages – oder auch das erste Arbeiterheim in Favoriten, historisch gesehen, prädestiniertere Kandidaten zur Identitätsstiftung wären.

Wahrscheinlich ist es gerade diese „Melange“ von Gründen und Ursachen, die den Mythos Karl-Marx-Hof erschaffen haben: die schiere Länge des Gebäudes, die Querelen im Zuge seiner Errichtung, die geniale und einprägsame Zeichenhaftigkeit seiner Hauptfassade, die provokant gemeinte Namensgebung sowie die Tatsache, dass der Hof im Bürgerkrieg 1934 heftig umkämpft war.

Bibliografie

Anonym, „Da steht er, der ‚eingestürzte Bau‘“, in: Arbeiter-Zeitung, 13. Oktober 1930, S. 1.

Anonym, „Der ‚Mammutbau‘ in Heiligenstadt“, in: Arbeiter-Zeitung, 20. Juni 1928, S. 8.

Anonym, „Heute wird der Karl-Marx-Hof eröffnet“, in: Arbeiter-Zeitung, 12. Oktober 1930, S. 11.

Anonym, „Der steinerne Wahlaufruf“, in: Das Kleine Blatt, 12. Oktober 1930, S. 2.

Anonym, „Die größte Wohnanlage Wiens“, in: Das Kleine Blatt, 10. Oktober 1930, S. 4.

Anonym, „Die größte Wohnhausanalge der Welt in Wien“, in: Illustrierte Kronen-Zeitung 12. Oktober 1930, S. 2.

Anonym, „An den Stätten des Kampfes“, in: Illustrierte Kronen-Zeitung 17. Februar 1934, S. 5.

Anonym, „Schwere Bauschäden bei städtischen Neubauten“, in: Illustrierte Kronen-Zeitung, 22. Oktober 1927, S. 5.

Anonym, „Der Fluch der bösen Tat“, in: Reichspost, 22. Oktober 1927, S. 1–2.

Anonym, „Große städtische Neubauten gefährdet!“, in: Reichspost, 21. Oktober 1927 [Extra-Ausgabe], S. 1 und S. 8.

Anonym, „Der Heiligenstädter Bau wird ‚Karl-Marx-Hof‘ heißen“, in: Reichspost, 11. Juli 1929, S. 6.

Anonym, „Der Karl-Marx-Hof“, in: Reichspost, 21. Januar 1929, S. 3.

Eve Blau, Rotes Wien. Architektur 1919–1934. Stadt – Raum – Politik, Wien 2014.

Josef Frank, „Der Volkswohnungspalast. Eine Rede, anläßlich der Grundsteinlegung, die nicht gehalten wurde“, in: Der Aufbau. Österreichische Monatshefte für Siedlung und Städtebau 1 (1926), Nr. 7, S. 107–111.

Werner Hegemann, „Kritisches zu den Wohnbauten der Stadt Wien“, in: Wasmuths Monatshefte für Baukunst 10 (1926), Nr. 9, S. 362–367.

Jura Soyfer, „So starb eine Partei“ (1934), in: Jura Soyfer, Das Gesamtwerk, hg. von Horst Jarka, Wien 1980, S. 324–451.
[Stadtverwaltung Wien], Der Karl Marx-Hof. Die Wohnhausanlage der Gemeinde Wien auf der Hagenwiese in Heiligenstadt, Wien 1930.
Manfredo Tafuri, Vienna rossa. La politica residenziale nella Vienna socialista 1919–1933, Milano 1980.
Manfredo Tafuri, Vienne la rouge. La politique immobilière de la Vienne socialiste 1919–1933, Bruxelles 1981.
Martin Wagner, „Der internationale Wohnungs- und Städtebaukongreß in Wien“, in: Wohnungswirtschaft 18/19, 1926, S. 149–156.
Helmut Weihsmann, Das Rote Wien. Sozialdemokratische Architektur und Kommunalpolitik 1919–1934, Wien 2002.

Lilli Bauer / Werner T. Bauer

Nacherzählung

Wer im Karl-Marx-Hof wohnt, trifft sie jeden Tag und zu jeder Jahreszeit: Gruppen und Grüppchen, oft Tourist:innen, die durch die großzügigen Höfe der Anlage streifen, staunend innehalten, fotografieren, diskutieren oder einer der regelmäßig stattfindenden Führungen folgen.

Der Karl-Marx-Hof ist längst eine fixe Größe unter den touristischen Attraktionen Wiens und wird in nahezu allen Reiseführern beschrieben. Eine Fahrt nach Heiligenstadt gehört, nicht nur wegen des nahegelegenen Kahlenbergs und der Heurigen in Nussdorf, mittlerweile zum Pflichtprogramm des ambitionierten Städtetourismus.

Ganz neu ist dieses Phänomen nicht. Bereits in der Ersten Republik wird „Das Neue Wien" als Sehenswürdigkeit beworben, etwa durch das „Studien-Reisekomitee der Bildungszentrale". Im Tätigkeitsbericht der sozialdemokratischen „Zentralstelle für das Bildungswesen"[1] für das Jahr 1929 wird festgehalten: „Für die beliebten Autobusrundfahrten durch das Neue Wien, bei denen jedes Mal drei bis vier Objekte besichtigt werden können, wurden 520 Wagen vermittelt, bei einer Beteiligung von etwa 21.000 Personen."[2]

Auch Gäste und Teilnehmer:innen von Großveranstaltungen, die etwa 1929 anlässlich des Internationalen Sozialistischen Jugend-

1 Die „Zentralstelle für das Bildungswesen" wurde im Anschluss an den Reichenberger Parteitag der SDAP im Oktober 1909 gegründet. Ihre Aufgabe bestand darin, „die Organisation des Bildungswesens zu fördern und den Genossen in allen Angelegenheiten des Bildungswesens mit Rat zur Seite zu stehen", so Ferdinand Skaret, „Zentralstelle für das Bildungswesen", in: *Arbeiter-Zeitung*, 10. Oktober 1909, S. 9.

2 Anonym, „Exkursionen", in: *Bildungsarbeit. Blätter für sozialistisches Bildungswesen* 17 (1930), Nr. 4, S. 45–46, hier: S. 45.

treffens oder der 2. Arbeiter-Olympiade 1931 nach Wien kommen, werden in den Karl-Marx-Hof gelotst. „Zehntausende Genossen und Genossinnen, die bisher Wien nicht kannten, haben während der Olympiade tagelang in dieser Stadt gelebt [...] und sie alle wissen, daß Wien dem Brausen der Wirtschaftsstürme zum Trotz, hart daran arbeitet, seinen Bewohnern ein besseres, schöneres, freieres Dasein und allen Städten ein vorbildliches Beispiel zu geben. [...] Seht euch an die ‚Roten Burgen', wie sie die Scheelsucht benennt, die großen Wohnbauten der Stadt Wien, in denen gegen billigen Zins der Arbeiter freier, luftiger, glücklicher wohnt, als selbst der Kaiser einst in seinen prachtüberladenen Schlössern!", verkündet die Frauenzeitschrift *Die Unzufriedene* im September 1931.[3]

Ebendort beschreibt auch Robert Prokop im Januar 1932 in seinem Artikel „Die Dorfbewohner kommen in die Stadt" eine organisierte „Rundfahrt durch das Neue Wien": „Und es gelang, aus den drei Ortschaften Sieghartskirchen, Kogl und Rohr eine Teilnehmerzahl von dreißig Vertrauenspersonen [der Partei], Frauen und Männer, in einem großen Überlandautobus über den Riederberg nach Wien zu bringen!"[4] Auf dem Besichtigungsprogramm stehen u.a. das Kinderheim im Schloss Wilhelminenberg, die Wohnhausanlage Sandleiten oder die Gemeindebauten entlang der „Ringstraße des Proletariats".[5] Über die Besichtigung des Karl-Marx-Hofs berichtet Prokop: „Ein wahrhaft überwältigender Anblick ist dieses Häusermassiv mit seinen stolzen Türmen. Hier sahen wir zum erstenmal, wie die Gemeinde Wien mit Ausnützung

3 Anonym, „Alt und Neu Wien", in: *Die Unzufriedene*, 19. September 1931, S. 3.

4 Robert Prokop, „Die Dorfbewohner kommen in die Stadt", in: *Die Unzufriedene*, 23. Januar 1932, S. 1–2.

5 Als „Ringstraße des Proletariats" wird die hohe Konzentration an Gemeindebauten entlang des Margareten- und des Gaudenzdorfer Gürtels bezeichnet, die ab den frühen 1920er Jahren als architektonischer Gegenentwurf zur „bürgerlichen Ringstraße" errichtet werden. Bei den Eröffnungen dieser Bauten spricht Bürgermeister Karl Seitz zumeist von einer „Ringstraße des Volkes", geläufig wird der Begriff „Ringstraße des Proletariats" durch die gleichnamige Titelgeschichte: Anonym, „Die Ringstrasse des Proletariats", in: *Die Unzufriedene*, 30. August 1930, S. 1.

der Wasserkräfte zwei große elektrische Wäschereianlagen mit angeschlossenem Bäderbetrieb, Wannen und Duschen, in weißverkachelten Kabinen für die Hausbewohner bereitgestellt hat."[6]

Die ganzseitige Illustration auf dem Titelbild der Zeitung setzt den Gegensatz Land-Stadt pointiert und propagandistisch in Szene: Hier die siebenköpfige Dorffamilie, dicht gedrängt um einen Esstisch, beleuchtet von einer einzigen, schwachen Lampe, dort die sauberen, lichtdurchfluteten Wohnhausbauten der Gemeinde Wien, wie der Reumannhof, der Matteotti-Hof oder eben der Karl-Marx-Hof. Zum Besichtigungsprogramm gehört auch die erste, 1929 vom „Österreichischen Verband für Wohnungsreform" eingerichtete Dauerausstellung im Karl-Marx-Hof: die „Beratungsstelle für Inneneinrichtung und Wohnungshygiene", kurz „BEST", „die an einer Wohnung von drei Räumen zeigt, wie man bei engsten Verhältnissen Wohnlichkeit gewinnen kann. Die Möbel sind einfach und zweckmäßig und mit möglichst geringen Kosten hergestellt. Die Beratungsstelle ist zu dem Zweck gegründet worden, breiten Massen den Weg zum neuen Wesen des modernen, zweckmäßigen Wohnens zu ebnen. Sie steht den in Sachen der Wohnungseinrichtung gewöhnlich völlig hilflosen Menschen mit uneigennützigem Rat hervorragender Künstler und Fachleute zur Seite."[7]

Die Ausstellungen in der „BEST", aber auch die regelmäßig hier abgehaltenen Vorträge erfreuen sich regen Zulaufs. Dennoch ist ihr Einfluss „auf die Wohnkultur der breiten Mehrheit der Arbeiterklasse-Mieter in den neuen Gemeindebauten zu vernachlässigen. […] Viele der an der BEST gezeigten Möbel überstiegen die Mittel der meisten proletarischen Haushalte", resümiert Eve Blau.[8]

6 Robert Prokop, „Die Dorfbewohner kommen in die Stadt", in: *Die Unzufriedene,* 23. Januar 1932, S. 1–2.

7 Anonym, „Der gute billige Gegenstand" in: *Der Kuckuck*, 20. Dezember 1931, S. 13.

8 Eve Blau, *Rotes Wien. Architektur 1919–1934. Stadt – Raum – Politik*, Wien 2014, S. 227.

Postkartenidyllen

Mit dem Ende der Demokratie in Österreich im Februar 1934 erlischt auch das touristische Interesse an den Errungenschaften des Neuen Wien. Ab sofort werden nicht mehr Postkartenserien mit Abbildungen der neuen Gemeindebauten – wie etwa anlässlich des Internationalen Sozialistischen Jugendtreffens – „zur Einleitung der Propaganda" gedruckt, die Postkarten des austrofaschistischen Ständestaates zeigen die von der Artillerie verwüsteten „roten Festungen", ja sogar tote Schutzbundkämpfer vor dem Schlingerhof in Floridsdorf und tragen lapidare Beschriftungen wie „Infanteriewirkung auf der Festung Karl-Marx-Hof". Sie sollen abschrecken und die Arbeiter:innenschaft nachhaltig demoralisieren.

Kurz darauf erhält „die Festung" den Namen „Biedermann-Hof", nach Karl Biedermann, dem verantwortlichen Kommandanten dieser „Infanteriewirkung". 1935 wird der Name erneut geändert – diesmal in Heiligenstädter Hof. Nach dem Zweiten Weltkrieg erfolgt die Rückbenennung.

1945 – die Befreiung wird von vielen als Niederlage empfunden. Das Land braucht Versöhnung, die Menschen sind auf der Suche nach einer neuen, beständigeren Identität. Nach der Überwindung des „Tausendjährigen Reiches" steht deshalb schon 1946 die erste urkundliche Erwähnung des Namens „Ostarrichi" im Jahr 996 im Mittelpunkt des öffentlichen Interesses. Oder die angeblich so „gute alte Zeit" der Habsburger-Monarchie. Werbewirksam werden in Filmproduktionen wie *Der Hofrat Geiger* (A 1947)[9] die malerischen Ortschaften der Wachau oder in der *Sissi*-Trilogie (A/D 1955 bis 1957)[10] das Schloss Schönbrunn in Szene gesetzt. Das Neue Wien hat ausgedient.

Bis weit in die 1990er Jahre sind die einst so stolzen Gemeindebauten eher übel beleumundet, ihre Bewohner:innen sozial stigmatisiert. Wien setzt zwar nach dem Zweiten Weltkrieg die 1923

9 *Der Hofrat Geiger*, Österreich, 1947, Regie: Hans Wolff, 93 min.

10 *Sissi*, Österreich, 1955, Regie: Ernst Marischka, 102 min; *Sissi – die junge Kaiserin*, Österreich/Deutschland, 1956, Regie: Ernst Marischka, 101 min; *Sissi – Schicksalsjahre einer Kaiserin*, Österreich/Deutschland 1957, Regie: Ernst Marischka, 109 min.

begonnene Errichtung kommunaler Wohnhausanlagen fort – bis 2004 werden nicht weniger als 150.000 neue Wohnungen fertiggestellt –, doch das Leben dort besitzt kein Renommee mehr. Wer es sich leisten kann, übersiedelt lieber früher als später in eine der neu errichteten Genossenschaftssiedlungen am Stadtrand. Und „touristische Attraktionen“ sind die Bauten des Roten Wien schon gar nicht – Fremde lockt man lieber mit Mozart und Sissi, Klimt und Schiele in die ehemalige kaiserliche Residenzstadt.

Die zweite Welle

1980 erscheint in Italien die Studie *Vienna rossa* des Architekturtheoretikers Manfredo Tafuri, der die Architektur des Roten Wien einer überaus kritischen Würdigung unterzieht, mit dem Karl-Marx-Hof auf dem Titelbild.[11] Aus der von der Gemeinde Wien selbst bevorzugten Marke „Neues Wien“ wird „Das Rote Wien“, eine Bezeichnung, die überwiegend in der parteieigenen *Arbeiter-Zeitung* zu finden ist, die aber auch vom politischen Gegner gerne verwendet wird.

Legendär wird die Großausstellung *Mit uns zieht die neue Zeit. Arbeiterkultur in Österreich 1918–1934*, die 1981 in der Straßenbahn-Remise Koppreitergasse gezeigt wird. Ebenso die Ausstellung zur Geschichte der Sozialdemokratischen Partei im Simmeringer Gasometer anlässlich ihres 100-Jahre-Jubiläums im Jahr 1988. 1999 schließlich erscheint das monumentale Standardwerk *Architecture of Red Vienna* von Eve Blau, Professorin an der Graduate School of Design der Harvard University.[12] Der Gemeindebau wird langsam, aber sicher rehabilitiert.

Mittlerweile ist das allgemeine Interesse an der Lebenskultur und damit natürlich auch an der Architektur der „Goldenen Zwanziger“, jener kurzen Epoche des Aufbruchs zwischen den beiden Weltkriegen, gewachsen. Die 1920er und frühen 1930er Jahre sind

11 Manfredo Tafuri: *Vienna rossa. La politica residenziale nella Vienna socialista 1919–1933*, Milano 1980; Ders., *Vienne la rouge. La politique immobilière de la Vienne socialiste 1919–1933*, Bruxelles 1981.

12 Eve Blau, *Rotes Wien. Architektur 1919–1934. Stadt – Raum – Politik*, Wien 2014.

wieder chic geworden – und davon profitiert auch das Rote Wien. Parallel dazu geht die politische Attraktivität der europäischen Sozialdemokratien in besorgniserregendem Ausmaß zurück. Davon erzählt bereits der nach einem Bühnenstück gedrehte und 2006 erschienene Spielfilm *Freundschaft* (A 2006) mit Rupert Henning und Erwin Steinhauer.[13] *Freundschaft* – der gängige Gruß der österreichischen Sozialdemokrat:innen – thematisiert den Konflikt zwischen einem „gesinnungsfesten" sozialdemokratischen Vater und seinem weitgehend ideologiefreien Sohn. Teile des Films werden im Karl-Marx-Hof gedreht, die Totenfeier für das verstorbene „rote Urgestein" Peppi Schober in den damals bereits leerstehenden Räumlichkeiten des ehemaligen Brausebades im Waschsalon Nr. 2. Ebendort befindet sich seit 1. Mai 2010 die Dauerausstellung zur Geschichte des Roten Wien, im Waschsalon Karl-Marx-Hof.

Das Rote Wien im Waschsalon

Auf der Suche nach einem geeigneten Ort für ein Ausstellungsprojekt zur Geschichte des Roten Wien stoßen die Ausstellungsmacher:innen im Jahr 2006 auf den Waschsalon Nr. 2 in der Halteraugasse.

Während im Erdgeschoß des freistehenden Gebäudes bis heute Wäsche gewaschen wird, sind die Wannen- und Brausebäder im Obergeschoß längst aufgelassen. Zwischenzeitlich als Büroräumlichkeiten und Veranstaltungssaal – oder eben auch als Filmkulisse – genutzt, stehen sie zum damaligen Zeitpunkt weitgehend leer. Einen geeigneteren Raum, das ist sofort klar, würde es nicht geben – 360 Quadratmeter Fläche mitten im berühmtesten Gemeindebau der Stadt. „Waschsalon" steht bereits in großen roten Lettern über der Eingangstüre, der Schriftzug wird zum Namensgeber des einzurichtenden Museums.

Die Räumlichkeiten eines Nutzbaus in einem denkmalgeschützten Gebäude für Publikumsverkehr zu adaptieren, nimmt Architekt Peter Achhorner, der gemeinsam mit den Architekt:innen von *t-hoch-n* für den Umbau verantwortlich zeichnet, als „sport-

13 *Freundschaft – Der Film*, Österreich, 2006, Regie: Rupert Henning, 90 min.

liche Herausforderung". Zunächst erfolgt eine erste Bestandsaufnahme. Was ist vom Originalbestand noch vorhanden, was kann restauriert, wiederinstandgesetzt und in eine Ausstellung integriert werden? Die Oberlichten aus Glasziegeln, das alte, abgewetzte Wartebänkchen im Vorraum, die Messinghandhaben auf den knarrenden Flügeltüren, die mit Kupferplatten beschlagenen Außentüren, sie alle werden – u.a. auch mit Hilfe des Bundesdenkmalamtes – gereinigt, von späteren Übermalungen befreit bzw. von der Metallrestauratorin Elisabeth Krebs wiederhergestellt.

Neben Fragen der Projektfinanzierung und der inhaltlichen Konzeption werden die Kurator:innen durch ihr Architekt:innen-Team bald mit Begriffen wie Barrierefreiheit, Brandabschnitt, Treppenauge und „veränderungsbescheidpflichtig" konfrontiert. Nachträglich eingezogene Zwischenwände müssen entfernt, Elektrik und Heizung erneuert werden. Im hinteren Bereich, wo ursprünglich ein WC und eine Teeküche untergebracht waren, muss eine gänzlich neue Lösung für die Erreichbarkeit des Dachgeschoßes, das ursprünglich nur über eine steile gusseiserne Wendeltreppe zugänglich war, gefunden werden, denn diesen langen, schmalen Raum mit seinen schiffsartigen Bullaugen ungenutzt zu lassen, ist für die Museumsmacher:innen keine Option.

Das größte Ausstellungsobjekt: Der Karl-Marx-Hof selbst

Im Frühjahr 2010 kann die Ausstellung schließlich eröffnet werden. Rasch zeigt sich, dass auch das Interesse am denkmalgeschützten Karl-Marx-Hof selbst enorm ist, weshalb bald regelmäßige Führungen durch den über einen Kilometer langen Bau angeboten werden. So wird der Karl-Marx-Hof wieder – wie bereits im Neuen Wien der Ersten Republik – zum Ausstellungsobjekt und fixen Bestandteil des Museumsbetriebes.

Aufgrund der Länge des Gebäudekomplexes kann eine Besichtigung rasch zu einem 90-minütigen „Stadtspaziergang" ausarten. Die Tour führt vom eindrucksvollen, ikonographischen Ehrenhof mit seinen imposanten Fahnentürmen – die gelegentlich im Rahmen von Spezialprogrammen auch bestiegen werden können – stadteinwärts zur Geistingergasse, wo ab 1930 die „BEST"

Abb. 25: Die Dauerausstellung im Waschsalon Karl-Marx-Hof.

untergebracht war, bis hin zum anderen Ende in der Grinzinger Straße, wo sich ursprünglich eine Arbeiter:innenbücherei befand.

Auf dem Rundgang passieren die Gruppen ehemalige Geschäfts- und Vereinslokale der Konsumgenossenschaft, der Gebietskrankenkasse, der Post und des Jugendheims, sowie die noch heute in Betrieb befindlichen Kindergärten und Waschsalons. Jener Gebäudeteil, in dem sich in der Ersten Republik eine Zahnklinik und eine Mutterberatungsstelle befanden, existiert heute nicht mehr, die Apotheke ist noch in Betrieb.

Nach mittlerweile vierzehn Jahren Museumsbetrieb im ehemaligen Waschsalon wird die regulär zweimal wöchentlich geöffnete Ausstellung von jährlich etwa 10.000 Menschen besucht, rund die Hälfte davon in Gruppen, von denen viele auch durch den Karl-Marx-Hof geführt werden wollen. Begegnungen zwischen Besucher:innen und Bewohner:innen bleiben bis heute allerdings die Ausnahme. Das Interesse für die eigene Wohnumgebung muss bei den meisten Ansässigen wohl erst (wieder) geweckt werden.

Mit der neuerlichen Nutzung des Karl-Marx-Hofes als touristische Attraktion ergeben sich unweigerlich auch einige kritische Fragestellungen. Zum einen nach dem Hof und seiner Architektur selbst. Bereits in den 1920er Jahren wird von Seiten fortschrittlicher Architekt:innen und moderner Stadtplaner:innen wie Josef Frank kritisch moniert, dass sich hinter den pathetischen Fassaden der Wiener „Volkswohnpaläste“ doch nur Kleinstwohnungen verbergen würden, und dass dem Wiener Wohnbauprogramm, trotz aller gebührender Anerkennung, doch etwas zutiefst Konservatives und Kleinbürgerliches anhafte.[14] Ein Kritikpunkt, der trotz „Ikonisierung“ aufrecht erhalten bleibt.

Deshalb wird bei Führungen durch die Wohnbauten des Roten Wien seitens des Waschsalonteams auf moderate Gruppengrößen geachtet – größere Gruppen werden geteilt –, um die Mieter:innen nach Möglichkeit nicht in ihrem Alltag zu stören.

14 Vgl. Josef Frank, „Der Volkswohnungspalast. Eine Rede, anlässlich der Grundsteinlegung, die nicht gehalten wurde“, in: *Der Aufbau. Österreichische Monatshefte für Siedlung und Städtebau* 1 (1926), Nr. 7, S. 107–111, hier: S. 107–108.

Abb. 26: Gruppenführung durch den Karl-Marx-Hof mit Lilli und Werner T. Bauer.

Gleichzeitig besteht zum zweiten die berechtigte Hoffnung, durch das offenkundige Interesse „von außen“ auch jenes der Bewohner:innen zu wecken, ihnen den „Stolz auf ihren Gemeindebau“ zurückzugeben.

Bleibt zum dritten die Frage, inwieweit die fortschreitende „Musealisierung“ des Roten Wien nicht auch zur Verflachung und Banalisierung seiner einstigen Ziele und Ideale beiträgt, beziehungsweise wie diese Ziele und Ideale, die ihre Gültigkeit ja keineswegs verloren haben, ins Heute übertragen, weiterentwickelt und dadurch lebendig erhalten werden können: Der soziale Wohnbau gleichsam als „Werkzeug zur Schaffung eines Neuen Menschen“.

Das Interesse am Roten Wien ist in den letzten Jahren jedenfalls merklich gestiegen, wozu die regelmäßigen Ausstellungen im Waschsalon ebenso beigetragen haben wie das 2019 begangene 100-Jahre-Rotes-Wien-Jubiläum mit zahlreichen weiteren Ausstellungen und Veranstaltungen, u.a. im Wien Museum/MUSA oder in der Wienbibliothek im Rathaus.

Dass sich parallel dazu – und das in einer Zeit der gesellschaftlichen und politischen Umbrüche und Krisen – der Bedeutungsverlust der Sozialdemokratie in den meisten europäischen Staaten und Kommunen scheinbar ungebremst fortsetzt, gehört sicherlich zu den unergründlichen Paradoxien der Geschichte. Das Rote Wien jedenfalls hat im vergangenen Jahrhundert gelernt, mit seiner Rolle als letzte „rote Bastion“ zu leben.

Bibliografie

Anonym, „Exkursionen“, in: Bildungsarbeit. Blätter für sozialistisches Bildungswesen 17 (1930), Nr. 4, S. 45–46.

Anonym, „Der gute billige Gegenstand“, in: Der Kuckuck, 20. Dezember 1931, S. 13.

Anonym, „Alt und Neu Wien“, in: Die Unzufriedene 19. September 1931, S. 3.

Anonym, „Die Ringstrasse des Proletariats“, in: Die Unzufriedene, 30. August 1930, S. 1.

Eve Blau, Rotes Wien. Architektur 1919–1934. Stadt – Raum – Politik, Wien 2014.

Josef Frank, „Die Volkswohnungspalast. Eine Rede, anlässlich der Grundsteinlegung, die nicht gehalten wurde“, in: Der Aufbau. Österreichische Monatshefte für Siedlung und Städtebau 1 (1926), Nr. 7, S. 107–111.
Freundschaft – Der Film, Österreich, 2006, Regie: Rupert Henning, 90 min.
Der Hofrat Geiger, Österreich, 1947, Regie: Hans Wolff, 93 min.
Robert Prokop, „Die Dorfbewohner kommen in die Stadt“, in: Die Unzufriedene, 23. Januar 1932, S. 1–2.
Sissi, Österreich, 1955, Regie: Ernst Marischka, 102 min.
Sissi – die junge Kaiserin, Österreich/Deutschland, 1956, Regie: Ernst Marischka, 101 min.
Sissi – Schicksalsjahre einer Kaiserin, Österreich/Deutschland 1957, Regie: Ernst Marischka, 109 min.
Ferdinand Skaret, „Zentralstelle für das Bildungswesen“, in: Arbeiter-Zeitung, 10. Oktober 1909, S. 9.
Manfredo Tafuri, Vienna rossa. La politica residenziale nella Vienna socialista 1919–1933, Milano 1980.
Manfredo Tafuri, Vienne la rouge. La politique immobilière de la Vienne socialiste 1919–1933, Bruxelles 1981.

Abb. 27: Titelblatt der Broschüre zur Eröffnung des Karl-Marx-Hofs, herausgegeben von der Stadtverwaltung Wien (1930).

ANHANG

Zeitgenössische Quellen zum Karl-Marx-Hof

Inhaltsverzeichnis der Quellen

Anonym, „Neue Gärten neue Bauten. Sitzung des Gemeinderats", in: *Arbeiter-Zeitung*, 11. Juni 1927, [S. 6]

Anonym, „Katastrophale Schäden bei zwei Wiener Gemeindebauten", in: *Neues Wiener Journal*, 22. Oktober 1927, [S. 3–4]

Anonym, „Die Bauten stehen, die Lügen sind zusammengebrochen", in: *Arbeiter-Zeitung*, 14. Juli 1928, [S. 5]

[Stadtverwaltung Wien], *Der Karl Marx Hof. Die Wohnhausanlage der Gemeinde Wien auf der Hagenwiese in Heiligenstadt*, Wien 1930, [S. 4–7]

Anonym, „Der steinerne Wahlaufruf", in: *Das Kleine Blatt*, 12. Oktober 1930, [S. 2]

Anonym, „Da steht er, der ‚eingestürzte Bau'", in: *Arbeiter-Zeitung*, 13. Oktober 1930, [S. 1]

Marianne Pollak, „Wer ist die ‚Best'?", in: *Arbeiter-Zeitung*, 15. Dezember 1930, [S. 3]

I. Anonym, „Neue Gärten und Bauten"

in: Arbeiter-Zeitung, 11. Juni 1927, [S. 6]

Der Textausschnitt aus dem intellektuellen Parteiorgan der österreichischen Sozialdemokratie berichtet von der Gemeinderatssitzung vom 10. Juni 1927, in der auf die frühere Nutzung der Hagenwiese – des künftiges Baulands für den Karl-Marx-Hof – als Terrain für Gärtnereien verwiesen wird. Außerdem wird bereits auf die Vielzahl von kommunalen Einrichtung und deren Kosten im entstehenden Superblock aufmerksam gemacht.

Neue Gärten und Bauten.

Sitzung des Gemeinderates.

Der Wiener Gemeinderat kam gestern in der Aufarbeitung seiner Riesentagesordnung mit 181 Geschäftsstücken wieder ein tüchtiges Stück vorwärts. Die Sitzung wurde um 5 Uhr nachmittags eröffnet. Bei einem Bericht des Gemeinderates *Schütz* (Soz.) über die Abänderung des Baulinienplans für das Gebiet zwischen der Heiligenstädterstraße, Grinzingerstraße und Franz-Josefs-Bahn wurde die Lösung der Pachtverträge mit den dort ansässig gewesenen Gärtnern zur Sprache gebracht. Schütz teilte mit, daß die *Pachtverträge friedlich gelöst* wurden; die Verhandlungen mußten rechtzeitig durchgeführt werden. Der Wunsch, die Straßenbahn näher zur Stadtbahn zu verlegen, konnte vor allem aus finanziellen Gründen nicht erfüllt werden. Die Vorlage wurde genehmigt.

[...]

Eine Wohnhausanlage mit 1200 Wohnungen.

Siegel berichtet ferner über den Bau von fünf großen städtischen Wohnhausanlagen in der *Petrusgasse*, *Schrottgasse*, *Krimskykaserne*, sechster und siebenter Bauteil, *Drorygasse* und *Heiligenstädterstraße*, Hagenwiese. Die zuletzt angeführte Anlage wird eine der gewaltigsten neuen Wohnhausanlagen sein. Es werden dort nahezu 1200 Wohnungen gebaut.

Biber (Einheitsliste) erklärt daß es sich bei dem Bau in der Heiligenstädterstraße um eine neue Type handelt, die zu begrüßen sei. Auf verschiedene weitere Anfragen und Einwände entgegnet *Siegel*, daß *ausländische Arbeiter auf keinem Gemeindebau beschäftigt* werden. Die Kosten, die auf eine Wohnung in der Anlage der Heiligenstädterstraße entfallen, sind deshalb höher, weil hier *77 Prozent der Baufläche für Gartenanlagen, Wäschereien, Bäderanlagen, Kindergärten* usw. verwendet werden, die natürlich alle die einzelne Wohnung belasten. [...]

11. Anonym, „Katastrophale Schäden bei zwei Wiener Gemeindebauten"

in: Neues Wiener Journal, 22. Oktober 1927, [S. 3–4]

Dieser Text aus dem Neuen Wiener Journal, *einer politisch rechtsgerichteten Zeitschrift, berichtet von einer Sitzung des Gemeinderats, in der Senkungen auf der Baustelle des Karl-Marx-Hof lebhaft diskutiert wurden. Ergebnis der Debatte um die Vorkommnisse vor Ort und die Frage der Verantwortlichkeiten ist die Verabschiedung eines Antrags zur Einrichtung einer Untersuchungskommission für die Bauschäden.*

Katastrophale Schäden bei zwei Wiener Gemeindebauten.

Einsetzung einer Untersuchungskommission.

Die Oeffentlichkeit wurde gestern durch Mitteilungen über *katastrophale Baugebrechen bei zwei städtischen Neubauten* alarmiert. Bei einem der Wohnhausbauten der Gemeinde, dem an der Heiligenstädterlände errichteten Baublock von mehr als einem Kilometer Frontlänge, haben sich derartige Senkungen gezeigt, daß nach der Meinung von Sachverständigen auch durch die kostspieligsten Rekonstruktionsarbeiten der Schade nicht gutzumachen ist und daß vielleicht sogar *der ganze Bau abgeräumt werden muß.* Es hat sich herausgestellt, daß die Grundierung für einen so ausgedehnten Hochbau ganz ungenügend ist. Auf dem Terrain waren früher Handelsgärtner etabliert und der durch viele Jahrzehnte bewässerte und dadurch gelockerte Gartengrund ist nun zum Verhängnis geworden. Die Fundamentierung wurde allerdings nach einem neuartigem System durchgeführt, doch gelangte derart *minderwertiges Material* zur Verwendung, daß der Grund nachgab und die Mauern sich stellenweise um 15 bis 20 Zentimeter senkten. Dadurch litt auch die Deckenkonstruktion und es bestand die Gefahr, daß es zu einem vollständigen *Einsturz des ganzen Komplexes* kommt. Diese Gefahr scheint nun durch die sofort vorgenommenen Maßnahmen allerdings beseitigt zu sein. Donnerstag hat eine Kommission des Wiener Stadtbauamtes, der auch Vertreter des gemeinderätlichen Bauausschusses beigezogen wurden, den Wohnhausbau am Heiligenstädter Gelände besichtigt. Die katastrophalen Baugebrechen wurden amtlich festgestellt. Die Haupt- und Mittelmauern haben sich in einer Ausdehnung von hundert Meter gesenkt. Professor *Saliger* von der Technischen Hochschule wurde damit betraut, ein Gutachten für die Rettungsaktion, wenn diese überhaupt noch möglich ist, zu erstatten.

Aehnliche Senkungen haben sich auch bei dem Neubau in der Hagenmüllergasse im 3. Bezirk ereignet. Durch diese Vorfälle sind viele Milliarden Gemeindevermögen verloren gegangen.

Mit dem Skandal bei den Gemeindebauten hat sich gestern *der Wiener Gemeinderat* beschäftigt. Die Christlichsozialen hatten einen *Dringlichkeitsantrag* vorbereitet, doch spielte Bürgermeister Seitz das Prävenire und stellte den Bericht des Stadtbauamtes an die Spitze der Tagesordnung. In Vertretung des erkrankten Referenten für technische Angelegenheiten Stadtrat *Siegel* erstattete Stadtrat *Breitner* das Referat. Er bezeichnete die Mitteilungen über die Baugebrechen natürlich als übertrieben und erklärte, daß zu irgendeiner Beunruhigung kein Anlaß bestehe. Dann hielt Stadtbaudirektor *Musil* einen längeren Vortrag über die Fundierung des Heiligenstädter Geländes. Die Fundierung sei nach einem erprobten, neuartigen System erfolgt. Die Senkung sei nur auf einen Zufall zurückzuführen, den die Techniker nicht voraussehen konnten.

Gemeinderat *Biber*, der von Beruf Baumeister ist, *widerlegte jedoch diese Behauptungen* und gab über die Baugebrechen einen geradezu *erschütternden Bericht*. Die Senkung in Heiligenstadt sei eine *Katastrophe, wie sie in Wien noch nicht erlebt* wurde. Nicht Zufall, sondern die *Schlamperei des Stadtbauamtes* habe das Unglück verschuldet. Das System, nach dem bei der Fundierung vorgegangen wurde, sei ohne Erprobung in der leichtsinnigsten Weise angewendet worden. Die Betondecken wurden aus dünnen Platten verfertigt und es wurde auch sonst gegen die bestehenden Vorschriften gebaut. Der Redner warnte schließlich die Gemeindeverwaltung, in dieser Weise weiter fortzufahren.

Stadtrat *Breitner* lehnte in einem Schlußwort *für seinen Teil* die technische Verantwortung für die Gemeindebauten ab; diese treffe vielmehr einzig und allein die ausführenden privaten Baufirmen. Der Gemeinderat beschloß auf Antrag des Stadtrates Kunschak, die Baugebrechen durch eine Kommission, der auch Professoren der Technischen Hochschule und Vertreter des Baugewerbes beizuziehen sind, untersuchen zu lassen. – Die ziemlich bewegte Sitzung nahm folgenden Verlauf:

Nachdem eine Reihe kleinerer Anträge ohne Debatte genehmigt worden ist, ergreift Bürgermeister *Seitz* das Wort zu folgender Erklärung: Es ist mir vor einiger Zeit gemeldet worden, daß *bei zwei Gemeindebauten Senkungen* stattgefunden haben. Ich habe sofort angeordnet, daß eine genaue Prüfung stattfindet und ein Bericht des Stadtbauamtes erstattet werde. Auch der zuständige Gemeinderatsausschuß hat sich selbstverständlich zunächst vertraulich mit dem Gegenstand befaßt. Heute früh ist nun plötzlich in einer Zeitung eine allerdings unrichtige Mitteilung darüber enthalten gewesen. Das betreffende Zeitungsunternehmen hat sodann im Laufe des Tages überdies eine Extraausgabe in den Straßen der Stadt verbreitet, daß diesen Gegenstand in sensationeller Aufmachung bespricht, so daß wirklich die Gefahr naheliegt, daß bei mangelnder Kenntnis des Gegenstandes die Bevölkerung beunruhigt werden könnte. Ich setze daher den Bericht des Stadtbauamtes sofort auf die Tagesordnung und bitte den derzeit die technischen Geschäfte führenden Stadtrat Breitner, darüber zu referieren.

Stadtrat *Breitner* leitet seine Ausführungen damit ein, man dürfte nicht erwarten, daß er sich hier als Fachmann über technische Fragen und vor allem über ein so schwieriges technisches Problem aufspiele. Er habe lediglich die Beratung einzuleiten. Als Vertreter dieses Ressorts müsse er aber feststellen, daß das Stadtbauamt von den Erscheinungen bei diesen Bauten nicht etwa in dem Sinn überrascht wurde, daß es erst zur Kenntnis der Senkungen gelangt wäre, als diese schon eine weitere Entwicklung genommen hatten. Vielmehr war es das Stadtbauamt selbst, das vom ersten Anbeginn an durch Höhenmessungen und Nivellements die über das normale Maß hinaus gehenden Senkungen feststellte. Das Stadtbauamt war es selbst, das die Vorkehrungen getroffen hat, um die mit der zunehmenden Belastung natürlich stärker in Erscheinung tretenden Setzungen zu beenden. Die diesbezüglichen technischen Arbeiten seien bereits seit Wochenfrist *abgeschlossen* und es hätten sich bei den Bauten neue Setzungen oder sonst Erscheinungen, die irgendwie zur Beunruhigung Anlaß geben, nicht gezeigt. Das Stadtbauamt sei aber über dieses Maß der Pflichterfüllung noch hinausgegangen und habe den Professor an der technischen Hochschule in Wien Ingenieur Dr. *Saliger*, der europäischen Ruf genieße, damit beauftragt, die beiden Bauten zu überprüfen.

Stadtrat *Breitner* schließt: Das rein technische Problem wurde leider *politisiert*. Ich glaube aber, daß es gerade für den Wiener Gemeinderat notwendig ist, die Erörterung wieder auf den Boden der Sachlichkeit zurückzuführen. Ich richte daher an den Bürgermeister die Bitte, er möge gestatten, daß der Stadtbaudirektor dem Gemeinderat alle Aufschlüsse in rückhaltloser Weise gebe.

Bürgermeister *Seitz* erteilt hierauf dem Stadtbaudirektor Ingenieur Dr. *Musil* das Wort.

Was der Stadtbaudirektor sagt.

Dr. Musil hält zunächst einen längeren technischen Vortrag über die Fundierung von Oertlichkeiten, deren Untergrund von Natur aus schlecht ist und ohne vorherige Präparierung die Aufführung größerer Gebäude nicht gestattet. Im Laufe der Zeit, führt der Stadtbaudirektor aus, wurden die verschiedensten Methoden angewendet. Als eine geradezu bahnbrechende Verbesserung ist die Einführung eines kegelförmigen Pfahles anzusehen, der durch seine spitz zulaufenden Mantelflächen beim Rammen eine kolossale Bodenverdichtung bewirkt.

Dieses Prinzip ist es, das bei den beiden in Rede stehenden Gemeindebauten angewendet wurde. Es handelt sich dabei durchaus um kein unerprobtes System. Auf Wiener Boden reicht seine Anwendung bis in das Jahr 1904 zurück. Im Jahre 1904 wurde das Haus Biberstraße 20 im angeschütteten Boden von elf Meter Mächtigkeit über Schlamm mit Grundwasser, im selben Jahr das

Palais der Bodenkreditanstalt in der Teinfaltstraße auf zahlreichen Minengängen aus dem Mittelalter errichtet. Das Neue an dieser Fundierung ist eigentlich nur eine Maschine, die von ihrem Erfinder, dem als Fundierungsfachmann europäischen Ruf besitzenden Baudirektor Ingenieur *Stern* in den letzten Jahren zu einer hohen Vollendung gebracht wurde. Diese Maschine erlaubt nämlich die Kopfpfeiler in überraschend kurzer Zeit zu schlagen. Wenn nun bei den Bauten wider Erwarten *stärkere, ungleichartige Setzungen* eingetreten sind, so ist nicht das gewählte Fundierungssystem als solches schuld und zu verurteilen, sondern es zeigt sich eben, daß trotz massenhafter und lückenlos erfolgreicher Anwendung einer Methode vereinzelt und überraschend immer noch ein Umstand auftreten kann, den die Technik noch nicht vollständig beherrscht, aehnliche Erscheinungen haben wir auf allen Gebieten der Technik zu verzeichnen.

Dr. Musil erklärt schließlich, daß durch die getroffenen Maßnahmen die Setzungen zum Stillstand gekommen seien und daß zu irgendeiner Beunruhigung der Bevölkerung kein Anlaß vorhanden sei.

Skandalöse Zustände bei den städtischen Bauten.

Gemeinderat *Biber* (christlichsozial) beschäftigt sich mit den Ausführungen des Stadtbaudirektors und bezweifelt, daß Ingenieur *Stern* eine solche Weltberühmtheit ist, wie Dr. Musil es hinzustellen versuchte. Auch das System der konischen Pfähle sei durchaus nicht so hervorragend. Wir werden zeigen, sagt der Redner, wie skandalös, ja geradezu katastrophal die Zustände auf den städtischen Bauten sind. Der Herr Baudirektor hat uns auch gesagt, daß Professor Saliger von der Technik als ein anerkannter Fachmann berufen wurde und daß das eine ganz besondere Vorsicht sei. Es ist eigentlich zum ärgern, wenn man so etwas hier sagt. Das Bauamt, das einmal die schönsten Bauten aufgeführt hat, braucht heute den Professor Saliger, um sich ein Gutachten für ein dalkertes Fundament eines Wohnhausbaues zu sichern. Die beiden Bauten sind das Gewöhnlichste, was man sich auf dem Gebiet des Bauwesens vorstellen kann. Ein technisches Problem ist da gewiß nicht zu lösen. Die Zuziehung des Professors Saliger ist nichts anderes *als die Not des Bauamtes.* Das Bauamt weiß nicht mehr, was es machen soll, weil eine *Katastrophe da ist, wie sie Wien noch nicht gesehen hat.* Ich werde Ihnen hier sagen, was wir auf dem Bau gesehen haben:

Die hundert Meter lange Hauptmauer gesenkt.

Gegenüber dem Baudirektor, der das System als ein glänzendes bezeichnet, müssen wir feststellen, daß hier eine *Schlamperei des Stadtbauamtes* vorliegt. Die Erklärung des Stadtbaudirektors, der bemüht war, diese Vorkommisse auf Zufälligkeiten zurückzuführen, hat uns nicht befriedigt und deshalb sind wir an die Baustellen selbst gegangen. Wir haben feststellen können, daß eine Mittelmauer in der Ausdehnung von rund hundert Längenmeter, also der wesentlichste Tragteil des Hauses, im Versenken begriffen war. Wir haben zuerst geglaubt, daß es sich um Piloten handelt, die geschlagen waren und haben erst dort erfahren, daß es Schwebepiloten sind. Ich würde mich für dieses System nie entscheiden. Wenn man sich aber dafür entscheidet, muß eine ganz außergewöhnliche Vorsicht in der Erprobung des Erdreiches Platz greifen. Wir haben aber Berichte von Augenzeugen, die behaupten, es sei geradezu schrecklich, in welch rasanter Weise die Pilotage durchgeführt wurde. Wir haben ferner konstatiert, daß die *Deckenstege alle abgerissen* sind. Die *Betondecken sind dünne Platten* und die Stege sind das tragende Element. Und gerade sie sind abgerissen und gebrochen. Die Decke ist jetzt ganz gegen alle Vorschriften. Sie ist zwar noch nicht gebrochen, aber wann wird sie brechen? Ich kenne die Gefahren, mit denen die Techniker zu kämpfen haben, und ich bin der letzte, der mutwillig ein Wort sagen würde. Was aber geschehen ist, ist eine Katastrophe, und wenn man im Gemeinderat darüber nicht spricht, macht man sich mitschuldig. Wir waren deshalb verpflichtet, dies in offener Sitzung zu sagen und mit keinem Wort mehr, als die Tatsachen bestehen.

Der Redner wendet sich nun der Besprechung des Baues in der Hagenmüllergasse zu und erklärt, daß dort die Zustände noch ärger sind als in Heiligenstadt. Die Mauern haben sich bedeutend mehr als die Mauern in Heiligenstadt gesetzt, und zwar um etwa fünf bis sechs Zentimeter. Da ist eine Rekonstruktion ausgeschlossen. Die Betonpilote ist von ganz weichem Material. Auf ein solches Material ein Haus zu stellen, das darf das Bauamt nicht zulassen. Es ist der Gemeindeverwaltung unwürdig, solche Bauwerke stehen zu lassen. Sie dürfen es der Wiener Bevölkerung nicht vergen, wenn sie angesichts solcher skandalöser und katastrophaler Verhältnisse etwas unruhig geworden ist. Hoffentlich lassen Sie sich diese Vorkommnisse als Lehre für die Zukunft dienen. (Lebhafter Beifall bei der Minderheit.)

Gemeinderat *Pfeiffer* (großdeutsch) weist darauf hin, daß die Frage der einstürzenden Bauten nicht nur nur eine technische, sondern auch eine wirtschaftliche und eine finanzielle Frage ist. Denn ungefähr ein Drittel der gesamten Gemeindeausgaben würden für Wohnbauten ausgegeben. Man müsse sich aufs schärfste dagegen wenden, daß in einer so unzweckmäßigen, ja geradezu verbrecherischen Weise gebaut werde, wie dies in der letzten Zeit geschehen sei.

Eine Verwaltung der Korruption und des Sumpfes.

Stadtrat *Kunschak* (christlichsozial) erinnert daran, daß die Vorkommnisse in Heiligenstadt und im dritten Bezirk nicht die einzigen traurigen Erscheinungen auf dem Gebiete der städtischen Bauten sind. Man habe schon einmal beim Einsturz der großen Ziegelhausanlage am Laaerberg eine Baukatastrophe erlebt. Auch bei anderen Wohnhausbauten haben sich schwere Gebrechen ergeben, so in der Wehlistraße und im Lassalle-Hof, wo es Senkungen gegeben hat und wo die Feuerungsanlage in einem so skandalösen Zustand war, daß die Polizei Rauchvergiftungen bei Wohnparteien konstatierte. Alle diese Erscheinungen zeigen eine ununterbrochene Kette von ganz unerhörten Zuständen im Bauwesen der Stadt Wien. Der Bericht des Stadtbaudirektors sage gar nichts und wenn er seine Dissertation mit einem derartigen geistigen Inhalt gemacht hätte, wäre er auf der Technik glatt durchgefallen. Das Stadtbauamt, das einst internationalen Ruf hatte, sei unter der sozialdemokratischen Verwaltung tief gesunken. Dies sei nur deshalb möglich, weil man die Verwaltung politisiert und durch das System der außertourlichen Beförderungen und außertourlichen Zuwendungen korrumpiert habe. Diese Verwaltung, die durch und durch politisiert ist, müsse sich auflösen in einem Sumpf der Korruption.

Redner stellt zum Schlusse den Antrag, eine *Untersuchungskommission* einzusetzen, in die außer Gemeinderäten auch Vertreter der Wiener Technik und des Baugewerbes zu entsenden seien.

Stadtrat *Breitner* erklärt in seinem Schlußwort, daß die Gemeinde nicht selbst baue, sondern alle Arbeiten an Privatfirmen vergebe, die einzig und allein die technische Verantwortung zu tragen haben. In den vorliegenden Fällen wurden die Arbeiten einer Firma übertragen, die auf dem Gebiete des Betonbaues einen ausgezeichneten Ruf genieße. Es ist das die Baufirma *A. Porr*, die nunmehr mit der Allgemeinen österreichischen Baugesellschaft fusioniert wurde. Gegen Baugebrechen gebe es keine absolute Garantie. Auch früher unter der christlichsozialen Aera seien derartige Dinge vorgekommen, so Fundierungsschäden bei einem Haus in der Latschkergasse und in der Heiligenstädterstraße, ein Deckeneinsturz bei einem Neubau in der Währingerstraße und ein Feuermauereinsturz in der Albertgasse. Bei der Aspernbrücke habe sich eine Senkung von acht Zentimeter gezeigt.

Bei der nun folgenden Abstimmung wird der Antrag Kunschak mit einer Modifikation des Gemeinderates Dr. Danneberg angenommen.

Hierauf gelangt die Vorlage über die Uebernahme der Ausfallsbürgerschaft für Zusatzexporte nach Rußland zu Beratung. Gemeinderat *Zimmerl* (christlichsozial) wünscht, daß in die Ausfallshaftung auch diejenigen Firmen einbezogen werden, die bisher das Rußlandgeschäft gepflegt haben, dazu aber nicht mehr in der Lage sind. Gegen die Vorlage selbst habe seine Partei aus politischen Gründen Bedenken, da die Russen, wo sie kommerzielle Vertretungen haben, dies zur *bolschewistischen Propaganda* benutzen. Dieser Umstand sei in Wien, wo die Sozialdemokraten bereits den Bolschewismus in das Wirtschaftsleben gebracht haben, umso gefährlicher. Die Vorlage wird schließlich mit den *Stimmen der Sozialdemokraten und der Großdeutschen* angenommen.

III. Anonym, „Die Bauten stehen, die Lügen sind zusammengebrochen"

in: Arbeiter-Zeitung, 14. Juli 1928, [S. 5]

Dieser Artikel erläutert die Ergebnisse der Kommission, die die Senkung des Baus untersuchte, aus sozialdemokratischer Sicht. Der Grund für die Senkung lag in der Beschaffenheit des Bodens, der früher zum Donauniederungsgebiet gehörte. Mitglieder des Gemeinderats weisen darauf hin, dass Senkungen generell nicht ungewöhnlich seien. Weiterhin wird geklärt, dass die private Baufirma die Kosten der Rekonstruktion tragen wird, und nicht die öffentliche Hand.

Die Bauten stehen, die Lügen sind zusammengebrochen.

Das Sachverständigengutachten über die Heiligenstädter Wohnhausbauten im Gemeinderat.

Der Wiener Gemeinderat verhandelte gestern das Sachverständigengutachten über die Bodensenkungen bei den Wohnhausbauten in Heiligenstadt und in der Hagenmüllergasse. Welcher gewaltige Unterschied zwischen den geradezu zahmen, zurückhaltenden Reden gestern und den ungeheuerlichen Anschuldigungen, die die Christlichsozialen im Oktober vorigen Jahres wegen der Bodensenkungen bei den beiden Bauten gegen die sozialdemokratische Gemeindeverwaltung erhoben haben. Jeder erinnert sich noch an die schreiende Extraausgabe der „Reichspost", die von katastrophalen Einstürzen und von verbrecherischer Verschleuderung von Steuergeldern sprach. Gestern beschränkten sich die Herren darauf, die bauliche Unterfangung der Senkungen, die selbstverständlich bei jeder Senkung erfolgt, sich als ihr Verdienst anzurechnen. Die Bauten stehen, sie werden in wenigen Monaten bezogen werden, die Lügen sind jämmerlich zusammengebrochen, wie es von Anfang an nicht anders zu erwarten war.

Neue Wohnhausbauten.

Die Baubewilligungen und Entwürfe für *städtische Wohnhausbauten* in der *Glatzgasse*, in der *Petzvalgasse*, in der *Wehringergasse*, in der *Diehlgasse*, in der *Weimarerstraße*, in der *Prälatenkreuzgasse* und die Entwürfe für die Siedlungsanlage *Lockerwiese* werden ohne Debatte genehmigt. Ferner werden einige Subventionen für Volksbildungs- und wissenschaftliche Vereine bewilligt.

Das Sachverständigengutachten über Heiligenstadt.

Stadtrat *Weber* berichtet dann über die Baugebrechen bei den Bauten in der *Heiligenstäderstraße* und *Hagenmüllergasse.* Er erinnert zunächst daran, daß alle Beschlüsse des zur Untersuchung der Baugebrechen eingesetzten Unterausschusses einmütig gefaßt worden sind. Zu bemerken ist, daß schon vor der Beschlußfassung im Gemeinderat das Stadtbauamt den Hofrat *Saliger* mit der Untersuchung des Baues in der Heiligenstädterstraße betraut hat. Der komplizierten Natur der Baugebrechen und dem gewaltigen Umfang des Bauvorhabens in der Heiligenstädterstraße ist es zuzuschreiben, daß erst vor einigen Wochen die Arbeiten der Experten abgeschlossen werden konnten. Was die Ursachen der Senkungen anlangt, so handelt es sich um ein zufälliges *Zusammentreffen von Mängel.* In der Hagenmüllergasse liegen aus dem Boden stammende *chemische Einwirkungen* auf den jungen Beton vor, die zu seiner Zersetzung geführt und damit die Senkung des Objekts herbeigeführt haben. Das Gutachten stellt ausdrücklich fest, daß manche dieser chemischen Einwirkungen den Chemikern bis dahin *überhaupt nicht bekannt* waren und daß die Betonzerstörung durch Einwirkung der Gips- und Nitritsickerwasser aus der Schlackenschicht entstanden ist. Ferner stellt das Gutachten ausdrücklich fest, daß auch bei einer anderen Gründungsart als mit Pfählen, angesichts der chemischen Beschaffenheit des Bodens, die Zermürbung des Betons eingetreten wäre. Auf Grund des Gutachtens kann er daher sagen, daß das Versagen der Pfähle in der Hagenmüllergasse ein durchaus *vereinzelter Fall* ist. Was den Bau in der Heiligenstädterstraße betrifft, so war hier, da es sich um ein früheres *Donauniederungsgebiet* handelt, von vornherein mit *ungünstigen Bodenverhältnissen* zu rechnen. Das Stadtbauamt war sich darüber auch im klaren. Nach den Erfahrungen, die es bei einer Anlage am Fuße der Hohen Warte gemacht hatte, hat das Stadtbauamt einer Fundierungsart den Vorzug gegeben, bei der das Graben von offenen Fundamentsgruben erspart wird. Was die Ursache des teilweisen Versagens der Fundierung anlangt, so hat sich die Schicht schwarzen Schlicks, der sich in dem fraglichen Bodenteil befindet, für die frischgeschlagenen Pfähle als außerordentlich schädlich erwiesen. In der Schicht dieses schwarzen Schlicks hat sich eine *Mißbildung der Betonpfähle* herausgestellt. In jenen Gebieten, in denen sich diese Schlickschicht nicht befindet, liegen auch keine Baumängel vor.

Stadtrat Weber bespricht sodann ausführlich die durchgeführten *Sicherungsarbeiten.* Die Kosten der Rekonstruktion wurden selbstverständlich gemäß dem Vertrag von der ausführenden Firma getragen und sie hat diese ihre Verpflichtung in loyaler und kaufmännisch richtiger Weise bis auf den letzten Groschen erfüllt.

Stadtrat Weber dankte schließlich den Mitgliedern des Unterausschusses und den Experten für ihre Arbeit und stellte fest, daß es sich in beiden Fällen um Erscheinungen handelte, die wiederholt in aller Welt vorgekommen sind. Erst vor einigen Tagen ist in *Prag* ein großes Bauunglück geschehen, das auch Menschenopfer erforderte. Dort sind *drei Neubauten eingestürzt.* Die Gemeinde Wien hat bis jetzt mehr als 80.000 Wohnungen gebaut und es ist kein Unglück geschehen. Aus dem Gebrechen bei zwei Bauten wurde ein Politikum gemacht.

> Es ist zu bedauern, daß man eine rein technische Angelegenheit zu einem wüsten Angriff auf die Gemeinderatsmehrheit benützt hat, ohne zu bedenken, daß man dadurch dem Ansehen unserer heimischen Bauindustrie im In- und Ausland schweren Schaden zufügt.

Es muß festgestellt werden, daß die beiden Bauten ihrer Vollendung entgegensehen und in *wenigen Monaten vermietet* werden. Damit haben all die böswilligen Angriffe ihre Widerlegung gefunden. Angriffe, die diktiert waren von blassem Neid und gelbem Haß gegen die Wohnungspolitik der Gemeinde, von der wir uns aber nicht abbringen lassen werden. Wir werden trotz aller böswilligen Angriffe diese Wohnungspolitik, die im Interesse der breiten Schichten der Bevölkerung Wiens ist, mit ganzer Kraft fortführen. (Stürmischer Beifall bei den Sozialdemokraten.)

Biber (Einheitsliste) sagt: Der Baugrund war viel besser, als man überhaupt erwartet möglich [sic!]. Wenn kein so guter Grund vorhanden hat, und daher war auch die Unterfangung gewesen wäre [sic!], hätten sie die Häuser abtragen müssen. Durch das Genie der Sachverständigen wurden die Häuser davor bewahrt, einzustürzen. In Heiligenstadt wurden auch viele Durchfahrten konstruiert. Ein solcher Durchfahrtsbogen kostet mehr als ein komplettes Wohnhaus.

Millik (Einheitsliste) meint, an dem Gutachten sei keine Kritik zu üben, weil darüber eingehend in den Fachzeitschriften geurteilt werden wird. Dann bemängelt er die Fassade des Heiligenstädter Baues, die nach Abhilfe schreit und diesem Werk die Krone aufsetze.

Pfeifer (Einheitsliste) erklärt, die Gemeinde werde an dieser Bautätigkeit keine Freude haben und müßte aus diesem größten Unglück die richtige Lehre ziehen.

Kunschak (Einheitsliste) muß zugeben, daß solche Senkungen schon früher vorgekommen sind. Beim Bau des Simmeringer Gaswerkes sind Senkungen vorgekommen, die über das normale Maß hinausgingen. Sie wurden sofort erkannt und mit geringem Aufwand behoben. Das Gebäude steht bis zum heutigen Tag. Jetzt, nach fünfundzwanzig Jahren, ist man darauf gekommen und hat plötzlich Sicherungen angebracht. Durch das Gutachten ist festgestellt, daß sich das Stadtbauamt bewußt war, daß es sich in Heiligenstadt um außerordentlich ungünstige Bodenverhältnisse handelte. Der Stadtbaudirektor meinte seinerzeit, sie seien nicht so ungünstig. Ich erwähnte damals, daß Lueger einen Gasbehälter dort aufstellen wollte, daß Stadtbauamt aber, das sich damals noch seiner Verantwortung bewußt war, dagegen ausgesprochen hat. Was das damalige Stadtbauamt gewußt hat, das hätte das Stadtbauamt auch heute wissen müssen. Wer hat die Pflicht verletzt? Sie selbst müssen durch ihre eigenen Organe die Schuldfrage feststellen lassen. Wäre es nicht zu einer Ueberprüfung der Bauten durch die Sachverständigen gekommen, sie hätten die Bauten notdürftig zusammengeflickt und dann wären halt die Häuser oder einzelne Teile eingestürzt.

Gebrandmarkte Lügen.

Stadtrat *Weber* erinnert in seinem Schlußwort zunächst an das *Flugblatt*, das die „Reichspost" am 21. Oktober über die beiden Bauten veröffentlicht hat. Darin hieß es in der größten Aufmachung, es sei ein *katastrophales Baugebrechen*, es *drohe Einsturzgefahr*, die Hauptmauern hängen zur Straße hinaus usw. Das hat man, ohne eine Untersuchung abzuwarten, der Oeffentlichkeit erzählen wollen, und der christlichsoziale Fachmann *Biber* hat damals im Hause erklärt, er sei der festen Ueberzeugung, die Bauten können nicht rekonstruiert werden, sie müssen demoliert werden. Diese Enunziationen von „Fachleuten" haben weit mehr als alles andere zur Schädigung des Bauamtes beigetragen. Senkungen hat es gegeben, seitdem gebaut wird. Unlängst wurde erst in Deutschland darüber geschrieben, daß in *Charlottenburg* und in andern Bezirken *ganze Wohnhausblocks* wegen schlechter Fundamentierung und schlechter Bauführung *geborsten* sind. Dort hat niemand daraus ein Politikum gemacht. Solche Senkungen kommen auch trotz strenger Handhabung der Baupolizei vor. Bei einem Zubau der Postsparkasse gab es eine große Senkung, ebenso bei Bauten in der Mariahilferstraße, in der Wiedenhofergasse, in der Kolingasse usw., und was das Simmernger Gaswerk anlangt, so wurde es wissentlich auf schlechten Boden bis zu einem halben Meter Senkung hineingebaut. Das ist ein technischer Bau, bei dem es gußeiserne Rohrleitungen bis zu neunhundert Millimeter Durchmesser gibt. Wenn ein solches Rohr reißt, kann die größte Katastrophe eintreten. Damals ist es niemandem eingefallen, die Gemeinde oder das Stadtbauamt zu beschuldigen, daß sie ihre Pflicht nicht erfüllt haben.

Stadtrat Weber schließt mit dem Wunsche, daß die Minderheit aus dieser Angelegenheit die richtige Lehre ziehen und nur sachliche Kritik üben möge (Stürmischer Beifall bei der Mehrheit.)

Der Bericht des Unterausschusses und der Sachverständigen wird dann mit den Stimmen der Sozialdemokraten genehmigt.

IV. [Stadtverwaltung Wien], „Der Karl Marx-Hof. Die Wohnhausanlage der Gemeinde Wien auf der Hagenwiese in Heiligenstadt"

Wien 1930, [S. 4–7]

Dieser Text befindet sich in der Broschüre über den Karl-Marx-Hof, die von der Stadt zur Einweihung des Gemeindebaus herausgegeben wurde. Die Broschüre bietet Erläuterungen zum Karl-Marx-Hof und dokumentiert in Wort und Bild das Design, die innovativen Ausstattungen und technische Statistiken zu den Baumaterialien und Wohnungstypen.

Die Wohnhausanlage der Gemeinde Wien im XIX. Bezirk, Heiligenstädterstrasse, „Karl Marx-Hof".

Als die Wiener Gemeindeverwaltung den Entschluß faßte, auf der Hagenwiese in Heiligenstadt eine Wohnhausanlage zu erbauen, stand sie vor der gewaltigsten Bauaufgabe, die je im Rahmen einer Wohnhausanlage zu lösen war.

Mehr als einen Kilometer lang dehnte sich die von Handelsgärtnereien besetzte Hagenwiese zwischen der Heiligenstädterstraße und dem Damme der Franz Josefs-Bahn aus. Die Verbauung dieser Riesenfläche erheischte die Lösung der verschiedensten Fragen, nicht nur seitens der Gemeindeverwaltung, sondern auch durch den Städtebauer, Architekten und Ingenieur. Es war vor allem zu entscheiden, ob eine Siedlung, eine Gartenstadt, oder ein geschlossener Wohnhausbau errichtet werden solle. Der gerade in dieser Zeit tagende internationale Architektenkongreß in Wien spiegelte die Meinungsverschiedenheiten, die hierüber bestanden, wieder. Die Gemeinde Wien entschloß sich, das Bauvorhaben in Form einer geschlossenen Wohnhausanlage mit großen Gartenhöfen auszuführen. Die unter der Leitung des Architekten Oberstadtbaurat Ingenieur *Josef Bittner* stehende Architekturabteilung des Wiener Stadtbauamtes wurde mit der Ausarbeitung der Entwürfe für diese Kolossalanlage betraut und die Verfassung des Projektes dem Architekten *Oberstadtbaurat Karl Ehn* des Stadtbauamtes übertragen.

Eine noch nie dagewesene Aufgabe war zu lösen: Da die Entscheidung, zugunsten der geschlossenen Bauweise gefallen war, war es nötig, an die Gestaltung des Bauwerkes mit besonderer Überlegung heranzugehen, da bei einer so langen Front nur durch eine wirklich gute Gliederung der Baumassen, bei einer einfachen und klaren Durchbildung im vertikalen und horizontalen Sinn, der erwünschte Anblick erreicht werden konnte. Auch war auf verschiedene Erfordernisse Rücksicht zu nehmen; ein so großes Gebiet konnte nicht ohne die nötigen Verkehrsadern bleiben. Es wurden daher vier Verbindungsstraßen vorgesehen, die von dem Bau überbrückt, den oft riesenhaften Verkehr der Menschenmassen von der Stadtbahnstation Heiligenstadt zum Sportplatz Hohe Warte vermitteln müssen. Durch eine fünfte Straße, die Geistingergasse, wurde von dem gewaltigen Baublock ein kleiner Teil abgetrennt, der als erster Bauteil an bestehende Miethäuser, im gleichen Baustil wie das Hauptgebäude, zur Ausführung gelangte.

In einer interessanten Weise löste der Architekt die ihm gestellte Aufgabe. Er schuf in der Mitte der Wohnhausanlage zur Unterbrechung der einen Kilometer langen Gebäudefront einen 10.480 m^2 großen Platz, der sich gegen die Heiligenstädterstraße zu öffnet, gärtnerisch ausgestaltet ist und als Schmuck eine überlebensgroße Bronzefigur, den „Sämann“, von Bildhauer Hofner, enthält. Dieser Platz wird an der Rückfront durch den höchsten Bauteil der Anlage, die fünfstöckige Überbauung der zum Sportplatz Hohe Warte führenden Straße, die noch durch sechs Turmaufbauten gekrönt wird, begrenzt. Dieser Wohnhausteil enthält auch die auf den Massenverkehr eingestellten riesigen bogenförmigen Durchfahrten und fällt in ruhigem Übergange seitlich in die vier- und dann dreistöckigen Flankenteile ab, der Anlage damit an ihrer dominierendsten Stelle eine gewaltige Horizontalgliederung verleihend, die durch die noch im Gebäude betonten emporstrebenden Turmbauten ein Gleichgewicht findet. Die so geschaffene Platzwirkung gibt dem Gebäude eine besondere Prägung. Ebenso bietet die geradezu monumental ausgeführte Ecke des Baues gegen die Stadt zu, mit ihren übereinanderliegenden Terrassen, eine dem Kolossalbau entsprechende Wirkung. Eine weitere Variation in der Gestaltung bietet der Bau in jenen Teilen, die in den vierstöckigen Überbauungen der Straßen zum Ausdrucke kommen und so dem sonst dreistöckigen Gebäude eine stärkere Gliederung geben.

Der Leitspruch Otto Wagners, des großen österreichischen Architekten der Moderne: – artis sola domine necessitas, der Kunst einzige Herrin ist die Notwendigkeit –, der für die moderne Baukunst allgemein richtunggebend geworden ist, gilt selbstverständlich auch für dieses Bauwerk. Der „Karl Marx-Hof" weist als einzigen Schmuck seiner über je einen halben Kilometer langen beiden Frontteile einen breiten, fortfließenden Mäander aus Balkonen auf, der die erforderliche Belebung der glatten Fassade bildet. Selbstverständlich entspricht auch die innere Gestaltung des Baues, die Grundrißlösung, diesen Gedanken. Mächtige Höfe, die zufolge ihrer Ausmaße schon ansehnliche Gartenanlagen einschließen, bieten den Bewohnern schätzenswerte Erholungsmöglichkeiten.

Die Gesamtarea des „Karl Marx-Hofes" beträgt 156.027 m^2; überbaut wurden 28.751 m^2. Auf Verkehrs-, Spiel- und Gartenflächen entfallen 127.276 m^2. Nur 18.4 %, also nicht einmal ein Viertel der Gesamtfläche sind verbaut, während drei Viertel Hofflächen mit Gartenanlagen oder Spielplätze für Kinder und Wege bilden. Nur eine öffentliche Bautätigkeit, welche auf die Volksgesundheit bedacht ist, kann und muß auch die hygienische Seite des Bauens in so umfangreichem Maße berücksichtigen. So entstand diese gewaltige Wohnhausanlage, die, mit fast 1400 Wohnungen, dem Ausmaße einer Kleinstadt, mit reichlich 5000 Einwohnern, gleichkommt.

Es ist selbstverständlich, daß eine solche Großanlage wie der „Karl Marx-Hof" auch für verschiedene Bedürfnisse Vorsorge treffen muß, die schon bei der Projektierung zu berücksichtigen waren. Die Errichtung zweier Kindergärten, zweier Wäschereien mit je einer geräumigen Badeanlage, einer Schulzahnklinik, einer Bibliothek, eines Jugendheimes und einer Krankenkasse mit Ambulatorien war ebenso notwendig, wie die Unterbringung einer Apotheke, eines Postamtes und vieler Geschäftslokale. Nicht unerwähnt sei, daß die angeführten zwei, auf das modernste ausgestatteten Großwäschereianlagen elektrisch beheizt und betrieben werden, wobei die Heißwasserbereitung in Elektrokesseln und Elektrospeichern erfolgt, wodurch die bei Koks- und Kohlenfeuerung entstehende Ruß- und Rauchplage vermieden wird. Die Rauchfreiheit dieser Einrichtung stellt einen besonders schätzenswerten Vorzug der Wohnanlage dar.

An künstlerischem Schmuck besitzt die Anlage, außer dem bereits erwähnten „Sämann" von Bildhauer Hofner auf dem großen, gärtnerisch ausgestalteten Platze, noch vier Plastiken auf Schlußsteinen über den Hauptdurchfahrten des Gebäudemittels, darstellend: „Freiheit", „Fürsorge", „Aufklärung" und „Körperkultur" von Bildhauer Riedl.

Die Heiligenstädter Wohnhausanlage befindet sich am Fuße des Stellrandes eines Geländes, wo in alter Zeit Donauarme vorbeiführten. Die Untergrundverhältnisse sind dadurch kompliziert und haben dazu geführt, daß die angewendete Gründung auf im Boden geschütteten Betonpfählen zum Teile nicht befriedigte. Die vorgenommenen Ergänzungsarbeiten haben sich vollkommen bewährt und volle Beruhigung über die Sicherheit des Bauwerkes geschaffen. Die technische Wissenschaft und Praxis hat aus diesem Beispiele einer schwierigen Fundierung neue nützliche Erkenntnisse geschöpft.

Auch der Aufbau des Objektes stellte den Ingenieuren neue Aufgaben. In dieser Beziehung ist vor allem der auch vom künstlerischen Standpunkte aus hervorzuhebende mittlere Bauteil zu erwähnen, dessen Wirkung zum großen Teil auf den gewaltigen torbogenartigen Öffnungen beruht. Diese Überbauungen und die Straßenüberbrückungen mit einer lichten Spannweite von mehr als 16 m haben infolge der über ihnen aufgetürmten Baumassen große Lasten zu tragen. Gelenkig gelagerte Eisenbetonrahmen, mit steifen Ecken, sind in das vom Architekten gewünschte Gewölbe eingebaut und die Schubkräfte durch unter dem Straßenpflaster verlegte Zuganker aufgenommen worden.

Ein Problem für sich bildet die Kanalisierung des ganzen Gebäudes unter Berücksichtigung des Umstandes, daß der Hauptkanal, infolge der Nähe des Donaustromes, höher liegt als die Kellersohle. Es mußte daher die Kanalleitung über der Kellersohle frei geführt werden.

Kehrichtabfuhr: Für diesen Zweck sind in den Höfen Sammelstellen für Coloniakübel verteilt vorgesehen, die ungefähr den Inhalt des Tagesanfalles aufnehmen können. Von diesen Sammelstellen werden die Coloniakübel mit Elektro-Autokarren abgeholt und auf eine außerhalb der Wohnhausanlage befindliche Sammelhalle überführt, von wo die Überladung auf die Colonia-Sammelzüge erfolgt.

Von besonderer Bedeutung ist die Anlage der Zentralwaschküchen. Zwei solche befinden sich in den Höfen der Wohnhausanlage. Wie bereits erwähnt, sollte der große Wohnblock frei von Rauch gehalten werden. Man nahm daher von einer Kohlenfeuerung Abstand und so blieb nur die Wahl zwischen einer mit Gas oder elektrischen Strom beheizten Kesselanlage. Mit Rücksicht darauf, daß bei einem entsprechend technisch eingerichteten Betrieb die Ausnützung des Nachtstromes möglich und billig ist, entschied man sich für die elektrische Wassererwärmung. Das Wesen der ausgeführten elektrischen Wassererwärmung besteht darin, daß in zwei Elektrokesseln von 1.35 m Durchmesser und 3 m Höhe mit Elektrodenheizungseinrichtungen das Wasser bis zu einem Druck von 8 Atmosphären geheizt und in zwei großen Kesseln von 3 m Durchmesser und 15 m Gesamtlänge gespeichert wird. Die beiden Speicher fassen zusammen 200 m^3 Inhalt. Diese Wassermenge genügt, um den Betrieb einer Wäscherei und der damit in Verbindung stehenden Bäderanlage während eines ganzen Betriebstages mit Wasser und Dampf zu versorgen. Die einzelnen Wäschereimaschinen werden mit elektrischer Kraft betrieben. Abweichend von dem Hallensystem, sind die Waschstände in den einzelnen Kabinen angeordnet und es befindet sich in jeder Einzelkabine neben dem Waschtrog noch ein kleiner Waschkessel. Die übrige Einrichtung an Waschkesseln, Zentrifugen, Trockenkulissen und Mangelmaschinen entspricht den schon in anderen Wohnhausanlagen eingerichteten Zentralwäschereien.

Der gesamte Bau wurde in drei Abschnitten in den Jahren 1926–1930 ausgeführt und der erste Bauteil schon im Sommer 1927 bezogen, der letzte Bauteil an der Grinzinger Straße, im August dieses Jahres fertiggestellt und besiedelt.

Um den Umfang der geleisteten Arbeit aufzuzeigen, seien nachstehend die Mengen der wichtigsten Baumaterialien angeführt, die auf dem Bau verwendet wurden:

Ziegel	24,400.000 Stück,
Zement	19,800.000 kg,
Rundeisen	3,500.000 kg,
Kalk	2,300.000 kg,
Gips	1,265.000 kg,
Sand und Schotter	130.000 m^3,
Glas	24.400 m^2,
Brettelböden	63.200 m^2,
Dachziegel	614.000 Stück.

Über die näheren Einzelheiten des Baues gibt die folgende tabellarische Zusammenstellung genaueren Aufschluß.

Zusammenstellung der in dieser Wohnungsanlage enthaltenen Wohnungstypen:

Ledigen-Zimmer	88
Küche, Zimmer	125
Küche, Zimmer, Kammer	748
Küche, 2 Zimmer	159
Küche, Zimmer, 2 Kammern	136
Küche, 2 Zimmer und Kammer	93
Küche, 3 Zimmer	16
Küche, 2 Zimmer und 2 Kammern	6
Küche, 3 Zimmer und Kammer	10
Küche, 3 Zimmer und 2 Kammern	1
Gesamtzahl der Wohnungen	1382

Nr. 282 Wien, Sonntag Arbeiter-Zeitung 12. Oktober 1930 Seite 3

Rote Werke zeugen gegen schwarze Lügen.

Extra-Ausgabe

Reichspost

Wien, Freitag, den 21. Oktober 1927

Große städtische Neubauten gefährdet!

Mit dem Skandal bei den Gemeindebauten muß Schluß gemacht werden

Das ist der Karl-Marx-Hof, der heute von Bürgermeister Seitz feierlich eröffnet wird.
Die christlichsoziale „Reichspost" hat in einer Extraausgabe, die wir hier wiedergeben, den drohenden Einsturz dieses Riesenbaues verkündet.
An diesem Beispiel erkennt die ganze Welt die schändliche Lügenhetze der christlichsozialen Feinde Wiens und ihre Widerlegung durch die Werke der sozialdemokratischen Gemeinde.

Die Schwarzen verleumden! **Die Roten bauen!**

Abb. 28: „Rote Werke zeugen gegen schwarze Lügen", in: Arbeiter-Zeitung, 12. Oktober, S. 3.

Am Tag der Eröffnung des Karl-Marx-Hofs erinnert die *Arbeiter-Zeitung* ihr Publikum an die „Extra-Ausgabe" der konservativen Reichspost, die die Senkungen am Bau am 21. Oktober 1927 in großen Lettern zum Skandal gemacht hatte. Die Schlagzeile auf der Titelseite der „Extra-Ausgabe" wurde unter dem Titel „Rote Werke zeugen gegen Schwarze Lügen" reproduziert und darüber die Fassade des fertiggestellten Gemeindebaus montiert.

Die Wohnhausanlage enthält weiters:

2 Zentralwäschereien mit 62 Waschständen,
2 Bäder mit 20 Wannen und 30 Brausen,
2 Kindergärten,
1 Zahnklinik,
1 Mutterberatungsstelle,
1 Bibliothek,
1 Jugendheim,
1 Postamt,
1 Krankenkasse mit Ambulatorium,
1 Apotheke,
ferner 25 Geschäftslokale.

Die Durchführung dieses gewaltigen Bauvorhabens stellte an die Planverfassung, an die bauausführenden Firmen und die städtische Bauüberwachung große Anforderungen, die eine Zeit lang, als die Schwierigkeiten in der Fundierung zu überwinden waren, zu einer ganz besonderen Spitzenleistung anwuchsen. Der Enderfolg hat die Hingabe aller Beteiligten gelohnt.

V. Anonym, „Der steinerne Wahlaufruf"

in: Das Kleine Blatt, 12. Oktober 1930, [S. 2]

Das Kleine Blatt, *die sozialdemokratische Publikation mit eher niederschwelligem Anspruch, feiert die Eröffnung des Gemeindebaus mit überbordender Rhetorik. Im Text wird der Karl-Marx-Hof wortgewaltig zum Architektur gewordenen Triumph des Roten Wien und der Ideale des österreichischen Sozialismus erhoben und die Wiener Bevölkerung zu dessen Bewunderung aufgerufen.*

Der steinerne Wahlaufruf

Heute Sonntag vormittag sollten die Wiener nach Heiligenstadt ziehen. Dort wird der Bürgermeister einen Volkswohnbau eröffnen, der an Großartigkeit alles übertrifft, was seit dem Kriege je in unserer Stadt geschaffen wurde. Es ist ein Bau, der unserem Wien zum Ruhme gereicht, ein Bau, gewaltig in seinen Ausmaßen, erhaben in seiner künstlerischen Gliederung, unerreicht in seiner hygienischen Fürsorge. Fünftausend Menschen, unter ihnen zwölfhundert Kinder, die bisher in den stickigen Zinskasernen der Häuserspekulanten dahingesiecht, haben hier eine sonnige, gesunde Heimstätte inmitten herrlicher Gartenhöfe gefunden. Zwei große Kindergärten, ein Jugendheim, eine Bibliothek, zwei Badeanstalten, eine Schulzahnklinik sorgen in diesem Riesengebäude für das geistige und leibliche Wohl seiner Bewohner. Fünftausend Menschen werden hier erlöst von der Qual der Wohnungsenge und Obdachlosigkeit, und einem gesünderen glücklicheren Leben zugeführt.

Karl-Marx-Hof heißt dieser stolze Bau. Wiener, geht heute nach Heiligenstadt und schaut mit eigenen Augen ein Stück Marxismus!

Was hat man euch über den Marxismus vorgelogen! Wie hat die Wut und der Haß, die Lüge und Verleumdung jene Schöpfung umtobt, die sich nun mit dem Namen Karl Marx in ihrer berauschenden Herrlichkeit inmitten unserer Stadt erhebt! Erinnert ihr euch an jene Extraausgabe des Seipel-Blatts, in der die Stadt mit dem Alarmruf beunruhigt wurde: *Der Heiligenstädterbau vor dem Einsturz!* Wiener, geht heute nach Heiligenstadt und schaut euch dieses „eingestürzte Gebäude" mit euren eigenen Augen an! Geht hin, überzeugt euch mit euren eigenen Augen, wie die Antimarxisten lügen, und urteilt dann selbst über den Marxismus und den Antimarxismus! Tretet vor das Riesenwohnhaus, durchwandelt seine Gartenhöfe, schaut euch die Wohnungen an mit ihren sonnigen Balkons, ihren Kindergärten und Bibliotheken, und laßt euch erzählen, was Marxismus ist.

Marxismus – seht! –, das ist die Befreiung der Wohnung, der Sonne, der Luft und des Lichtes von der Spekulation und Ausbeutung. Erinnert euch, wie es war, bevor der Marxismus Einfluß und Macht hatte? Da war Wohnung, Licht und Luft eine Ware wie jede andere, mit welcher Spekulanten spekulierten, Wucherer sich bereicherten, aus welcher Kapitalisten ein arbeitsloses Eigentum erpreßten. Das ist nun anders. Wohnung, Licht, Sonne sollen keine Ware sein; mit dem Bedürfnis des Menschen nach gesundem Wohnen soll kein Mensch mehr Geschäfte machen. Wohnungen sollen vom Gemeinwesen errichtet, vom Gemeinwesen verwaltet und den Bedürftigen zugeteilt werden.

Der Karl-Marx-Hof – schaut! –, das ist ein Stück Marxismus! Und die Kindergärten, die Bibliotheken, die Bäder, die gemeinnützige Versorgung der Bevölkerung mit elektrischem Licht, mit Gas, mit den Verkehrsmitteln – das ist ein Stück Marxismus. Ein kleines Stück erst – wenngleich schon Volkwohnungen für 45.000 Familien emporragen! Aber dieser Anfang zeigt, was die Marxisten wollen: Sie wollen das Wohl der Gemeinschaft durch die Gemeinschaft.

Was hat der Antimarxismus dem Marxismus entgegenzustellen? Wo sind die Leistungen des Antimarxismus? Unerhörte Not, Arbeitslosigkeit und Strafella – das sind seine Wahrzeichen! Der Antimarxismus, das ist die Partei der Häuserschieber – der Marxismus ist die Partei der Häuserbauer. *Wollt ihr jene, die Häuser bauen, oder jene, die Häuser schieben?* – das ist die große Frage des Wahlkampfes.

VI. Anonym, „Da steht er, der ‚eingestürzte Bau'"

in: Arbeiter-Zeitung, 13. Oktober 1930, [S. 1]

Der hier abgedruckte Text „Der Bürgermeister spricht" ist ein Ausschnitt aus einem längeren Bericht über die Eröffnung des Karl-Marx-Hofs und gibt die Rede des Wiener Bürgermeisters, Karl Seitz, wieder. In seiner Rede betont Seitz, dass der Karl-Marx-Hof die politischen Lügen von rechts widerlege, die Leistungen der Sozialdemokratie vor Augen stelle und der Arbeiter:innenschaft von Wien Hoffnung auf die Zukunft gebe.

Da steht er, der „eingestürzte Bau"

Zehntausende bei der Eröffnungsfeier des Karl-Marx-Hofes.

[…]

Der Bürgermeister spricht.

Jubelnd begrüßt, hielt dann Bürgermeister *Seitz* die Eröffnungsrede:

Zehntausende Wiener sind heute hierhergeeilt, um die fünftausend Menschen, die in diesem neuen, dem größten Wohnbau der Gemeinde wohnen, herzlichst zu begrüßen. Wenn ich mich recht an das erinnere, was vor *drei Jahren über den Bau geschrieben* wurde, müßte ich eigentlich alle, die hier wohnen, *bedauern*. Nach diesen Nachrichten stünde dieser Bau stündlich vor der Gefahr des Zusammensturzes, und Sie, seine Bewohner, vor der Gefahr, Ihr Leben zu verlieren, zur Strafe für die Unvorsichtigkeit, in diesen Wohnbau einzuziehen. Aber wir Wiener haben ja in vielem *Glück*, vielleicht auch da. (Große Heiterkeit.)

Wir sind zwar durch alle Gossen geschleift worden, aber – *Lügen haben kurze Beine*, und man muß nur die Energie aufbringen, standzuhalten – heute zeigt sich, daß wir *recht* hatten. Vor allem danke ich hier dem Manne, der am meisten angefeindet wurde, dem Stadtrat *Weber* (großer Beifall), dann dem Stadtbaudirektor und allen seinen Mitarbeitern, dem Architekten, der dieses Werk erdacht hat. Ich danke auch dem Stadtrat *Breitner* (brausender Beifall), der dank seiner sparsamen Finanzpolitik immer wieder in der Lage ist, die Summen aufzubringen, deren wir bedürfen, um das große Aufbauwerk im Wohnungswesen, im Fürsorgewesen und im Schulwesen zu leisten. Diese Männer haben in stiller, sachlicher Arbeit ein großes Kulturwerk vollbracht.

Es gibt Zeiten des *großen Wortes*, der großen Geste, das sind die Zeiten äußerer und innerer Kriege, der Revolutionen, Zeiten großen wirtschaftlichen Geschehens, wirtschaftlicher Konjunktur. In solchen Zeiten sind Männer nötig, die über das starke Wort und die große Geste verfügen. Dann aber kommen Zeiten, in denen die Hochspannung der Nerven einer gewissen Beruhigung weicht, man nach großem Geschehen zu ruhiger, schwerer Arbeit zurückkehrt. Da fragt der Bürger nicht mehr, wer ihm das schönste Wort sagt, er fragt, wessen *Tat* die wertvollste ist, er fragt:

„Was leistet ihr?"

Wir stehen in einer historischen Periode der *Sachlichkeit*, der stillen, aber energischen *Aufbauarbeit*. Unsere historische Aufgabe ist, in Sachlichkeit diese Arbeit zu leisten.

Möge man diese Gemeindeverwaltung und ihre Grundsätze bekämpfen, möge man in Worten gegen uns argumentieren, die *Tat beweist*! (Stürmischer Beifall.)

Was hier aufgebaut worden ist, das ist ein Teil des großen Wohnbauprogramms der Gemeindeverwaltung, ein Stück ihres großen Aufbauwerkes. Wir wissen, daß der vernünftige und ruhig denkende Bürger *prüfen* wird, was praktisch geschehen und was leeres Wort ist. In 1400 Wohnungen haben hier fünftausend Menschen eine neue Heimstätte gefunden.

Indem wir alle diese neuen Bewohner der Anlage herzlichst begrüßen, bitten wir sie, nicht zu erlahmen im Genuß des Erreichten, sondern mit uns zu kämpfen und derer zu gedenken, die noch ohne Wohnung sind, die in Elendslöchern wohnen müssen, deren Kinder körperlich und geistig Schaden leiden müssen. Wir bitten Sie, sich einzugliedern in die Reihen der Kämpfer für ein neues Wien, für ein Wien der gesunden Wohnungen, der freudigen Jugend, für den Aufbau unserer Stadt! Schöpfen wir aus der Betrachtung des neuen Werkes Kraft, um wieder neues zu schaffen.

Die Stadt Wien wünscht den Bewohnern dieser neuen Anlage, daß ihnen in dem neuen Heim Glück und Schönheit und für die Kinder eine bessere Zukunft erblühe. Was gestern werden konnte, um die Bedingungen zur körperlichen Ertüchtigung und geistigen Erhebung der nächsten Generation zu schaffen, hat die Gemeindeverwaltung getan. Mögen die Menschen, die in diesen neuen Gebäuden aufwachsen, einer besseren Zukunft entgegengehen. (Jubelnder, langanhaltender Beifall, Hochrufe auf den Bürgermeister und auf die Stadt Wien.)

Zwei Kinder, ein Mädchen und ein Knabe, überreichten dann dem Bürgermeister Blumensträuße und drückten die Freude der Kinder an dem neuen Heim mit seinen lichten, sonnigen Wohnungen, Gartenhöfen und Spielplätzen aus.

VII. Marianne Pollak, „Wer ist die ‚Best'?"

in: Arbeiter-Zeitung, 15. Dezember 1930, [S. 3]

Dieser Text der Journalistin und Frauenrechtlerin Marianne Pollak behandelt die Gründung der „Beratungsstelle für Inneneinrichtung und Wohnungshygiene" im Karl-Marx-Hof, die sich dem modernen Wohnungsdesign verschrieben hatte. Er gibt einen Überblick über einzelne Ausstellungsstücke und die Musterwohnungen, die in der Beratungsstelle untergebracht waren. Neben der Zielsetzung, das Leben der Gemeindebau-Bewohner:innen umfassend zu reformieren, formuliert Pollak auch eine Mission der „BEST" zur Veränderung der Möbelindustrie.

Wer ist die „Best"?

Wer die „Best" ist? Ihr Vater ist der Oesterreichische Verband für Wohnungsreform, ihre Mutter die drängende Notwendigkeit. Ihr voller Name: „*Gemeinnützige Beratungsstelle für Inneneinrichtung, Haushaltsorganisation und Wohnungshygiene.*" Ihre Adresse: Wien, 19., Heiligenstädter Straße Nr. 82, Karl-Marx-Hof.

Warum sie geschaffen wurde.

Jeder, der mit offenen Augen durch die Welt geht, merkt, wie grundlegend sich der *Geschmack* in den letzten zwei Jahrzehnten *gewandelt* hat. Was einmal in der guten alten Makart-Zeit als schön galt, empfinden wir heute als veraltet, verschnörkelt, unzweckmäßig. Einer, der nichts als Hohn für seine Arbeit empfing, kann heute, am Anfang seines siebenten Jahrzehnts mit Stolz die Ernte überschauen, die aus seiner Saat aufgegangen ist: Adolf *Loos*, der Todfeind des Ornaments.

Aber der gewissenhafte Beobachter vermerkt noch etwas: Glatte Gegenstände sind unverhältnismäßig kostspieliger als die verzierten, werden in besserem Material hergestellt, weil sie schonungslos alle Mängel aufzeigen. Darum kann sich nur eine dicke Brieftasche den *Luxus der Einfachheit*, die *Wohltat der Arbeitsersparung* leisten. Der Mann mit den geringen Mitteln ist heute wie vorgestern auf die Dutzendware, das Serienstück, die Zimmer„garnitur“, angewiesen, weil er sonst weit und breit einfach nichts auf dem Markt findet, das er bezahlen kann. Hier, just hier, soll die „Best“ mit ihrer Arbeit einsetzen.

Und wie sie aussieht.

Unser lieber, schöner Karl-Marx-Hof wird von nun an noch einen Anziehungspunkt mehr aufweisen als bisher. Am unteren Ende seiner Riesenfront hat die „Best“ von der Gemeinde, die als Hausherr für alles Neue Verständnis zeigt, ein wunderschönes Lokal gemietet. Direkt von der Straße zugänglich, mit großer, glasgedeckter, halbkreisförmiger Terrasse im Halbstock. Die roten Buchstaben ihres Namenschildes leuchten weit und werden hoffentlich recht viele Ratsuchende anlocken.

Zwei Tage nach der Eröffnung. Wie das schon so bei Ausstellungen ist, gibt es noch viel zu arbeiten und doch schon viel zu sehen. Denn überall tischlern, kleistern, beleuchten, bekleben die Menschen, stellen auf und tragen fort, damit's nur recht, recht schön wird. Die ganze Anlage ist recht übersichtlich. Im Untergeschoß einzelne Haushaltsgegenstände, zur ebenen Erde eine vollständig eingerichtete *Mustergemeindewohnung* und eine Reihe Zimmer und schöner Einzelstücke. Oben, auf der Terrasse die *Sitz-* und *Schlafmöbel.* Jeden Tag von 4 bis 8 Uhr (Samstag von 2 bis 6 Uhr) stehen ein Architekt und geschulte Beraterinnen den Ratsuchenden *vollkommen kostenlos* zur Verfügung. Eine Kaufgelegenheit ist die „Best“ selbstverständlich nicht.

Ja, wo ist denn alles untergebracht?

Sehen wir uns zuerst die Gemeindewohnung an. Größenverhältnisse genau der Wirklichkeit nachgemessen für Zimmer, Kabinett und Küche, und ein kleiner Vorraum, der einen glatten, *mehrfächigen Wandschrank* für Schmutzwäsche, Schuhzeug und Reserven enthält. Der ganze Raum bis zur Decke ist ausgefüllt.

Folgt der helle, freundliche *Kocharbeitsraum*. Als solcher, und nur als solcher, ist diese Küche gedacht. Keine Schnörkelkredenz, keine Gewürzkästchen, kein Krimskrams. Da nimmt die ganze Querwand ein Arbeitstisch ein, der zu gleicher Zeit ein Geräteschrank und Geschirrkasten ist. Unendliche Mengen verschwinden in seinen Fächern und Laden. *Ueber jeder Arbeitsgelegenheit eine Lichtquelle.* Abwasch mit direktem Ab- und Zulauf von Wasser. Platz für eine Brausekabine. Leider zwingt der Grundriß zu nicht sehr glücklicher Anordnung. Da müßten die Architekten auf die praktischen Bedürfnisse der Kocharbeiterin, die doch auch nach den modernen Methoden der Schrittsparsamkeit produzieren soll, ein wenig mehr Rücksicht nehmen.

Das Wohnzimmer schafft durch die Querstellung einer Anrichte in praktischer Größe, die quer und seitlich zugänglich ist, eine gemütliche *Sitznische* für das *Tagbett*, das aus sitztechnischen Gründen nicht mit der Tischgarnitur in Verbindung gebracht ist. Dazu eignet sich die tiefe, breite und weiche Sitzfläche durchaus nicht. An der gegenüberliegenden Wand finden wir die Banktruhe, den aufklappbaren Tisch und gute, wirklich zum Sitzen bestimmte Sessel. Bücheranlage und kleiner Ziegelkamin ergänzen die Einrichtung.

Im Kabinett zwei *Klappbetten*, die bei Tag senkrecht an der Wand stehen. Zu beiden Seiten die praktischen, die ganze Wandfläche ausnützenden Wandschränke. Die ganze kleine Gemeindewohnung, die für vier Menschen eingerichtet ist, macht einen überraschend geräumigen Eindruck. Ja, wo ist denn alles *untergebracht*? Hausfrau, sieh dir nur die modernen Wandschränke an und Du wirst das Wunder begreifen.

Das neue Möbel.

Von Zimmer zu Zimmer geht es nun weiter, und es gibt viel zu sehen. Das moderne *Stahlmöbel* ist vertreten, das farbig lackiert, einen sehr freundlichen Eindruck macht. Hauptsache: Wanzen werden da wenig zu fressen haben! Diese leichten Sessel und Tische sind auch kinderleicht reinzuhalten. Aber auch das *Schlaffauteuil* findet sich noch, das fest tapezierte, diese berüchtigte Ungezieferbrutstätte. Ausgezeichnete *Kastenbetten*, die nur zweihundert

Schilling kosten, praktisch und platzsparend. *Tassentische*, eine für Wien ganz unbekannte Neuheit: große, farbig lackierte, mit Linoleum belegte Servierbretter, die – ein Griff, ein Tisch – zu einem hübschen Anrichttischchen werden, das neben dem Eßtisch aufgestellt wird. *Zusammenklappbare Kindertische* für Wohnungen, in denen die Kleinen keinen eigenen Raum haben. Wo immer das Kind sich aufhalten will, ist ein Spiel- und Basteltisch zur Stelle; wird er nicht gebraucht, so steht er als Brett hinter einem Kasten und belastet den Raum der Wohnung nicht. Auch *Krankentischerl* sehen wir, die in so manchem Haushalt eine große Erleichterung bedeuten würden.

Die Erziehung der Erzeuger.

Unser Rundgang zeigt uns freilich auch Dinge, die nicht unseren Beifall finden. Und doch will die „Best" nur das Beste bringen, um den Geschmack des Käufers zu bilden. Aber damit hat es heute noch seinen Haken. Denn ganz so wie die Erziehung des Kindes bei der Erziehung der Eltern einsetzen muß, um Erfolg zu haben, fängt die Kundenerziehung bei der *Erziehung des Erzeugers* an. Hier aber stehen wir noch ganz am Anfang, und diese Gebiet müßte der eigentliche Wirkungskreis der „Best" werden. Den Möbelfabrikanten und Tischlern zu beweisen, wie sich das Lebenstempo, die Bedürfnisse, der Geschmack der Menschen von heute geändert haben. Daß es nicht mehr zeitgemäß ist, Millionen Sesseln auf den Markt zu werfen, die zwar nur einen Pappenstiel kosten, dafür aber die ausgebeuteten, abgehasteten, ruhebedürftigen Opfer der rationalisierten Arbeit zum Stocksteifsitzen verurteilen, wie Anno Geruhsamkeit. Daß die serienweise Erzeugung, auf der die Billigkeit der Zimmer„garnituren" beruht, endlich auch auf das moderne, das glatte, das bewegliche, das ergänzbare Möbel angewendet werden muß. Mit einem Wort, daß der moderne Geschmack nicht mehr Vorrecht der Luxusindustrie bleiben darf, weil *die Masse zum modernen Geschmack reif geworden ist*! Wenn die „Best" ihre Mission erfüllt – und es ist ihr eine große gegeben! –, dann wird sie durch diese Erziehung der Erzeuger den besten Weg zur Geschmackserziehung der Käufer gehen! Ihr zur Seite stehen die fortschrittlich gesinnten Tischler, die im Rahmen des Verbandes der sozialdemokratischen Gewerbetreibenden in der „Arwit" organisierten Meister, die bereits erkannt haben, daß man sich heute auf einen andern Käufer umstellen muß, um Absatz zu finden.

Freilich, die „Best" steht für den Augenblick auch noch einer andern Schwierigkeit gegenüber. Sie *beginnt* ja erst ihre Tätigkeit und hat darum, wie jede junge Schöpfung, noch mit argen Geldschwierigkeiten zu kämpfen, so daß ausstellende Firmen bei ihr Platzmiete zahlen. Unter solchen Umständen läßt sich nur schwer die Erziehungsaufgabe erfüllen. Erst bis der Oesterreichische Verband für Wohnungsreform finanziell stark genug sein wird, diese kleinen Zuschüsse zu entbehren, wird er auch mit voller Autorität als Wohnungsreformer und Haushaltsorganisator auftreten können. Je häufiger und freudiger alle fortschrittlichen Menschen Hilfe in Anspruch nehmen, desto rascher und sicherer wird er dieses große Ziel zu erreichen imstande sein.

Über die Autor:innen

Lilli Bauer, geboren 1968 in Innsbruck. 1987–1997: sendungsverantwortliche Redakteurin bei Ö3. Freie Journalistin und Autorin für diverse Medien (Ö1-Leporello, Spiegel-TV, Falter u.a.). Publikation: Steirisches Hügelland, Falter Verlag 1997 (gemeinsam mit Werner T. Bauer). 2000–2008: SPÖ Wien-Presseabteilung. 2008–2020: Redakteurin der Wiener Bildung. Seit 2010: Waschsalon Karl-Marx-Hof (Initiatorin/Geschäftsführerin/Kuratorin).

Werner T. Bauer, geboren 1958 in Wien. Ethnologe und Orientalist. Mehrere Dokumentarfilme und zahlreiche wissenschaftliche Artikel. Falter-Buchautor (Wiener Friedhofsführer, 1988; Die Wiener Märkte, 1996; Steirisches Hügelland, 1997). 1998: Bildungsreferent Afro-Asiatisches Institut Wien. 2003–2023: Wissenschaftlicher Mitarbeiter der Österreichischen Gesellschaft für Politikberatung und Politikentwicklung (ÖGPP). Seit 2010: Waschsalon Karl-Marx-Hof (Initiator/Geschäftsführer/Kurator).

Eve Blau ist Adjunct Professor für History and Theory of Urban Form and Design an der Graduate School of Design der Harvard University und Direktorin des Davis Center for Russian and Eurasian Studies. Blaus Forschung befasst sich mit einer Reihe von Themen der Stadt- und Architekturgeschichte und Theorie sowie mit der produktiven Schnittstelle zwischen städtischer Raumform und Medien. Blau hat ausführlich über moderne Architektur und Urbanismus geschrieben und zahlreiche Ausstellungen kuratiert. Für ihr Buch *Rotes Wien. Architektur 1919–1934. Stadt – Raum – Politik* erhielt sie 2015 den „Victor Adler-Staatspreis für Geschichte sozialer Bewegungen“.

Paul Hoehn ist Zimmerer und Schriftsteller in Oakland, Kalifornien. Er hat einen Magister-Abschluss in Germanistik von der University of California, Berkeley. In seiner handwerklichen und wissenschaftlichen Arbeit interessiert er sich für die politischen Bedingungen der Entstehung und Aufrechterhaltung verschiedener Lebensformen.

Julian Klinner hat Philosophie, Kunstgeschichte sowie Literatur- und Kulturtheorie in Freiburg, Tübingen und Aix-en-Provence studiert. Er promoviert im Fach Neuere deutsche Literatur an der Universität Tübingen. Neben seinem Dissertationsprojekt zur Zeitschrift *MERKUR* arbeitet er zur Ideengeschichte des 19.–21. Jahrhunderts.

Rob McFarland ist Professor of German und Coordinator of European Studies an der Brigham Young University sowie Gründungsmitglied des Forschungsnetzwerks BTWH (Berkeley/Tübingen/Wien/Harvard). Gemeinsam mit Georg Spitaler und Ingo Zechner hat er den Quellenband *Das Rote Wien. Schlüsseltexte der zweiten Wiener Moderne 1919–1934* herausgegeben, der von der American Library Association als „Best Historical Materials 2020–2021" ausgezeichnet wurde.

Sara Phenix ist Associate Professor of French an der Brigham Young University, wo sie Kurse über französische Sprache und Kulturgeschichte sowie Global Women's Studies unterrichtet. Sie forscht zu Modediskursen und der Politik der Reproduktion im Frankreich des 19. Jahrhunderts. Professor Phenix ist Trägerin des „Larry Scheher Memorial Prize" des Nineteenth-Century French Studies Colloquium.

Alicia Roy promovierte 2020 in German Studies mit einem Schwerpunkt in Film und Medien an der UC Berkeley. Ihre Dissertation trägt den Titel *Authorship in Crisis. German Cinema and the Changing Roles of the Writer.* Sie arbeitet an den Gladstone Institutes in San Francisco.

Mrunmayee Sathye hat in Pune und Tübingen Literatur- und Kulturtheorie, Anglistik, Geschichte und Philosophie studiert und promoviert aktuell an der Universität Tübingen. In ihrer Forschung beschäftigt sie sich auf Basis von Ansätzen aus queer-feministischen, post- und dekolonialen Theorien mit Subjektivitäten in zeitgenössischen autobiographischen Erzählungen und mit der Frage, wie das Selbst und seine Identität in diesen Narrativen zwischen Individuum und Kollektiv konstituiert, verortet und verhandelt wird.

Joachim Schätz, Film- und Medienwissenschaftler, ist Universitätsassistent (Post-Doc) am tfm | Institut für Theater-, Film- und Medienwissenschaft der Universität Wien und assoziierter Mitarbeiter am Ludwig Boltzmann Institute for Digital History. Schwerpunkte: Gebrauchs- und Dokumentarfilm, Poetiken/Politiken der Komödie, Theorien des Details, Domestic Thriller. Aktuelle Online-Publikation: www.lehrfilmpraktiken.at.

Georg Spitaler, Politologe und Historiker am Verein für Geschichte der ArbeiterInnenbewegung (VGA), Lehrbeauftragter am Institut für Politikwissenschaft der Universität Wien. 2019 Co-Kurator der Ausstellung *Das Rote Wien 1919–1934* im Wien Museum MUSA. Co-Herausgeber von *Das Rote Wien 1919–1934. Ideen – Debatten – Praxis* (2019) und *Das Rote Wien. Schlüsseltexte der Zweiten Wiener Moderne 1919–1934* (2020).

Cara Tovey ist Lecturer für Deutsch an der UCLA. Sie promovierte 2019 in German Studies mit einem Schwerpunkt in Film und Medien an der UC Berkeley. Zu ihren Forschungsinteressen gehören das frühe deutsche Kino, der transnationale Film, Literatur, Performance und Critical Disability Studies im 20. und 21. Jahrhundert.

Marie-Noëlle Yazdanpanah ist Historikerin mit den Schwerpunkten Visual History, Stadt- und Geschlechtergeschichte. Sie war BTWH/IFK Visiting Scholar an der University of California in Berkeley. Seit 2010 wissenschaftliche Mitarbeiterin am Ludwig-Boltzmann-Institut for Digital History in Projekten zu Film und Urbanismus, zum Roten Wien, zuletzt zu Lehrfilmpraktiken in Österreich (FWF-gefördert). Außerdem ist sie in Ausstellungs- und Vermittlungsprojekten tätig (z.B. Das Rote Wien/Wien Museum). Derzeit arbeitet sie zur *Visual Culture in der Bildillustrierten „Die Bühne"* und emanzipatorischen Wohnmodellen in Wien; https://geschichte.lbg.ac.at/team/marie-noelle-yazdanpanah/.

Abbildungsverzeichnis

Die Herausgeber:innen haben sich um eine umfassende Klärung der Rechte an den Abbildungen bemüht. In allen Fällen, in denen die Werke nicht gemeinfrei sind, wurde versucht, mögliche Rechtinhaber:innen ausfindig zu machen und mit diesen Kontakt aufzunehmen. Das ist nicht immer gelungen. Sollten uns Rechteinhaber:innen entgangen sein, ersuchen wir um Nachsicht und um entsprechende Hinweise.

Abb. 11, S. 113: Siegfried Weyr, 60.000 sind's bisher, 80.000 sollen es werden!, Wien, 1932. Wienbibliothek im Rathaus. https://resolver.obvsg.at/urn:nbn:at:AT-WBR-120576 / Urheberrechtsschutz (InC 1.0).

Abb. 12, S. 115: Ernst Paar, Das haben WIR gebaut – wir wollen weiterbauen! Darum wähle S.P.Ö., Wien 1949. © Bildrecht, Wien 2024. Wienbibliothek im Rathaus. https://permalink.obvsg.at/wbr/AC10601904.

Abb. 13, S. 124: Filmstill aus: Obszön – Der Fall Peter Herzl. Produktionsfirmen: „G.T. Beteiligungsgesellschaft"; „Günther Köpf Filmproduktion"; „Intertel Television"; „Rapid Film". Rechtsnachfolger waren nicht ermittelbar. Die Verwendung unterliegt dem filmwissenschaftlichen Zitationsrecht.

Abb. 14, S. 124: Filmstill aus: Il portiere di notte. Produktionsfirma: „Lotar Film Productions". Rechtsnachfolger war nicht ermittelbar. Die Verwendung unterliegt dem filmwissenschaftlichen Zitationsrecht.

Abb. 15, S. 137: © Waschsalon Karl Marx Hof.

Abb. 16, S. 150: WStLA, Fotoarchiv Gerlach, FC1 - Positive, 2764M. Wiener Stadt- und Landesarchiv.

Abb. 17, S. 150: WStLA, Fotoarchiv Gerlach, FC1 - Positive, 2236M. Wiener Stadt- und Landesarchiv.

Abb. 18, S. 152: Scan der Originalzeichnung. © George Czuczka-Sammlung Austrian Heritage Archive (AHA) / Archiv des Wiener Wiesenthal Instituts für Holocaust-Studien (VWI)

Abb. 19, S. 152: Scan der Originalzeichnung. © George Czuczka-Sammlung Austrian Heritage Archive (AHA) / Archiv des Wiener Wiesenthal Instituts für Holocaust-Studien (VWI).

Abb. 20, S. 168: Foto: Herbert Josl, https://commons.wikimedia.org/wiki/File:Karl_Marx-Hof_Keramikskulpturen.jpg. Lizensiert nach Creative Commons Attribution-Share Alike 3.0 Unported, https://creativecommons.org/licenses/by-sa/3.0/deed.en.

Abb. 21, S. 171: ÖNB-Bildarchiv und Grafiksammlung, Inventarnr. RÜ 8988 POR MAG © ÖNB/Rübelt.

Abb. 22, S. 187: Aus: Die Frau 39 (1930), Nr. 1, S. 5. (ANNO / ÖNB).

Abb. 23, S. 197: © Sammlung Herbert Exenberger.

Abb. 24, S. 201: © Waschsalon Karl-Marx-Hof.

Abb. 25, S. 213: © Ingo Pertramer.

Abb. 26, S. 215: © Wohnservice Wien | Stefan Zamisch.

Abb. 27, S. 218: Titelblatt, aus: Der Karl Marx-Hof. Die Wohnhausanlage der Gemeinde Wien auf der Hagenwiese in Heiligenstadt. Wien: Thalia, [ca. 1930]. Wienbibliothek im Rathaus. https://resolver.obvsg.at/urn:nbn:at:AT-WBR-59641. Public Domain.

Abb. 28, S. 241: Aus: Arbeiter-Zeitung, 12. Oktober 1930, S. 3. (ANNO / ÖNB).